Luipold

Die Bedeutung von Anfechtungs-, Widerrufs-, Rücktritts- und Gewährleistungsrechten für das Schadensmerkmal des Betrugstatbestandes

Studien zum Wirtschaftsstrafrecht

herausgegeben von
Klaus Tiedemann / Bernd Schünemann

Band 9

Ann Luipold

Die Bedeutung von Anfechtungs-, Widerrufs-, Rücktritts- und Gewährleistungsrechten für das Schadensmerkmal des Betrugstatbestandes

Centaurus Verlag & Media UG 1998

Die Autorin, Jahrgang 1965, studierte Rechtswissenschaften in Tübingen, München und Heidelberg, 1997 Promotion an der Universität Tübingen. Sie ist derzeit als Staatsanwältin in der Abteilung für Wirtschaftskriminalität der Staatsanwaltschaft Stuttgart tätig.

Die Deutsche Bibliothek – CIP-Einheitsaufnahme

Luipold, Ann:
Die Bedeutung von Anfechtungs-, Widerrufs-, Rücktritts- und Gewährleistungsrechten für das Schadensmerkmal des Betrugstatbestandes / Ann Luipold. – Pfaffenweiler : Centaurus-Verl.-Ges., 1998
(Studien zum Wirtschaftsstrafrecht ; 9)
Zugl.: Tübingen, Univ., Diss., 1997
ISBN 978-3-8255-0211-9 ISBN 978-3-86226-346-2 (eBook)
DOI 10.1007/978-3-86226-346-2

ISSN 0938-9512

Satz: Kümpernatz + Bromann, Hamburg

Meinen Eltern

Vorwort

Diese Abhandlung hat der Rechtswissenschaftlichen Fakultät der Universität Tübingen als Dissertation vorgelegen. Das Promotionsverfahren wurde im Mai 1997 abgeschlossen. Rechtsprechung und Schrifttum wurden für die Drucklegung bis zum August 1997 berücksichtigt.

Herr Professor Dr. Ulrich Weber hat die Themenstellung angeregt und die Bearbeitung betreut. Ich danke ihm für die hilfreiche Unterstützung und wertvolle Förderung, die er der Arbeit hat zukommen lassen.

Den Herren Professoren Dr. Dr. h.c. mult. Klaus Tiedemann und Dr. Bernd Schünemann gebührt mein Dank für die Aufnahme des Werkes in die Reihe „Studien zum Wirtschaftsstrafrecht“.

Stuttgart, im Dezember 1997

Ann Luipold

Inhaltsverzeichnis

Einleitung und Aufgabenstellung

Die Strafrechtsepoche der Nachkriegszeit, insbesondere die seit den sechziger Jahren, ist als eine durch Entkriminalisierung gekennzeichnete und von einem Bemühen um einen Rückzug des Strafrechts geprägte Epoche bezeichnet worden[1]. Der Rückzug des Strafrechts auf das Wesentliche kann eine große Chance für dieses Rechtsgebiet sein, seine Autorität zu bewahren. Nur wenn die Unterscheidung zwischen strafwürdigem Unrecht und bloßem Zivilunrecht auch für den juristischen Laien nachvollziehbar bleibt, kann das Strafrecht seiner Funktion gerecht werden. Wird dagegen auf echtes Kriminalunrecht und anderes Unrecht gleich reagiert, wird die Grenze verwischt zwischen Handlungen, die die sozialethische Grundordnung in nicht hinzunehmender Weise berühren und anderen anstandswidrigen Handlungen[2]. Dies führt zu einer Minderung des Ausnahmecharakters der Straftat im Allgemeinbewußtsein und somit zu einer Herabsetzung staatlicher Autorität[3].

Andererseits ist gerade bei den Vermögensdelikten im Zusammenhang mit der in immer stärkerem Maße auftretenden Wirtschaftskriminalität eine Ausbreitung und Überdehnung des Strafrechts zu vermerken. Dem Einfallsreichtum der Wirtschaftsstraftäter steht eine Flut von neuen normierten Straftatbeständen gegenüber. Zu nennen sind hier das Erste Gesetz zur Bekämpfung der Wirtschaftskriminalität vom 29.7.1976, durch das u.a. der Subventionsbetrug, § 264, und der Kreditbetrug des § 265b eingeführt wurden, und das Zweite Gesetz zur Bekämpfung der Wirtschaftskriminalität aus dem Jahr 1986, das neben anderem mit Einführung der §§ 263a, 264a sowie der §§ 266a und 266b den Computerbetrug, den Kapitalanlagebetrug, das Vorenthalten und Veruntreuen von Arbeitsentgelt und den Mißbrauch von Scheck- und Kreditkarten unter Strafe stellte.

Hier wird ein Widerspruch deutlich: Allgemein betrachtet besteht große Einigkeit, das Strafrecht zu begrenzen, jedoch wird in strafrechtlichen Einzelentscheidungen eine weitgehende Pönalisierung angestrebt, und das Ziel der meist in allgemein gehaltenen Aufsätzen verbreiteten Strafrechtsbegrenzung wird damit nicht in Zusammenhang gebracht.

Im Zusammenhang mit dem wirtschaftlichen Vermögensbegriff läßt sich eine von der Rechtsprechung betriebene, immer weitere Ausdehnung des Anwendungsbereichs der §§ 263, 266 StGB bemerken, die es dringend erforderlich erscheinen

1 *Naucke*, StV 1985,187.

2 *Peters*, in FS Eberhard Schmidt, S. 488.

3 *Peters*, in FS Eberhard Schmidt, S. 488.

läßt, im Hinblick auf den Vermögensschadenbegriff und das Problem der Vermögensgefährdung nach Kriterien für eine Abgrenzung des Schadens vom Nichtschaden zu suchen[4]. Jedoch würde der Versuch, ein Abgrenzungskriterium für den gesamten Bereich der Vermögensgefährdung zu finden, den Rahmen dieser Arbeit sprengen und wurde auch in letzter Zeit mehrfach[5] unternommen.

Auch bei der Problematik des Eingehungsbetruges als einem Unterfall der Vermögensgefährdung findet sich diese Ausweitung der Betrugsstrafbarkeit. Es soll daher in dieser Arbeit versucht werden, eine Brücke zu schlagen zwischen dem anerkannten Erfordernis eines Rückzuges des Strafrechts und der nahe am Sachverhalt arbeitenden Betrugsdogmatik. Hier wird zuerst untersucht, ob sich aus den allgemeinen, dem Strafrecht zugrundeliegenden Prinzipien erste Anhaltspunkte für eine Umsetzung des erforderlichen Rückzuges des Strafrechts auf dem Gebiet des Betruges innerhalb von Verträgen herleiten lassen. Dann sollen die zum Schutz der Verbraucher eingeführten Gesetze sowie die im BGB vorgesehen Möglichkeiten, sich von einem Vertrag zu lösen, genauer auf ihre strafrechtliche Wirkung untersucht werden, wobei die aus den allgemeinen Prinzipien herausgearbeiteten Anhaltspunkte weiterhin Berücksichtigung finden sollen. Hier besteht die Chance, zivilrechtliche Gesetzgebung und Strafrecht unter dem Aspekt der Einheit der Rechtsordnung in Einklang zu bringen.

4 *Riemann*, Vermögensgefährdung, S. 5.

5 Siehe nur *Hefendehl*, Vermögensgefährdung, 1994; *Riemann*, Vermögensgefährdung, 1989.

Teil 1: Grundlagen

A. Grundprinzipien des Strafrechts

I. Rechtsgüterschutz als Strafrechtsaufgabe

Daß Aufgabe des Strafrechts Rechtsgüterschutz ist, kann als inzwischen gesicherte Erkenntnis sowohl in der Literatur[1] als auch in der Rechtsprechung[2] angesehen werden[3].

Durch den Schutz von Rechtsgütern dient das Strafrecht der Verwirklichung des Gemeinwohls und der Wahrung des Rechtsfriedens[4]. Ihm dienen alle Bereiche der Rechtsordnung. Die spezielle Aufgabe des Strafrechts ist dagegen die repressive Abwehr besonders schwerer Störungen des Rechtsfriedens durch Angriffe auf solche Interessen, die nach der Allgemeinüberzeugung der Gesellschaft wegen der Bedeutung für sie besonderen Rechtsschutz genießen. Diese besonderen strafrechtlich geschützten Interessen werden als Rechtsgüter bezeichnet[5].

Vollständigen Rechtsgüterschutz kann es jedoch auch durch das Strafrecht nicht geben. Das Strafrecht enthält kein umfassendes System des Rechtsgüterschutzes, sondern beschränkt sich auf einzelne, nach dem Kriterium der Strafwürdigkeit ausgewählte Schwerpunkte[6]. Mit dem Begriff von der fragmentarischen Natur des Strafrechts wird heute die Forderung nach Lückenhaftigkeit und Unvollständigkeit des Strafrechts verbunden[7]. Darunter ist eine Absage an einen umfassenden Schutz aller Rechtsgüter gegen alle Angriffe von außen zu verstehen. Vollständiger Schutz ist nur bei wenigen Delikten, und zwar den schwersten, notwendig. Je weniger bedeutsam ein Verhalten für die Grundlagen der Menschheit und der Rechtsgemeinschaft ist, um so weiter kann der

---

1 *Arthur Kaufmann*, in FS Henkel, S.89, 101 ff.; *Bockelmann*, Strafrecht AT, S. 11 ff.; *Günther*, JuS 1978, 8, 9; *Jescheck*, in LK, Einl. Rdnr. 4 ff.; *Lenckner*, in Schönke/Schröder, Rdnr. 8 vor § 13; *Maurach/Zipf*, Strafrecht AT I, § 19, Rdnr. 4 ff.; *Otto*, Grundkurs AT, S. 7; *Roxin*, Strafrecht AT 1, S. 11 ff.; ders., in ZStW 81 (1969), 613, 622 ff.; *Rudolphi*, in SK, Rdnr. 2 ff. vor § 1; *Weber*, in Baumann/Weber/Mitsch, § 3, Rdnr. 10 f.; *Wessels*, AT, S. 2.

2 Aus der Rechtsprechung des Bundesverfassungsgerichts: BVerfGE 39, 1, 46.

3 Demgegenüber hat *Welzel*, Lehrbuch S. 4, die Ansicht vertreten, daß primäre Aufgabe des Strafrechts der Schutz der elementaren sozialethischen Handlungswerte sei und darüber nur mittelbar der Rechtsgüterschutz.

4 *Wessels*, AT, S. 2.

5 *Maurach/Zipf*, Strafrecht AT 1, § 19, Rdnr. 4.

6 *Jescheck/Weigend*, Strafrecht AT, § 7 II 1.

7 *Weber*, in Baumann/Weber/Mitsch, § 3, Rdnr. 11; *Vogler*, ZStW 90 (1978), 132, 134.

straffreie Raum ausgedehnt werden[8]. Das bedeutet, daß nur das besonders wichtige und unersetzliche Rechtsgut Leben einen Rundumschutz erfährt. So stellt *Peters* fest:

> „Lückenhaftigkeit und Unvollständigkeit gehören zur Natur des Strafrechts. Die Ansicht, Gesetzgebung und Auslegung müßten Lückenlosigkeit und Vollständigkeit gewähren, ist grundsätzlich falsch. Sie ist weder gesetzespolitisch noch als wissenschaftliche Auslegungsmethode richtig."[9]

Diesem unvollständigen Schutz steht auch nicht das Grundgesetz entgegen. Zwar sind die zu schützenden Rechtsgüter im Grundgesetz bestimmt. Danach erfahren neben den Rechtsgütern Leben und Gesundheit u.a. auch das Eigentum und das Vermögen in Art. 14 GG Schutz. Diese Feststellung rechtfertigt aber noch keinen umfassenden Schutz des Vermögens durch das Strafrecht. Insbesondere kann aus der verfassungsrechtlichen Garantie dieser Rechtsgüter nicht der Schluß abgeleitet werden, sie seien umfassend gegen jeden nur denkbaren Eingriff Dritter strafrechtlich geschützt[10]. Denn zum einen sind die Grundrechte Abwehrrechte des Bürgers gegen den Staat[11] und bieten nur in eng begrenzten Fällen auch ein Recht auf Schutz durch den Staat[12]. Zum anderen handelt es sich bei dem Rechtsgut „Vermögen" nicht um ein unersetzliches Gut, wie es beim Rechtsgut „Leben" der Fall ist. Aus diesem Grund läßt sich aus den Grundrechten keine Pflicht des Staates statuieren, zum Schutz dieses Rechtsguts mittels des Strafrechts einzugreifen. Zwar hat das Bundesverfassungsgericht in seiner Entscheidung zur Fristenlösung beim Schwangerschaftsabbruch festgestellt[13], daß der Staat durch eine wertentscheidende Grundsatznorm verpflichtet sein kann, ein besonders wichtiges Rechtsgut auch gegen Angriffe Dritter wirksam durch das Strafrecht zu schützen[14]. Jedoch gilt dies nur „im äußersten Fall, wenn nämlich der von der Verfassung gebotene Schutz auf keine andere Weise zu erreichen ist"[15].

In der Entscheidung des Bundesverfassungsgerichts zur Neuregelung der Strafbarkeit des Schwangerschaftsabbruchs vom 28.5.1993[16] wurde das Untermaßverbot geschaffen, das es nicht zuläßt, „auf den Einsatz auch des Strafrechts und die davon ausgehende Schutzwirkung für das menschliche Leben frei zu verzichten". Auch die These vom Untermaßverbot[17] bezieht sich aber ausschließlich auf das Rechtsgut Leben.

---

8 *Peters*, ZStW 77 (1965), 470, 475.
9 *Peters*, ZStW 77 (1965), 470, 475.
10 *Weber*, in FS Fritz Baur, S. 133, 138.
11 *Jarass/Pieroth*, vor Art. 1, Rdnr. 5.
12 *Jarass/Pieroth*, vor Art. 1, Rdnr. 7.
13 BVerfGE 39, 1 ff.
14 BVerfGE 39, 1, 46 f.
15 BVerfGE 39, 1, 46 f.
16 BVerfGE 88, 203 ff.
17 Siehe dazu *Kaißer*, Kriminalisierungspotential, in: Institut für Kriminalwissenschaften, Frankfurt a.M., Zustand des Strafrechts, 1995, S. 143 ff.

Damit kann festgehalten werden, daß vom Gesetzgeber kein allumfassender Schutz des Rechtsguts Vermögen gewährleistet werden muß.

Das Rechtsgut verdient aber nicht nur Schutz durch das Strafrecht, sondern auch Schutz vor dem Strafrecht[18]. Darunter ist zu verstehen, daß zu weitgehender strafrechtlicher Rechtsschutz dem Rechtsgut nicht nur dienlich, sondern auch abträglich sein kann. Denn dadurch wird ja auch der gesetzesfreie Bereich des Rechtsguts und des Rechtsgutsträgers immer weiter eingeengt. Zudem bedeutet die Strafe für den von ihr betroffenen Täter auch eine Rechtsgüterbeinträchtigung mit nicht selten existenzbedrohenden Folgen. Das Strafrecht führt also bei zu weitgehendem Einsatz genau zu den Zuständen, die es bekämpfen will. Der Rechtsgütergedanke spricht somit nicht im Zweifel für eine Ausweitung des Strafrechts, vielmehr folgt aus dem Prinzip des Rechtsgüterschutzes auch direkt die Forderung nach Verzicht auf ein zu weitgehendes Strafrecht.

Daß es keine Rundumverteidigung der Rechtsgüter durch das Strafrecht nach allen Seiten gibt, ist nach *Jescheck* ein Vorzug und ein Kennzeichen des freiheitlichen Rechtsstaats[19], während es nach den absoluten Straftheorien nicht akzeptiert werden konnte[20]. Die Feststellung der prinzipiellen strafrechtlichen Schutzwürdigkeit eines Gutes beantwortet nicht die Frage, ob strafrechtlicher Schutz auch tatsächlich zu gewähren ist und ob der Einsatz strafrechtlicher Mittel zu seinem Schutz erforderlich ist[21]. Der Begriff der Schutzbedürftigkeit, für den entscheidend ist, wann ein Rechtsgut verdient, gegen bestimmte Angriffe geschützt zu sein und wie diese Angriffe dafür bemessen sein müssen, steht in unmittelbarem Zusammenhang mit dem Subsidiaritätsprinzip.

II. Das Subsidiaritätsprinzip

Übereinstimmung läßt sich in der Strafrechts- und Verfassungsrechtslehre insoweit feststellen, als der Grundsatz von der Subsidiarität des Strafrechts nicht grundsätzlich in Frage gestellt wird[22]. Insbesondere wird das Subsidiaritätsprinzip als Schlag-

---

18 *Roxin*, JuS 1966, 377, 382.

19 *Jescheck/Weigend*, Strafrecht AT, § 7 II 1.

20 *Binding*, Lehrbuch BT I, S. 20; siehe dazu *Zipf*, Kriminalpolitik, S. 52.

21 *R. Hassemer*, Schutzbedürftigkeit, S. 18.

22 BVerfGE 39, 147; aus der Verfassungsrechtslehre: *Zuck*, Subsidiaritätsprinzip, S. 47; aus der Strafrechtslehre: *Jescheck/Weigend*, Strafrecht AT, § 26 I 2.; *Maiwald*, in FS R. Maurach, S. 9 ff.; *Peters*, in FS Eberhard Schmidt, S. 488 ff.; *Vogler*, ZStW 90 (1978), 132 ff.; *Weber*, in Baumann/Weber/Mitsch, § 3, Rdnr. 19; ders., in FS Fritz Baur, S. 133; ders., in ZStW 96 (1984), 376, 379; *Zipf*, Kriminalpolitik, S. 52; siehe auch schon *Merkel*, Krim. Abhandlungen I, S. 63.

wort immer wieder in die Diskussion geworfen, so beispielsweise wenn es darum geht, die als zu weitgehend empfundene Rechtsprechung zur Vermögensgefährdung zu kritisieren[23].

1. Definition

a) Abgrenzung der zum Teil synonym verwendeten Begriffe

Weniger Einigkeit läßt sich bei der Frage feststellen, was genau unter dieser Leitregel zu verstehen ist und wie das Subsidiaritätsprinzip zu definieren ist. Hier herrscht im übrigen kein einheitlicher Sprachgebrauch, was die Einordnung erschwert[24]. Bisweilen heißt es, daß das Strafrecht die ultima ratio des Rechtsgüterschutzes sei[25], teilweise wird auch vom akzessorischen Charakter des Strafrechts gesprochen[26]. *Binding* hat den Begriff vom fragmentarischen Charakter des Strafrechts geprägt[27]. *Zipf* verwendet die Formel von der sekundären Natur des Strafrechts[28].

Es drängt sich die Frage auf, ob es sich, weil die Unklarheiten niemand zu stören scheinen, bestenfalls um Programmsätze des Strafrechts handelt[29]. Ob diese Begriffe deckungsgleich sind, bedarf daher der näheren Prüfung.

aa) Akzessorischer Charakter des Strafrechts

Mit dem akzessorischen Charakter des Strafrechts ist die Abhängigkeit des Strafrechts von den Begriffen und Instituten anderer Rechtsgebiete gemeint[30], deshalb kann dieser Begriff an dieser Stelle als für den Subsidiaritätsgedanken irrelevant ausgeschieden werden. Denn die Frage, wieweit das Strafrecht Begriffe selbständig definieren kann, betrifft zwar auch das Verhältnis des Zivilrechts zum Strafrecht, kann aber die Frage, inwieweit auf Strafe verzichtet werden kann, nicht beantworten[31].

---

23 So von *Bottke*, JR 1987, 427, 429; *Lampe*, Kreditbetrug, S. 27; *Müller-Christmann*, JuS 1988, 109, 110; *Naucke*, StV 1986, 187; *Seelmann*, JR 1986, 346.

24 *Maurach/Zipf*, Strafrecht AT 1, § 2, Rdnr. 11 ff.

25 *Roxin*, Strafrecht AT 1, S. 23; *Weber*, in Baumann/Weber/Mitsch, § 3, Rdnr. 19.

26 *Jescheck/Weigend*, Strafrecht AT, § 7 II 2.

27 *Binding*, Lehrbuch BT I, S. 20.

28 *Maurach/Zipf*, Strafrecht AT 1, § 2, Rdnr. 11 ff.

29 *Prittwitz*, in Institut für Kriminalwissenschaften, Frankfurt a.M., Zustand des Strafrechts, S. 387.

30 *Jescheck/Weigend*, Strafrecht AT, § 7 II 2.

31 Zudem weisen *Jescheck/Weigend*, Strafrecht AT, § 7 II 2., selbst darauf hin, daß die Abhängigkeit des Strafrechts von den anderen Rechtsgebieten nicht als Regel gelten kann, weil es die geschichtlich älteste Form ist, in der das Recht überhaupt erscheint.

bb) Die sekundäre Natur des Strafrechts

Der Begriff von der sekundären Natur des Strafrechts wird von *Zipf* (in Fortführung von *Maurach*) verwendet[32], da „subsidiär" in spezifischer Weise bei der Konkurrenzlehre und als Zuständigkeitsregelung aufgefaßt wird und „akzessorisch" ein Grundbegriff des Teilnahmesystems ist[33]. Damit wird jedoch nur ein anderer Begriff für das gleiche Postulat, daß das Strafrecht erst eingesetzt werden darf, wenn dies zur Wahrung des öffentlichen Friedens unerläßlich ist, benutzt[34].

cc) Der fragmentarische Charakter des Strafrechts

Zum Teil wird in der Literatur angenommen, daß die These vom fragmentarischen Charakter des Strafrechts mit dem Subsidiaritätsgedanken übereinstimme[35]. Die fragmentarische Natur verdeutliche, daß das Strafrecht nur einzelne besonders herausgegriffene, dem Rechtsbewußtsein besonders ärgerliche und anstößige Handlungen und unerträgliche Beispiele sozialschädlichen Verhaltens unter Strafe stelle[36]. Daraus wird teilweise wiederum hergeleitet, daß sich aus dem fragmentarischen Charakter die Subsidiarität des Strafrechts ergebe[37]. *Naucke* stellt fest, daß der „fragmentarische Charakter des Strafrechts zur Zurückhaltung bei der Strafgesetzgebung zwingt, d.h. dazu, möglichst wenige Taten durch Gesetz strafbar zu machen"[38].

Maiwald hebt hervor, daß mit dem Stichwort des fragmentarischen Charakters drei verschiedene Aspekte umfaßt sind: erstens die Lückenhaftigkeit vieler Tatbestände, die keinen Rundumschutz des Rechtsguts gegen jeden Angriff dritter Seite bieten; zweitens das Verhältnis des Strafrechts zur Gesamtrechtsordnung, das nur einen Teil dessen, was als rechtswidrig gilt, dem strafrechtlichen Bereich zuordnet; drittens das Verhältnis zur sozialethischen Wertigkeit. Demzufolge kann nur der zweite Aspekt als dem Subsidiaritätsgedanken zugehörig eingeordnet werden, während der erste und dritte Aspekt dem Problemkreis des Verbrechensbegriffs zuzuordnen sind[39].

Auf den fragmentarischen Charakter des Strafrechts hat erstmals *Binding*, auf den dieser Begriff zurückgeht, im Jahr 1902 hingewiesen[40]. Er empfand den Zu-

---

32 Wobei allerdings darauf hinzuweisen ist, daß schon *v. Liszt*, Strafrecht, § 2 IV, S. 8 diesen Begriff verwendet.

33 *Maurach/Zipf*, Strafrecht AT 1, § 2, Rdnr. 10.

34 *Maurach/Zipf*, Strafrecht AT 1, § 2, Rdnr. 13.

35 *Roxin*, JuS 1966, 376, 382.

36 *Mayer*, Strafrecht AT, S. 56.

37 *Roxin*, JuS 1966, 376, 382, Fn. 17.

38 *Naucke*, Strafrecht, S. 78.

39 *Maiwald*, in FS R. Maurach, S. 9, 10; *Weber*, in Baumann/Weber/Mitsch, § 3, Fn. 15.

40 *Binding*, Lehrbuch BT I, S. 20.

stand, daß sich der Urheber der Strafgesetze von den „Wellen des täglichen Lebens die Handlungen vor die Füße spülen läßt, die er dann lässig aufgreift, um sie wegen ihrer Unerträglichkeit zu Verbrechenstatbeständen zu erheben“[41], als Mangel und wandte sich gegen die wenig methodische und systematische Arbeit des Gesetzgebers, die er so kritisierte: „faßbar ist ihm ursprünglich nur die gröbere Form, die sich zugleich seinem Auge wiederholt. Das Feinere und Seltenere, ob es schon nicht fehlt, nimmt er nicht wahr oder weiß es nicht zu packen“[42]. Deshalb schlug er vor, den fragmentarischen Charakter durch Analogie, auch zuungunsten des Täters, zu überwinden[43], was für ihn als Vertreter einer absoluten Straftheorie nur folgerichtig war, ein Vorhaben dem freilich damals schon das Verbot des § 2 StGB in seiner Ausformung als „nulla poena sine lege scripta“ entgegenstand.

Verfolgt man den oftmals schlagwortartig verwendeten Begriff vom fragmentarischen Charakter bis zu seiner Wurzel bei *Binding*, so ergibt sich, daß damit der von *Binding* angeprangerte und als „ein großer Mangel des StGB bezeichnete“[44] unvollständige Schutz einzelner Rechtsgüter gemeint ist. Das Strafrecht ist nach *Binding* lückenhaft, weil der Gesetzgeber nur unsystematisch und zufällig ohne Blick für das Wesentliche tätig wird. Daß das Strafrecht lückenhaft ist, bedeutet aber noch nicht, daß der Gesetzgeber sich an den richtigen Stellen zurückgehalten hätte und andere Bereiche zu Recht geregelt hätte. Die Feststellung der Lückenhaftigkeit beantwortet insbesondere die Frage nicht, an welchen Stellen, aufgrund welcher Kriterien und mit welcher Begründung es richtig ist, daß der Gesetzgeber Lücken schafft oder erhält. Maßstäbe für die Grenzziehung werden hierdurch nicht gegeben[45]. Das heißt, daß der Begriff vom fragmentarischen Charakter des Strafrechts nur den Ist-Zustand beschreibt, nicht aber Kriterien für den Soll-Zustand liefert. Es handelt sich bei diesem Begriff daher um einen empirischen und formellen Begriff, nicht jedoch um einen normativ-pragmatischen[46].

Prittwitz[47] hat zudem auf den Bedeutungsinhalt des Wortes „fragmentarisch“ hingewiesen. Zum einen enthalte der Begriff ein quantitatives Element, denn wer etwas als „fragmentarisch erhalten“ bezeichne, meine damit nur einen ganz kleinen

---

41 *Binding*, Lehrbuch BT I, S. 20.

42 *Binding*, Lehrbuch BT I, S. 20.

43 *Binding*, Lehrbuch BT I, S. 21.

44 *Binding*, Lehrbuch BT I, S. 20.

45 *Prittwitz*, in Institut für Kriminalwissenschaften Frankfurt a.M., Zustand des Strafrechts, S. 387, 389.

46 *Prittwitz*, in Institut für Kriminalwissenschaften Frankfurt a.M., Zustand des Strafrechts, S. 387, 389.

47 *Prittwitz*, in Institut für Kriminalwissenschaften Frankfurt a.M., Zustand des Strafrechts, S. 387, 389.

Teil des Ganzen. Zum anderen habe es etwas „von Willkürlichkeit und fehlender Systematik an sich, wenn man den Begriff „Fragmente“ benutzt.“

Sowohl die ursprüngliche Bedeutung, die der Schöpfer des Begriffs von der fragmentarischen Natur des Strafrechts diesem beigelegt hat, als auch sein Bedeutungsinhalt sprechen somit viel eher dafür, den Begriff „fragmentarisch“ empirisch aufzufassen, als ihn als normatives Kriterium für mögliche Entkriminalisierungsversuche heranzuziehen.

dd) Strafrecht als „ultima ratio“

Es bleibt die Frage zu klären, ob „ultima ratio“ und Subsidiaritätsprinzip deckungsgleiche Begriffe sind. Daß das Strafrecht ultima ratio staatlicher Tätigkeit ist und wegen seiner einschneidenden Rechtsfolgen als letztes staatliches Mittel erst eingesetzt werden darf, wenn andere Mittel nicht verfangen[48], zeigt, daß es sich hierbei um das Verhältnis der staatlichen Regulierungsmöglichkeiten untereinander geht. So betont auch das Bundesverfassungsgericht: „die Strafnorm stellt gewissermaßen die ‚ultima ratio‘ im Instrumentarium des Gesetzgebers dar“[49], „es ist die schärfste der Gesellschaft zu Gebote stehende Waffe“[50]. *Maurach* formuliert:

> „Bei Auswahl der staatlichen Machtmittel sollte das Strafrecht, eine wahre ultima ratio regis, an letzter Stelle stehen und nur dann auf den Plan treten, wenn dies zur Wahrung des öffentlichen Friedens unerläßlich ist.“[51]

Das Gebot der ultima ratio wird auf den verfassungsrechtlichen Verhältnismäßigkeitsgrundsatz zurückgeführt[52].

Das Subsidiaritätsprinzip umfaßt jedoch, auf jeden Fall in seiner allgemeinen staatspolitischen Ausprägung, die weiter gefaßte Fragestellung, inwieweit sich der Staat in die Belange der Bürger einmischen soll, die diese selbst regeln können. Da jedoch das Subsidiaritätsprinzip und das Gebot der ultima ratio auch weitgehend deckungsgleich verwendet werden[53] und umstritten ist, ob das strafrechtliche Subsidiaritätsprinzip nicht auch nur die Konkurrenz staatlicher Zwangsmittel meint[54], soll an dieser Stelle auf eine weitere begriffliche Abgrenzung verzichtet werden.

---

48 *Weber*, in Baumann/Weber/Mitsch, § 3, Rdnr. 19.

49 BVerfGE 39, 1, 46 ff.

50 BVerfGE 32, 98, 109.

51 *Maurach/Zipf*, Strafrecht AT 1, § 2, Rdnr. 13.

52 BVerfGE 39, 1, 47.

53 Siehe beispielsweise *Weber*, in FS Fritz Baur, S. 133.

54 Siehe dazu sogleich Teil 1. A. II. 2., S. 32.

b) Geschichte und Herleitung

Das Subsidiaritätsprinzip (von subsidium, lat. für Hilfe) kann man als allgemeines staatspolitisches Grundprogramm verstehen oder man kann es in seiner speziell strafrechtlichen Ausformung als Prinzip von der Subsidiarität des Strafrechts betrachten[55].

aa) Das allgemeine Subsidiaritätsprinzip

Beim allgemeinen Subsidiaritätsprinzip handelt es sich um einen staatspolitischen Grundsatz, dessen Wurzeln sich bis in die Antike verfolgen lassen. Hier geht es, grob gefaßt, um die grundlegende Frage, inwieweit staatliches Handeln in den Lebensbereich der Bürger eingreifen darf und inwieweit sich der Staat Zurückhaltung auferlegen muß, weil die Bürger ihre Belange selbst regeln können. Da mit diesem Begriff ein ganz wesentliches Spannungsverhältnis zwischen dem einzelnen und dem Staat tangiert wird und es zur Regelung der Funktion des Staates und für die Bewältigung der in der Gesellschaft anfallenden Aufgaben wegweisende Möglichkeiten anbietet, verwundert es nicht, daß sich Spuren des Subsidiaritätsprinzips bis weit in die Antike, bis hin zu Aristoteles, finden lassen[56]. Weiter ausgeprägt wurde der Lehrsatz von der Subsidiarität von Augustinus und Thomas von Aquin[57].

Eine recht genaue Definition dieses Prinzips findet sich bereits bei Abraham Lincoln:

> „Die Regierung hat für die Leute das zu besorgen, wonach die Leute ein Bedürfnis haben, was sie aber selbst überhaupt nicht tun können oder doch, auf sich selbst gestellt, nicht ebensogut können. In all das, was die Leute ebenso selber tun können, hat die Regierung sich nicht einzumischen."[58]

Eine noch genauere Ausprägung hat dieser Grundsatz in der Enzyklika „Quadragesimo Anno" des Papstes Pius XI. aus dem Jahr 1931 erfahren:

> „Was von den einzelnen Menschen mit eigener Kraft und durch eigene Tätigkeit geleistet werden kann, darf ihnen nicht entrissen und der Gemeinschaft übertragen werden. Ebenso ist es eine Ungerechtigkeit und eine Störung der rechten Ordnung, wenn Aufgaben, die von den kleineren und untergeordneten Gemeinwesen bewältigt werden können, von der höheren und übergeordneten Gemeinschaft in Anspruch genommen werden. Denn jede Gesellschaftstätigkeit ist ihrem Begriff und Wesen nach subsidiär; sie soll die Glieder des Sozialkörpers stützen, darf sie aber niemals zerschlagen oder aufsaugen."[59]

---

55 Zu dieser Trennung *Brandt*, Subsidiaritätsprinzip, S. 123 ff.

56 *Brandt*, Subsidiaritätsprinzip, S. 167.

57 *Marcic*, Gesetzesstaat, S. 428, 429.

58 Zitiert nach *Nell-Breuning*, Subsidiaritätsprinzip, Staatslexikon, Sp. 828, dort auch der englische Originaltext.

59 Quadragesimo Anno n. 79; deutscher Text zitiert nach *Jostock*, S. 132 ff.

Im Grundgesetz ist das Prinzip von der Subsidiarität staatlichen Eingreifens gegenüber der Eigeninitiative und -verantwortung des Bürgers zwar nicht ausdrücklich niedergelegt, es handelt sich jedoch unumstritten um einen bedeutenden staatspolitischen Leitsatz. Ob es sich dabei um einen Verfassungsrechtssatz handelt, ist in den fünfziger und sechziger Jahren Gegenstand einer umfassenden Diskussion gewesen[60]. Einigkeit herrscht insoweit, daß das Subsidiaritätsprinzip zu einem wesentlichen Gegenstand und einer entscheidenden Leitregel in der bundesdeutschen Gesetzgebung geworden ist und es zumindest auf diese Weise die generelle Anerkennung im bestehenden demokratischen und sozialen Rechtsstaat gefunden hat[61]. Nicht zu verwechseln ist dieser Problemkreis mit der unbestrittenen Niederlegung des strafrechtlichen Subsidiaritätsprinzips über den Verhältnismäßigkeitsgrundsatz im Grundgesetz. Auch in die Rechtsprechung des Bundesverfassungsgerichts hat das Subsidiarität Eingang gefunden: „In erster Linie soll die kleinere Gemeinschaft wirken und mit staatlichen Mitteln ist erst einzugreifen, wenn es unausweichlich ist“[62].

In der Rechtsprechung des Bundesgerichtshofs wurde das allgemeine Subsidiaritätsprinzip bei der Beurteilung der Frage herangezogen, ob die Angeklagten die Bewegungsfreiheit der psychisch kranken Mutter einschränken durften, ohne vorher das Vormundschaftsgericht anzurufen. Hier hat der Bundesgerichtshof festgestellt, daß die familiäre Selbsthilfe nicht staatlicher Kontrolle unterworfen werden darf, denn

> „dies widerspräche unserer heutigen Rechtsauffassung vom Verhältnis der Familiengemeinschaft zur staatlichen Gemeinschaft und von der Subsidiarität staatlichen Eingreifens in Angelegenheiten der Familie“[63].

Kaufmann führt aus, warum die Beachtung dieses staatspolitischen Leitsatzes in der heutigen Gesellschaft so wichtig ist:

> „Es geht um die rechte Ausgewogenheit von Freiheit des Menschen zu seiner Entfaltung einerseits und von staatlicher Sicherung und Unterstützung dieser Freiheit andererseits, ... denn durch die Technisierung und vielfache Komplizierung der Lebensverhältnisse bedarf der moderne Mensch in einer viel umfassenderen Weise der staatlichen Hilfe, als das noch vor wenigen Generationen der Fall war. Da ist der Ruf der gefährdeten Menschen nach der Fürsorge des allmächtigen Staates verständlich, verständlich auch, daß er eben diesen Machtstaat fürchtet und sich deshalb wenigstens ein Mitsprache- und Mitwirkungsrecht sichern will.“[64]

---

60 Siehe dazu *Isensee*, Subsidiaritätsprinzip, S. 106 ff.; *Zuck*, Subsidiaritätsprinzip, S. 50 ff.

61 *Brandt*, Subsidiaritätsprinzip, S. 130; *Arthur Kaufmann*, in FS Henkel, S. 89, 90.

62 BVerfGE 10, 59, 83.

63 BGHSt 13, 197, 202.

64 *Arthur Kaufmann*, in FS Henkel, S. 89, 93, 94.

Auf die Gefahr, die aus dieser Verantwortungsübertragung auf den Staat nach dem Prinzip „lasset uns zunächst den Staat anzapfen, was dann ungeleistet ist, das werden wir in eigener Regie meistern“[65] folgt, hat *Marcic* hingewiesen:

> „Wann immer der einzelne beginnt, die Verantwortung für die Erledigung von Angelegenheiten, die er noch in eigener Regie bewältigen könnte, auf die Gemeinschaft abzuwälzen, legt er einen Grundstein zum totalen Staat ... im Anfang ist es so, daß der Staat vom Einzelnen genötigt wird, dessen Sorgen zu übernehmen; nach und nach erhält die Bewegung die entgegengesetzte Richtung, der Staat gewinnt Freude an der Mehrleistung.“[66]

Die Folge dieser „entgegengesetzten Richtung“ ist eine Störung des Verhältnisses zwischen Individuum und Gemeinschaft.

Diese grundsätzlichen Gedanken zum Subsidiaritätsprinzip sind unwidersprochen, jedoch darf nicht übersehen werden, daß bei der konkreten Anwendung wegen der weitgefaßten Form dieses Leitbildes Unklarheiten und Mißbrauchsgefahr entstehen. Insbesondere ist es nicht möglich, im Einzelfall aus dem Subsidiaritätsprinzip Antworten mit logischer Stringenz zu ermitteln[67]. Denn die Frage, wann genau eine Aufgabe die des einzelnen und wann sie die des Staates ist, wird ja dadurch nicht beantwortet. Eine Richtung der Problemlösung wird dadurch aber aufgezeigt: Dem einzelnen ist es überlassen, die Aufgaben zu bewältigen, die innerhalb der eigenen Sozialbezüge zu erfüllen sind, soweit er dazu in der Lage ist und nicht die Gefahr besteht, daß dabei gegen höhere Interessen verstoßen wird[68].

bb) Der Grundsatz von der Subsidiarität des Strafrechts

(1) Eine spezifisch strafrechtliche Ausformung hat das Subsidiaritätsprinzip im wesentlichen seit Ende des letzten und Anfang diesen Jahrhunderts erfahren. Um diese Zeit taucht der Begriff von der subsidiären Natur des Strafrechts in der Literatur auf.

Freilich ist die Subsidiarität des Strafrechts selbst viel älter als die Begriffsbildung dazu. Schon seine Entstehung bestätigt das Subsidiaritätsprinzip. Denn ursprünglich erfolgte die Ahndung des Verbrechens im Wege der Selbsthilfe des Verletzten oder seiner Sippe, und als der Staat sich der Verbrechensverfolgung annahm, geschah dies, um hilfsweise einzugreifen und Frieden zu stiften, wo dies den unmittelbar Beteiligten nicht gelang[69]. *Lüderssen* weist darauf hin, daß die-

65 *Marcic*, Gesetzesstaat, S. 429.

66 *Marcic*, Gesetzesstaat, S. 431, 432.

67 *Arthur Kaufmann*, in FS Henkel, S. 89, 99.

68 *Brandt*, Subsidiaritätsprinzip, S. 136.

69 *Arthur Kaufmann*, in FS Henkel, S. 89, 101, weist hier weiter darauf hin, daß unter dem Einfluß der absoluten Straftheorien in den Hintergrund geraten ist. Wurde danach die Strafe als

ses zuerst entstandene, „private“ Strafrecht zunächst die Strafzwecke der Vergeltung und Sühne nur als Kompensation eines individuellen Schadens begriff[70].

Als Wegbereiter des strafrechtlichen Subsidiaritätsgedanken wird *Franz v. Liszt* bezeichnet, auch wenn er diesen Begriff nicht ausdrücklich verwendete[71]. Er hatte schon 1882 in seiner als „Marburger Programm“ bekannt gewordenen Schrift „Der Zweckgedanke im Strafrecht“ postuliert:

> „Nur die notwendige Strafe ist gerecht. Die Strafe ist uns Mittel zum Zweck. Der Zweckgedanke aber verlangt Anpassung des Mittels und möglichste Sparsamkeit in seiner Verwendung. ... Es läßt sich eine schwerere Versündigung gegen den Zweckgedanken gar nicht denken, als die Vernichtung der körperlichen, ethischen, nationalökonomischen Existenz eines Mitbürgers, wo diese nicht unabweislich durch die Bedürfnisse der Rechtsordnung gefordert wird.“[72]

Zusammengefaßt bedeutet dies: Wo andere sozialpolitische Maßnahmen oder eigene freiwillige Leistungen des Täters einen ausreichenden Rechtsgüterschutz gewährleisten, darf mangels Notwendigkeit nicht bestraft werden; und auch wenn mildere Möglichkeiten nicht zur Verfügung stehen, ist auf die Strafe mangels Eignung zu verzichten[73].

Der Anfang der Diskussion um den Subsidiaritätsgrundsatz in der strafrechtlichen Literatur wird beherrscht von einem Streit um Begriffe. Bei *v. Hippel* folgt der kurzen Feststellung, daß Strafe verwerflich ist, soweit der Schutz durch andere Rechtsgebiete ausreichend ist[74], und daß der Gesetzgeber dort keine Strafe verwenden soll, wo andere mildere Unrechtsfolgen ausreichen, eine Erörterung der Begriffe von sekundärer, fragmentarischer und subsidiärer Natur des Strafrechts[75].

(2) In der nationalsozialistischen Zeit ist das Subsidiaritätsprinzip zwangsläufig in den Hintergrund geraten, ja es wurde geradezu auf den Kopf gestellt[76]. Dafür sollen hier nur zwei Teilaspekte, die dies verdeutlichen, herausgegriffen werden.

Als Begründung des Strafrechts wurde nicht mehr die Lehre vom Rechtsgut als das Ergebnis einer individualistisch-liberalen Denkweise herangezogen, sondern Pflicht und Gesinnung wurden zum Ausgangspunkt der strafrechtlichen Begriffsbildung, da das nationalsozialistische Rechtsideal durch die Einheit

---

primäre Funktion des Staates zur Durchsetzung absolutistischer Gerechtigkeits- und Pflichtvorstellungen betrachtet, mußte das dem Subsidiaritätsgedanken unmittelbar zuwiderlaufen.

70 *Lüderssen*, Die Krise des öffentlichen Strafanspruches, S. 25.

71 *Brandt*, Subsidiaritätsprinzip, S. 130.

72 *v. Liszt*, Zweckgedanke, S. 27, 28.

73 *Roxin*, ZStW 81 (1969), 613, 620.

74 *R. v.Hippel*, Deutsches Strafrecht, S. 14.

75 *R. v.Hippel*, Deutsches Strafrecht, S. 31.

76 *Arthur Kaufmann*, in FS Henkel, S. 89, 101.

von Gemeinschaft und Gemeinschaftsglied bestimmt war[77]. Da dem einzelnen nur als Glied der Gemeinschaft Rechtspersönlichkeit zuerkannt wird, bestimmt die gemeinschaftswidrige Gesinnung in ihrer schwersten Form, der Treulosigkeit gegenüber der Rechtsgemeinschaft, das Unwerturteil[78].

Das Aufgeben des Subsidiaritätsgedankens zeigt sich auch in der Hinwendung zum Materialismus, weg vom rechtsstaatlichen Formalismus, während der NS-Zeit. Der Nationalsozialismus führte einen Kampf gegen den „volksfremden Formalismus", dem Bastionen des formalen Rechtsstaats wie der „nulla poena"-Satz, aber auch die Rechtskraft zum Opfer fielen[79]. In bezug auf den „nulla poena"-Satz fand die antiformale Geisteshaltung des Nationalsozialismus ihren gesetzgeberischen Ausdruck in der Aufhebung des Analogieverbots und der Zulassung der Wahlfeststellung durch das Gesetz vom 28.6.1935[80]. Dies führte zwangsläufig und gewolltermaßen zu einer Ausweitung der Strafbarkeit[81]. Entformalisierung meinte vor allem auch, daß man sich innerhalb des Strafrechts von seinen formalen Anforderungen, insbesondere von der strengen Wortlautbindung, frei machte, wenn dies der Herstellung des gewünschten Ergebnisses im Wege stand[82].

(3) In der neueren Strafrechtsliteratur wird der Grundsatz von der Subsidiarität des Strafrechts auf den durch das Bundesverfassungsgericht entwickelten Verhältnismäßigkeitsgrundsatz zurückgeführt[83]. Er wird in verschiedene Definitionen gefaßt, von denen hier nur einige wiedergegeben werden können: „Strafrecht darf nur dort eingesetzt werden, wo es zum Schutz der Gesellschaft unbedingt notwendig ist"[84], es ist

> „nur zum Schutz derjenigen Rechtsgüter, die für das Leben der Menschen im Mitsein mit den anderen unentbehrlich sind und die auf andere Weise als durch das Strafrecht nicht wirksam geschützt werden können"[85]

---

77 *Gallas*, in FS Gleispach, S. 50, 51.

78 *Gallas*, in FS Gleispach, S. 50, 65.

79 *Pauli*, Rechtsprechung, S. 41.

80 RGBl. I S. 839.

81 *Weber*, in Baumann/Weber/Mitsch, § 6, Rdnr. 22 weist in diesem Zusammenhang allerdings darauf hin, daß die Rechtsprechung der oberen Gerichte, insbesondere des Reichsgerichts, von dieser Möglichkeit der analogen Anwendung von Strafbestimmungen nur äußerst vorsichtig Gebrauch machten.

82 *Pauli*, Rechtsprechung, S. 43.

83 *R. Hassemer*, Schutzbedürftigkeit, S. 19; *Hefendehl*, Vermögensgefährdung, S. 138; *Maurach/ Zipf*, Strafrecht AT 1, § 2, Rdnr 13; *Roxin*, Strafrecht AT 1, S. 24; *Rudolphi*, in SK, Rdnr.14 vor § 1; *Weber*, in Baumann/Weber/Mitsch, § 3, Rdnr. 19.

84 *Jescheck/Weigend*, Strafrecht AT, § 1 I 2.

85 *Arthur Kaufmann*, in FS Henkel, S. 89, 102.

erlaubt. Soweit andere Mittel der informellen Selbstkontrolle oder innerhalb der formellen Sozialkontrolle außerstrafrechtliche Regelungsmechanismen ausreichen, gehen diese Strafnormen und Strafsanktionen vor[86]. Aus dem Subsidiaritätsprinzip folge, daß eine Strafrechtsnorm der Begründung bedarf und nicht umgekehrt die Streichung einer Strafrechtsnorm oder die sonstige Reduzierung des Strafrechtsumfanges begründungspflichtig ist[87].

Der Grundsatz der Verhältnismäßigkeit ist über das Rechtsstaatsprinzip im Grundgesetz verankert. Er besteht aus drei Teilgeboten; zum einen aus dem Gebot der Geeignetheit, das nur solche Mittel erlaubt, mit deren Hilfe der gewünschte Erfolg gefördert werden kann[88]. Das zweite Gebot der Erforderlichkeit gebietet, dasjenige der gleich wirksamen Mittel einzusetzen, das den Betroffenen am wenigsten belastet[89]. Voraussetzung ist, daß das mildere Mittel ohne Zweifel zur Erreichung des Regelungszweckes ebenso geeignet ist[90]. Das dritte Gebot der Angemessenheit verlangt, daß der Eingriff in angemessenem Verhältnis zu dem Gewicht und der Bedeutung des Grundrechts steht[91].

Das Gebot der Geeignetheit zielt auf die Frage ab, ob die Strafnorm geeignet ist, zukünftige Rechtsgutsverletzungen zu verhindern, somit ob es praktikabel, d.h. mit Hilfe des geltenden Strafverfahrens- und Strafvollzugsrechts durchsetzbar ist, und ob es auf diese Weise verspricht, das angestrebte Ziel des Gesellschaftsschutzes auf einem gangbaren Weg möglichst effektiv zu erreichen[92]. Dagegen läßt sich aus dem zweiten Teilgebot der Erforderlichkeit unmittelbar die Forderung ableiten, andere Schutzmöglichkeiten für das betroffene Rechtsgut heranzuziehen, sofern diese gleich wirksam sind. *Roxin* hat dies auf den Punkt gebracht:

> „Da das Strafrecht die härtesten aller staatlichen Eingriffe in die Freiheit des Bürgers ermöglicht, darf es nur eingesetzt werden, wo mildere Mittel keinen ausreichenden Erfolg versprechen. Denn es verstößt gegen das Übermaßverbot, wenn der Staat zum scharfen Schwert des Strafrechts greift, wo andere sozialpolitische Maßnahmen ein bestimmtes Rechtsgut ebenso gut oder gar wirkungsvoller schützen können.“[93]

Insbesondere folgt aus dem Erforderlichkeitsgrundsatz nicht nur, daß der Gesetzgeber von den verschiedenen Ausgestaltungen einer Strafdrohung immer

---

86 *Sonnen*, Kriminalität und Strafgewalt, S. 28; *Weber*, in Baumann/Weber/Mitsch, § 3, Rdnr. 19.
87 *Weber*, in Baumann/Weber/Mitsch, § 3, Rdnr. 23.
88 BVerfGE 30, 292, 316; 33, 171, 187; 67, 157, 173.
89 BVerfGE 53, 135, 145 ff.; 67, 157, 177; 68, 193, 219.
90 *Jarass/Pieroth*, Art. 20, Rdnr. 60.
91 BVerfGE 67, 157, 173.
92 *Rudolphi*, in SK, Rdnr. 13 vor § 1.
93 *Roxin*, Strafrecht AT 1, S. 24.

nur die relativ mildeste wählen darf, sondern auch daß die Strafdrohung schlechthin subsidiär ist[94].

(4) Im Wirtschaftsstrafrecht wird die Bedeutung des Subsidiaritätsgrundsatzes nicht grundsätzlich akzeptiert. *Baumann* wendet sich gegen eine Überbetonung des Subsidiaritätsprinzips im Wirtschaftsstrafrecht. Ein Vorrang wirtschaftslenkender und sozialpolitischer Maßnahmen hält er auf diesem Gebiet nicht für zwingend, da ausreichend nachgewiesen sei, daß andere Maßnahmen nicht ausreichen, um die Formen neuer Kriminalität zu bekämpfen. Die wirtschaftlichen und technischen Zusammenhänge werden immer komplizierter und für den Außenstehenden immer schwerer zu durchschauen, so daß auch die generalpräventive Kraft der zivilrechtlichen Schadensersatzverpflichtung nachlasse[95]. Weil die Wirtschaftskriminalität bekämpfende soziale Maßnahmen, wie z.B. gewerberechtliche Aufsichtsinstrument im Gegensatz zur Bestrafung alle Adressaten ohne Differenzierung treffen, hat *Weber* die suggestive Frage gestellt, ob das Strafrecht gerade als milderes Mittel betrachtet werden könne[96]. *Tiedemann* betont, daß das Strafrecht „in Form der abstrakten Androhungsprävention weniger als alle sonstigen staatlichen Maßnahmen in die Freiheit der Wirtschafter eingreift." Ihm könnten die Betroffenen durch normkonformes Verhalten ausweichen, während wirtschaftsrechtliche Verschärfungen notwendigerweise jedes einschlägige, also auch das gesetzmäßige Verhalten und damit alle Wirtschafter treffen[97].

Herzog[98] weist darauf hin, daß das Subsidiaritätsprinzip jedoch auf der Seite aller Bürger, auch der „schwarzen Schafe", dafür streite, daß sich der Staat, wenn möglich, der strafrechtlichen Intervention enthalten soll. Es gehe auch nicht nur um einen geringeren Aufwand des Staates[99]. *Volk* wendet sich daher gegen den Irrglauben, mit dem Strafrecht lasse sich eine kostenlose und rasche Wirtschaftspolitik betreiben. Daß wirtschaftsrechtliche Maßnahmen kostspielig und zeitaufwendig seien, spreche daher nicht schon gegen ihren vorrangigen Einsatz[100]. Zu Recht bemerkt *Otto*, daß gesetzliche Maßnahmen das zu schützende Rechtsgut schwerer beeinträchtigen können als einzelne rechtswidrige Verletzungen des Rechtsguts[101]. Daher muß zur Erhaltung der marktwirtschaftlichen Ordnung auch bei der Abwehr sozialschädlicher Verhaltensweisen

---

94 *Rudolphi*, in SK, Rdnr. 14 vor § 1.
95 *Baumann*, JZ 1983, 935, 938.
96 *Weber*, ZStW 96 (1984), 376, 380.
97 *Tiedemann*, Wirtschaftsstrafrecht I, S. 79.
98 *Herzog*, Daseinsvorsorge, S. 121.
99 *Herzog*, Daseinsvorsorge, S. 121.
100 *Volk*, JZ 1982, 85, 88.
101 *Otto*, ZStW 96 (1984), 339, 361.

im Bereich der Wirtschaft die Rangordnung der Abwehrmaßnahmen eingehalten werden. Erst wo die Regelungen der Marktteilnehmer selbst nicht genügen, um die erstrebten Ziele zu erreichen, beginnt der Raum für staatliche Normierungen. Der Grundsatz der Subsidiarität des Strafrechts verbietet die Zuflucht zu strafrechtlichen Normen, soweit die notwendige Sicherung und Steuerung der wechselseitigen Erwartungen mit zivil- und öffentlich-rechtlichen Mitteln erreicht werden kann, ohne die marktwirtschaftlichen Prozesse erheblich zu stören[102].

(5) Auch zum strafrechtlichen Subsidiaritätsprinzip gilt, was zum allgemeinen Subsidiaritätsprinzip ausgeführt wurde: Es handelt sich mehr um eine vorgegebene Richtung als um eine genaue Vorgabe für den Gesetzgeber. Daran ändert sich auch dadurch nichts, daß das strafrechtliche Subsidiaritätsprinzip aus dem Grundsatz der Verhältnismäßigkeit herzuleiten ist. Denn der Subsidiaritätsgedanke läßt einen großen Spielraum legislatorischen Ermessens offen[103]. Zwar könnte die Pönalisierung eines geringfügigen Verstoßes wegen Verletzung des Übermaßverbots nichtig sein, praktisch ist aber eine Verfassungswidrigkeit solange zu verneinen, wie der Gesetzgeber für geringere Verstöße entsprechend milde Strafen zur Verfügung stellt[104]. Die Prüfung, ob eine strafrechtliche Bewehrung verfassungsmäßig ist, hat sich nicht an einem engen Verhältnismäßigkeitsgrundsatz auszurichten[105]. Wenn Ungewißheit besteht, ob mildere Mittel ausreichenden Erfolg versprechen, steht außerdem dem Gesetzgeber eine Entscheidungsprärogative zu, ihm ist insoweit ein nicht unerheblicher Spielraum eigenverantwortlicher Bewertung einzuräumen[106].

Bei der vorliegenden Untersuchung soll jedoch nicht die Verfassungswidrigkeit der Rechtsprechung des Bundesgerichtshofs zur Vermögensgefährdung untersucht oder gar begründet werden. Vielmehr geht es darum, wohin das Strafrecht in Zukunft tendieren soll. Bei der Frage, ob die Tendenz zu weiterer Ausweitung des strafbaren Bereichs weiterverfolgt werden soll, oder ob die Entkriminalisierung der richtige Weg ist, gibt das Subsidiaritätsprinzip wie ein Wegzeiger die Richtung an: Die Eindämmung des Strafrechts ist die richtige Richtung, wo dies sinnvoll und möglich ist. Daher soll in vorliegender Arbeit untersucht werden, ob zumindest auf einem abgegrenzten Bereich der Betrugsdogmatik, dem Gebiet des Betruges im Zusammenhang mit Verträgen, ein solcher Schritt in die richtige Richtung vollzogen werden kann. Auch aus der Strafrechtsaufgabe des Rechtsgüterschutzes folgt nichts anderes. Denn wie oben[107] dargestellt, fordert der Gedanke des Rechtsgüter-

---

102 *Otto*, ZStW 96 (1984), 339, 362.

103 *Roxin*, Strafrecht AT 1, S. 25.

104 *Roxin*, Strafrecht AT 1, S. 25.

105 BVerfG NStZ 1989, 478.

106 BVerfGE 37,104, 118; 43, 291, 347; BVerfG NStZ 1989, 478.

107 Siehe Teil 1, A. I.

schutzes nicht nur Schutz der Rechtsgüter durch das Strafrecht, sondern auch Schutz der Rechtsgüter vor dem Strafrecht.

Insbesondere kann hier festgehalten werden, daß sowohl aus dem allgemeinen staatspolitischen als auch aus dem strafrechtlichen Subsidiaritätsprinzip die Pflicht zur Zurückhaltung des Staates folgt. Dem Strafrecht gehen andere Möglichkeiten der Konfliktregulierung vor. Es bleibt die Frage zu untersuchen, welche Möglichkeiten als vorrangig in Betracht kommen.

2. Bestimmt das Subsidiaritätsprinzip nur das Rangverhältnis zwischen den Handlungsmöglichkeiten des Staates oder kommen als milderes Mittel auch Selbstschutzmöglichkeiten des Opfers in Betracht?

Fraglich ist, ob auch die individuellen Selbstschutzmöglichkeiten des Opfers als vorrangige Handlungsalternative in Betracht zu ziehen sind, die ein Eingreifen des Strafrechts nicht erforderlich machen. Ob das Subsidiaritätsprinzip so verstanden werden kann, daß die Schutzmöglichkeiten des Rechtsgutsträgers als vorrangig in Betracht kommen[108], oder ob das Strafrecht nur anderen staatlichen Schutzmöglichkeiten gegenüber subsidiär ist, wird nicht einheitlich beurteilt. Hier zeigt sich, daß die Abgrenzung zum Grundsatz „ultima ratio“ oben noch nicht erforderlich war[109], denn letztere Auffassung deckt sich ja mit dem „ultima ratio“-Gedanken.

a) Vorrang der Selbstschutzmöglichkeiten

In der gängigen Definition des Erforderlichkeitsgrundsatzes taucht die individuelle Selbstschutzmöglichkeit als Alternative nicht auf, sondern hier ist die Rede von anderen, gleich wirksamen staatlichen Regulierungsmitteln, die Vorrang haben sollen[110]. Zumindest ausdrücklich wird also der individuellen Schutzmöglichkeit des Rechtsgutsträgers keine Relevanz beigemessen[111].

aa) Ablehnung des Vorranges individueller Selbstschutzmöglichkeiten

Teilweise wird in der Literatur eine solche enge Auffassung des Subsidiaritätsgedankens befürwortet[112]. *Herzberg*[113] wendet sich gegen eine weite Auslegung

---

108 *Müller-Christmann*, JuS 1988, 109, 110.

109 Siehe Teil 1, A. II. 1. a) dd).

110 Vgl. beispielsweise bei *Maurach/Zipf*, Strafrecht AT 1, § 2, Rdnr.13: „bei Auswahl der staatlichen Machtmittel sollte das Strafrecht ... an letzter Stelle stehen“.

111 *R. Hassemer*, Schutzbedürftigkeit, S. 22.

112 *Herzberg*, GA 1977, 289, 294; *Hillenkamp*, Einfluß des Opferverhaltens, S. 14; *Günther*, Strafrechtswidrigkeit, S. 194; *Maiwald*, ZStW 96 (1984), 70 ff.

und auch gegen die Begründung mit dem allgemeinen gesellschaftstheoretischen Subsidiaritätsgedanken, weil das Prinzip von der Subsidiarität des Strafrechts so betrachtet seine Überzeugungskraft verliere. General- und spezialpräventive Hemmungen werden seiner Ansicht nach nämlich durch eine Einbeziehung des Selbstschutzes nicht geschaffen, die potentielle Täter abhalten könnten.

Dieser von *Herzberg* speziell für das Irrtumsmerkmal des Betrugstatbestandes vorgebrachte Gedanke vermag jedoch, zumindest allgemein betrachtet, nicht durchzugreifen, denn es ist für einen potentiellen Täter abschreckend, wenn er weiß, nicht zum Ziel kommen zu können, weil das Opfer mit Hilfe der Selbstschutzmöglichkeiten eine Art Schutzwall um das Rechtsgut gezogen hat.

Günther[114] hat dem weit verstandenen Subsidiaritätsprinzip vorgehalten, daß dieser Ansatz schon verfassungsrechtlich nicht verfangen könne, weil der eingetretene Rechtsgutsschaden zeige, daß die Selbstschutzmöglichkeiten des Opfers nicht ausreichten.

Dieses Argument verwechselt jedoch die generelle Geeignetheit und Erforderlichkeit von Selbstschutz bzw. Strafrechtsschutz mit der individuellen Wahrnehmung des vorhandenen Schutzes; nach dieser Prämisse müßte allein die Existenz einer einzigen Straftat die Geeignetheit und Erforderlichkeit des Strafrechtsschutzes widerlegen und damit die Abschaffung des staatlichen Strafrechts überhaupt gebieten[115].

Zudem führt nach dieser Ansicht eine solche Auffassung zu Faustrecht und Selbstschutz, „also zu Verhaltensweisen, die der gewaltmonopolisierende Staat mit dem Einsatz des Strafrechts gerade eindämmen und überflüssig machen will"[116].

Für den Bereich der Gewaltdelikte mag dem zuzustimmen sein, diese lassen in der Tat wenig Raum für den Selbstschutzgedanken. Für den Bereich des Betruges jedoch führt eine Berücksichtigung des Selbstschutzgedankens allenfalls zu einer übertriebenen Sorge in eigenen Vemögensangelegenheiten. Da die Vermögenssorge des einzelnen ohne Gewalt ausgeübt wird, wird hier das Gewaltmonopol des Staates nicht relevant. Die Berücksichtigung des Selbstschutzgedankens folgt beim Betrug schon allein aus dem Charakter des Betruges als einem Selbstschädigungsdelikt.

In die gleiche Richtung geht die Auffassung *Hillenkamps*[117], daß durch einen Vorrang der privaten Reaktion vor der staatlichen Abwehr der heilsame und befriedende, die individuellen Rachebedürfnisse kanalisierende historische Prozeß des Übergangs der Strafgewalt vom einzelnen auf die Gemeinschaft auf eine nicht mehr zeitgemäße Entwicklungsstufe zurückgedreht wird.

---

113 *Herzberg*, GA 1977, 289, 294.

114 *Günther*, Strafrechtswidrigkeit, S. 194.

115 *Schünemann*, in FS Faller, S. 357, 367.

116 *Günther*, Strafrechtswidrigkeit, S. 194.

117 *Hillenkamp*, Einfluß des Opferverhaltens, S. 14.

Dem ist jedoch entgegenzuhalten, daß es bei dem weit verstandenen Subsidiaritätsprinzip nicht um das Stufenverhältnis zwischen verschiedenen Sanktionen und natürlich auch nicht um Rache für geschehenes Unrecht geht, sondern darum, ob, solange das Opfer den Eintritt eines Schadens am Rechtsgut noch verhindern kann, diese Möglichkeit dem Ruf nach strafrechtlichem Schutz vorgeht. Das so verstandene Subsidiaritätsprinzip kann also wirksam nur in einem viel früheren Stadium der Rechtsgutsbeeinträchtigung ansetzen.

bb) Befürwortung der Einbeziehung individueller Schutzmöglichkeiten

Demgegenüber befürworten Stimmen in der Literatur[118] eine Einbeziehung der individuellen Schutzmöglichkeiten.

Dem ist aus folgenden Gründen beizupflichten: Zwar bezieht sich der Erforderlichkeitsgrundsatz als Teil des verfassungsrechtlichen Verhältnismäßigkeitsgrundsatzes nur auf die Auswahl zwischen den verschiedenen staatlichen Regelungsmechanismen. Dies folgt jedoch schon allein daraus, daß dieser Grundsatz vom Bundesverfassungsgericht für das Öffentliche Recht entwickelt wurde. Daher kann auch die Ansicht *Maiwalds*[119], der für eine enge Auslegung des Subsidiaritätsprinzips die Rechtsprechung des Bundesverfassungsgerichts anführt, nach der das Strafrecht die ultima ratio im Instrumentarium des Gesetzgebers sei, nicht überzeugen. Im Öffentlichen Recht bleibt nur die Wahl zwischen unterschiedlich stark eingreifenden Zwangsmitteln, da es sich hierbei um ein Über- und Unterordnungsverhältnis handelt. Da der strafrechtliche Subsidiaritätsgrundsatz daraus hergeleitet wird, wird auch verständlich, weshalb meist gar nicht aufgeführt wird, ob Selbstschutzmöglichkeiten des Opfers in Betracht kommen. Da Strafrechtsaufgabe jedoch Rechtsgüterschutz ist, bedarf es hier, den Erforderlichkeitsgrundsatz dieser Zielerreichung gemäß anzuwenden. Vergegenwärtigt man sich diese Aufgabe und nimmt man sie ernst, dann kann man die Selbstschutzmöglichkeiten des Opfers nicht außer acht lassen. Rechtsgüterschutz kann unter Umständen viel schneller und wirkungsvoller durch Selbstschutz des Opfers erreicht werden. *R. Hassemer*[120] weist darauf hin, daß auch faktisch mit nichtstaatlichen Mitteln Rechtsgüterschutz betrieben wird, er führt als Beispiele die Errichtung ärztlicher und anderer privater Beratungsstellen auf dem Gebiet des Schwangerschaftsabbruchs an.

---

118 *Amelung*, GA 1977, 1, 6; *R. Hassemer*, Schutzbedürftigkeit, S. 23 ff.; *Hefendehl*, Vermögensgefährdung, S. 139; *Müller-Christmann*, JuS 1988, 109, 110; *Schünemann*, in FS Faller, S. 357, 358, 367; ders., in Schneider, Verbrechensopfer, S. 407, 411; ders., in ZStW 90 (1978), 11, 32, 41; im Ergebnis wohl auch *Roxin*, JuS 1966, 382; ders., in ZStW 81 (1969), 613, 620 ff. und *Arthur Kaufmann*, in FS Henkel, S. 89 ff.

119 *Maiwald*, ZStW 96 (1984), 70, 71.

120 *R. Hassemer*, Schutzbedürftigkeit, S. 23.

Zudem ist es nicht konsequent, vom Staat zu verlangen, zwischen verschiedenen Handlungsalternativen die strafrechtliche als letzte zu wählen, während er andererseits bei der vorgeschalteten Frage, ob das Rechtsgut überhaupt des Schutzes bedarf, dieser Einschränkung nicht unterliegen soll[121]. Der Zusammenhang zwischen allgemeinem und strafrechtlichem Subsidiaritätsgrundsatz darf nicht übersehen werden. Aus dem allgemeinen Grundsatz der Subsidiarität staatlichen Handelns gegenüber der Regelung durch die Bürger folgt auch die Nachrangigkeit staatlichen strafrechtlichen Handelns gegenüber individuellen Schutzmöglichkeiten des Rechtsgutsträgers.

Aus dem Charakter der Grundrechte als Abwehrrechte, die dem Bürger einen Bereich frei von Eingriffen garantieren, resultiert auf der anderen Seite die Pflicht des einzelnen, diese Bereiche als eigenverantwortliches Individuum selbst zu regeln und den Schutz dieses Bereiches im Rahmen der ihm zur Verfügung stehenden rechtlichen Möglichkeiten selbst in die Hand zu nehmen[122].

Indes ist zu beachten, daß die individuellen Selbstschutzmöglichkeiten des Rechtsgutsträgers nur insoweit als vorrangig betrachtet werden können, als sie sicheren Schutz gewährleisten. Die Subsidiarität des Strafrechts kann nur gegenüber leicht verfügbaren und ohne weiteres zumutbaren Selbstschutzmöglichkeiten Platz greifen[123]. Dazu darf ihr Erfolg nicht vom Verhalten anderer abhängen. Sie sind nur effektiv, wenn der Rechtsgutsträger es selbst in der Hand hat, sie zum Schutz des Rechtsguts einzusetzen. Hat er es in der Hand, vermag er eigenverantwortlich zu entscheiden, ob er sie einsetzt. Eines weiteren Rechtsgüterschutzes durch das Strafrecht bedarf es mangels Schutzbedürftigkeit dann nicht. Die Schutzbedürftigkeit ist daher ein Topos, der die materielle Rechtswidrigkeit beeinflussen kann und der deshalb bei der Auslegung immer berücksichtigt werden muß[124].

Auch kann das Subsidiaritätsprinzip nur dazu führen, in einem frühen Stadium der Rechtsgutsbeeinträchtigung oder -gefährdung das Einschreiten des Rechtsgutsträgers als vorrangig zu verlangen. Denn es kann nur darum gehen, daß individuelle Selbstschutzmöglichkeiten im Stadium der Abwehr der Rechtsgutsbeeinträchtigung dem Schutz durch das Strafrecht vorgehen. Ist der Schaden am Rechtsgut dagegen einmal eingetreten, dann ist es für individuelle Selbstschutzmöglichkeiten zu spät, denn diese würden in der Tat zu Faustrecht und Selbstjustiz führen.

---

121 *R. Hassemer*, Schutzbedürftigkeit, S. 24.

122 *Hefendehl*, Vermögensgefährdung, S. 139.

123 *Schünemann*, in: Schneider, Verbrechensopfer, S. 407, 411.

124 *Roxin*, Strafrecht AT 1, S. 190.

b) Konsequenzen für den Betrugstatbestand

Auf dem Gebiet des Schadensmerkmals des Betrugstatbestandes läßt sich diese Prämisse des Subsidiaritätsprinzips umsetzen. Im Stadium der frühen Vermögensgefährdung, beispielsweise bei einem Eingehungsbetrug, bei dem noch keine Vertragspartei geleistet hat, können die individuellen Selbstschutzmöglichkeiten in Form des zivilrechtlichen Rechtsgüterschutz ausreichen[125], und es würde einen Verstoß gegen das Subsidiaritätsprinzip darstellen, wenn man die weitere Entwicklung nicht abwartete[126]. Ist die Gefährdung dagegen schon in einen Schaden umgeschlagen, z.B. wenn die getäuschte Partei an die zur Erbringung der Gegenleistung nicht willige oder fähige Gegenpartei vorgeleistet hat, dann geht es nur noch um die Sanktion des eingetretenen Schadens. Hier kann das Opfer nur noch Wiedergutmachung verlangen und für einen Vorrang der individuellen Selbstschutzmöglichkeit ist es dann zu spät.

Hefendehl, der die Relevanz des Beherrschbarkeitskriteriums für die Eingrenzung der Vermögensgefährdung in seiner Monographie hervorhebt, führt zu Recht aus, gerade wegen des Beherrschbarkeitskriteriums sei die Konkretisierung des Vermögensbegriffs für die Anwendbarkeit des Subsidiaritätsgrundsatzes geradezu prädestiniert[127].

Des strafrechtlichen Schutzes bedarf es demnach nicht, wo der Rechtsgutsträger es noch selbst in der Hand hat, das Rechtsgut effektiv zu schützen. Es fehlt dann an der Schutzbedürftigkeit. Übertragen auf den Betrugstatbestand bedeutet dies, daß das Rechtsgut Vermögen noch nicht des strafrechtlichen Schutzes bedarf, soweit der Rechtsgutsträger es noch selbst schützen kann. Konkret heißt dies nach *Hefendehl*, daß der „strafbarkeitsausufernden Tendenz" der Vermögensgefährdung dadurch entgegengetreten wird, als den Risiken, denen noch mit „zivilrechtlichen Reaktionsmechanismen" begegnet werden kann, die „strafrechtliche Relevanz versagt" wird[128]. Dies läßt sich als Anhaltspunkt aus der richtig verstandenen Geltung des Subsidiaritätsprinzips gewinnen und festhalten.

III. Die Bedeutung der Selbstschutzmöglichkeiten für die viktimodogmatische Betrachtungsweise

Besondere Beachtung haben das Opfer und dessen Selbstschutzmöglichkeiten in der sogenannten Viktimodogmatik erfahren, die in engem Zusammenhang mit dem weit

---

125 So auch *Hefendehl*, Vermögensgefährdung, S. 139.

126 *Lampe*, Kreditbetrug, S. 27.

127 *Hefendehl*, Vermögensgefährdung, S. 139.

128 *Hefendehl*, Vermögensgefährdung, S. 139.

verstandenen Subsidiaritätsprinzip steht[129]. *Schünemann*[130] hat auf diesem Gebiet eine Auslegungsmaxime entwickelt, die er als „viktimologisches Prinzip" bezeichnet. Nur „eine den möglichen und zumutbaren Selbstschutz des potentiellen Opfers ausmanövrierende Handlung" soll unter den Straftatbestand zu subsumieren sein.

Da das Opfermitverschulden als Charakteristikum des Betruges angesehen wird[131] und das zentrale kriminalpolitische und dogmatische Problem des Betruges in der Frage liegt, wie der Gedanke der Mitverantwortlichkeit des Opfers für den Schutz seiner Rechtsgüter auch bei § 263 nutzbar gemacht werden kann[132], wird klar, daß besonders beim Betrugstatbestand die Möglichkeit besteht, über eine viktimodogmatische Betrachtung Anhaltspunkte für eine sinnvolle Begrenzung des Tatbestandes zu gewinnen. *Beulke*[133] hat daher vorgeschlagen, im Rahmen des Schadensbegriffs den Gedanken zu aktivieren, daß Zweck des Betrugstatbestandes sei, das Vermögen gegen die besondere Angriffsart der Überlistung zu schützen und daß deswegen die Anwendung des § 263 wegen fehlender Schutzbedürftigkeit verfehlt sei, wenn das Opfer genügend Möglichkeiten zu hemmenden Selbstschutzmaßnahmen gehabt habe.

Das Opferverhalten wurde bei den Tatbestandsmerkmalen der Täuschungshandlung[134], dem Irrtum[135], der Kausalität zwischen Täuschungshandlung und Irrtum[136], der Kausalität zwischen Irrtum und Vermögensverfügung[137] und auch beim Vermögensschaden[138] für Einschränkungsversuche herangezogen. Außerdem wurde versucht, das Problem des Opfermitverschuldens mit der Lehre vom Schutzzweck der Norm zu lösen[139].

Die Beantwortung der grundlegenden Frage, ob die Viktimodogmatik allgemein als strafrechtliches Kriterium bei allen Delikten zur Einschränkung der Strafbarkeit herangezogen werden sollte, würden den Rahmen dieser Arbeit überschreiten. Die gegen die viktimodogmatische Betrachtungsweise vorgebrachten Bedenken treffen auf den Betrugstatbestand nicht in der Weise zu, daß von vornherein ausgeschlossen

---

129 Da das so verstandene Subsidiaritätsprinzip als Begründung für die Berücksichtigung des Opferverhaltens herangezogen wird, überschneidet sich zum Teil die Argumentation zu diesen beiden Problembereichen erheblich.

130 *Schünemann*, ZStW 90 (1978), 11 ff.; ders., in FS Bockelmann 1979, S. 117, 130 ff.

131 *Arzt*, in Arzt/Weber, LH 3, Rdnr. 379.

132 *Arzt*, in Arzt/Weber, LH 3, Rdnr. 381.

133 *Beulke*, NJW 1977, 1073.

134 *Ellmer*, Betrug, S. 89 ff., 144.

135 *Amelung*, GA 1977, 1 ff.; *Ellmer*, Betrug, S.145 ff.; *Giehring*, GA 1973, 1, 21 ff.; *R. Hassemer*, Schutzbedürftigkeit, S. 131 ff., 147.

136 *Elmer*, Betrug, S. 154 ff.; *Naucke*, in FS Peters, S. 109, 118.

137 *Blei*, Strafrecht II, S. 226 f.

138 *Beulke*, NJW 1977, 1073; *Ellmer*, Betrug, S. 129 ff., 159 ff.; *Schünemann*, in FS Faller, S. 357, 363; *Seelmann*, JR 1986, 346, 347.

139 So *Kurth*, Mitverschulden, S. 169 ff.

werden müßte, viktimodogmatische Überlegungen bei der Begrenzung dieses Tatbestandes heranzuziehen. Eine Sonderrolle kann dem Betrugstatbestand wegen des Opfermitverschuldens als Charakteristikum des Betruges durchaus zuerkannt werden.

Insbesondere die von *Hillenkamp*[140] gegen die Viktimodogmatik vorgebrachten Einwände schlagen hier nicht durch. *Hillenkamp* hat gegen eine viktimodogmatische Sichtweise eingewandt, der Staat sei dem Bürger gegenüber zum Schutz verpflichtet, da dieser sich nicht effektiv selbst schützen könne[141]. Dem läßt sich wiederum entgegenhalten, daß das Strafrecht keinen umfassenden Rechtsgüterschutz leisten kann und soll und daß ein inflationärer Einsatz des Strafrechts gerade keinen effektiven Schutz der Rechtsgüter gewährleistet.

Auch das Argument, die viktimodogmatische Betrachtungsweise führe dazu, daß das Opfer sich im Strafprozeß eine äußerst unangenehme Behandlung antun lassen müsse, weil die Opferbeschuldigung dann zwangsläufig zur Verteidigerpflicht werde, trifft für den Betrugstatbestand nicht zu. Die von *Hillenkamp* angeführten Beispiele liegen alle auf dem Bereich der Gewaltdelikte, er führt Vergewaltigung, sexuellen Mißbrauch und Mord an. Beim Betrug verhält es sich jedoch so, daß das Verhalten des Opfers zwangsläufig bei der Feststellung des Tatbestandsmerkmals der Vermögensverfügung untersucht werden muß. Eine deliktsspezifische Betrachtungsweise ist hier unerläßlich. Der Betrugstatbestand, bei dem das Opfer schon durch geistige Aufmerksamkeit und das Unterlassen der Vermögensverfügung die Möglichkeit hat, für ausreichenden Selbstschutz zu sorgen, bietet sich im Gegensatz zu den Gewaltdelikten für viktimodogmatische Betrachtungen an[142]. Hinzu kommt, daß das Opferverhalten auch bei der Strafzumessung berücksichtigt werden muß. Es bedeutet daher für das Opfer keine weitergehende Belastung und für den Prozeß keinen größeren Aufwand, wenn das Opferverhalten schon auf Tatbestandsseite Berücksichtigung findet.

Zudem geht es der richtig verstandenen Viktimodogmatik auch nicht darum, dem Opfer statt dem Täter die Verantwortung an der Rechtsgutsverletzung zuzuschreiben, sondern darum, den viktimodogmatischen Ansatz bei der erforderlichen Begrenzung des Strafrechts für Entpönalisierungsversuche fruchtbar zu machen. Allerdings setzt die Berücksichtigung des Opferverhaltens bei der Prüfung der Vermögensbeschädigung voraus, daß der Vermögensbegriff normativen Wertungen zugänglich ist. *Ellmer*[143] hat dies verneint: Der dogmatische Ort für die „Lozierung" des Mitverschuldens des Opfers müsse innerhalb der Tatbestandsstruktur vor dem Schadens-

140 *Hillenkamp*, Einfluß des Opferverhaltens, S. 36 ff.; ders., Vorsatztat, S. 175 ff.; s. auch *R. Schauer*, Preisgestaltungsfreiheit, S. 92 ff.

141 *Hillenkamp*, Vorsatztat, S. 175 ff.

142 *Ellmer*, Betrug, S. 247.

143 *Ellmer*, Betrug, S. 160.

merkmal gesucht werden, weil der wirtschaftliche Vermögensbegriff normativen Erwägungen nicht zugänglich sei und ein rein normativer Vermögensbegriff nicht verwendet werde. Man könne dem Opfer nicht entgegenhalten, es habe keinen Schaden i.S.d. § 263 erlitten, weil es den Schaden nicht verhindert habe. Es gehe somit nicht um die Frage, ob ein Schaden eingetreten ist, sondern darum, wessen Verantwortungsbereich der eingetretene Schaden zuzuweisen ist[144]. Untersucht man aber den Ansatz *Beulkes*[145], daß die Anwendung des § 263 wegen fehlender Schutzbedürftigkeit verfehlt sei, wenn das Opfer genügend Möglichkeiten zu hemmenden Selbstschutzmaßnahmen gehabt habe, genauer, so erhält das Wortes „hemmend" entscheidende Bedeutung. Entscheidend ist, daß dem Opfer für das frühere Stadium, in dem sich der Schadenseintritt noch vermeiden oder hemmen läßt, Verantwortung für sein Rechtsgut zugewiesen wird. So weist *Ellmer*[146] selbst darauf hin, daß in der Anerkennung der schadensgleichen Vermögensgefährdung und insbesondere der Konstruktion des Eingehungsbetruges eine Mißachtung der Opferselbstverantwortung liege, denn dieses habe es häufig in der Hand, den bisher nur drohenden Schaden nur abzuwehren.

Auch hier muß zwischen den verschiedenen Stadien der Verwirklichung des Vermögensschadens unterschieden werden. Wie auch beim Subsidiaritätsgedanken kann es nicht darum gehen, daß die Eigeninitiative des Opfers bei der Sanktion des eingetretenen Schadens vorrangig vor der strafrechtlichen Reaktion auf die Rechtsgutsverletzung sein soll, sondern nur darum, daß in einem Stadium, in dem noch die Vermeidung eines Schadens möglich ist, Selbstschutzmöglichkeiten des Opfers dem strafrechtlichen Rechtsgüterschutz vorgehen. Die pauschale Feststellung, für das Tatbestandsmerkmal der Vermögensbeschädigung könne der Gedanke der Opfermitverantwortung nicht fruchtbar gemacht werden, trifft so nicht zu. Die Versuche, die Opferverantwortung gewissermaßen als Instrument für eine „Grobsteuerung" des § 263 einzusetzen, sind zwar als gescheitert anzusehen, erreichbar dürfte jedoch eine „leider komplizierte Feinsteuerung" sein, die bei allen Tatbestandsmerkmalen und ihren Unterbegriffen die Opferverantwortung innerhalb des dogmatischen Systems bewußt macht und zur Problemlösung heranzieht[147]. *Hefendehl*[148] stellt zu Recht fest, daß viktimodogmatische Überlegungen unangebracht sind, wenn bereits eine schädigende Vermögensgefährdung eingetreten ist, daß eine viktimodogmatische Betrachtungsweise jedoch „an der Schwelle einer 'schlichten', für § 263 nicht ausreichenden Vermögensgefährdung zur schädigenden Vermögensgefährdung" Bedeutung erlangen kann.

---

144 *Ellmer*, Betrug, S. 160.

145 *Beulke*, NJW 1977, 1073.

146 *Ellmer*, Betrug, S. 131, 212.

147 *Arzt*, in Arzt/Weber, LH 3, Rdnr. 381.

148 *Hefendehl*, Vermögensgefährdung, S. 141.

Hier kann der Gedanke *Ellmers*[149] herangezogen gemacht werden, daß das Opfer es beim Eingehungsbetrug häufig noch in der Hand habe, den Schaden abzuwehren. In diesem Fall ist ihm zuzumuten, den Schaden abzuwehren. Fehlt es daran, können alle seine Selbstschutzmöglichkeiten nur noch eine tatbestandsirrelevante Schadenswiedergutmachung darstellen. Denn umgekehrt kann das Opferverhalten auch nur dann relevant sein, wenn es noch etwas auszurichten vermag. Die so verstandene Viktimodogmatik legt dem Opfer daher keine unzumutbaren Aufgaben auf und führt auch nicht zu Selbsthilfe und Faustrecht, sondern nur zu einer sinnvollen Wahrnehmung der Rechte durch die Opfer. Man kann dem Opfer dann entgegenhalten, es sei noch nicht geschädigt, weil es in der Hand habe, die Entwicklung der Gefährdung in eine effektive Vermögensminderung zu unterbinden[150]. Der weitere Bereich der Vermögensgefährdung wird von *Hefendehl* daher als „ein Musterbeispiel für die Möglichkeit und Notwendigkeit einer viktimodogmatischen Untersuchung" bezeichnet[151].

IV. Das unserer Rechtsordnung zugrundeliegende Menschenbild

Die Selbstschutzmöglichkeiten des Opfers als Handlungsalternative heranzuziehen bedeutet aber, bei ihm Eigenverantwortung vorauszusetzen. Die Frage, ob das potentielle Opfer gehalten ist, sich in erster Linie selbst um den Schutz seiner Rechtsgüter zu kümmern, steht somit in unmittelbarem Zusammenhang mit der Frage, welches Menschenbild dem Öffentlichen Recht und dem Strafrecht als Teil davon zugrunde liegt.

Sowohl hinter der Abkehr vom ethisierenden Strafrecht als auch unter der bürgerlich-liberalen Rechtsauffassung überhaupt steht als zumeist nicht explizit gemachtes Substrat die Vorstellung vom Menschen, der den von ihm beeinflußbaren Lebensbereich grundsätzlich eigenverantwortlich und anhand seiner eigenen Wertvorstellungen selbst gestaltet[152]. Diese freie Verantwortlichkeit des Einzelnen beinhaltet für ihn nicht nur das Recht, sondern auch die Pflicht zur vorzugsweisen Selbstgestaltung seines eigenen Lebensbereichs und damit zum Verzicht auf fremde Hilfe[153]. Daher besteht ein enger Zusammenhang nicht nur zum Subsidiaritätsprinzip, sondern auch zum strafrechtlichen Rechtsgüterschutz, denn das Strafrecht kann diese Aufgabe nicht vollbringen, wenn ihr nicht das Bestreben des Ein-

149 *Ellmer*, Betrug, S. 212.

150 *Hefendehl*, Vermögensgefährdung, S. 141.

151 *Hefendehl*, Vermögensgefährdung, S. 141.

152 *R. Hassemer*, Schutzbedürftigkeit, S. 34.

153 *v. Münch*, JZ 1960, 303, 305.

zelnen gegenübersteht, für die Integrität seiner Güter im Rahmen seiner Möglichkeiten selbst zu sorgen[154].

Verankert ist dieses Menschenbild in Art. 1 Abs.1 GG, dadurch wird die Menschenwürde zum Höchstwert unseres Verfassungssystems erklärt[155]. Daß dem Grundgesetz und damit auch dem Strafrecht dieses Menschenbild zugrundeliegt, ist spätestens seit den sechziger Jahren unbestritten[156]. *Dürig* hat dies so formuliert:

> „Jeder Mensch ist Mensch kraft seines Geistes, der ihn abhebt von der unpersönlichen Natur und ihn aus eigener Entscheidung dazu befähigt, seiner selbst bewußt zu werden, sich selbst zu bestimmen und sich und die Umwelt zu gestalten."[157]

Dieser Konsens bezüglich des Menschenbildes und des Selbstverantwortungsprinzips besteht auch im Strafrecht[158]. In der Rechtsprechung wird als repräsentativ die Entscheidung des Großen Senats des Bundesgerichtshofs zur Frage der Berechtigung des Schuldvorwurfs angesehen[159], in der es heißt:

> „Der innere Grund des Schuldvorwurfs liegt darin, daß der Mensch auf freie, verantwortliche, sittliche Selbstbestimmung angelegt und deshalb befähigt ist, sich für das Recht und gegen das Unrecht zu entscheiden, sein Verhalten nach den Normen des rechtlichen Sollens einzurichten und das rechtlich Verbotene zu vermeiden."[160]

Jedoch scheint das eigenverantwortliche Menschenbild nicht den gesamten Strafrechtsbereich zu beherrschen. Die Rolle des Opfers ist bisweilen weit entfernt von der Eigenverantwortlichkeit angesiedelt. So liegt beispielsweise der Begründung des Beschlusses in BGHSt 23, 300, was das Opfer angeht, alles andere als ein eigenverantwortliches Menschenbild zugrunde. Ob der Besteller einer unbrauchbaren Zeitschrift die Bestellung beanstanden wird, hänge davon ab, wie geschäftsgewandt oder unerfahren der Besteller ist, davon, wie sehr er sich über die Übertölpelung ärgert, von seiner Neigung zur Bequemlichkeit, seinem Wille, sich keine unlauteren Methoden gefallen zu lassen und der Bedeutung des Kaufpreises für seine Vermögensverhältnisse[161]. Aus diesem Grund stellt die naheliegende Gefahr, daß der Besteller den Vertrag erfüllen wird, bei einer lebensnahen, wirtschaftlichen Betrachtungsweise eine einer Vermögensbeschädigung gleichkommende Gefährdung dar[162]. Auch in BGHSt 34, 199 wurde die Außerachtlassung des vereinbarten Rücktrittsrechts bei der

---

154 *R. Hassemer*, Schutzbedürftigkeit, S. 35.

155 Siehe BVerfGE 6, 32, 40, sog. Elfes-Urteil.

156 Siehe *v. Münch*, JZ 1960, 303, 305; s. auch BVerfGE 4, 7, 15; 6, 32, 36 ff.; 7, 198, 205; 12, 45, 51; 45, 187, 227.

157 *Dürig*, AöR 81 (1956), 117, 125.

158 *Zipf*, Kriminalpolitik, S. 45 ff., m.w.N.; s.auch *Seelmann*, NJW 1980, 2548.

159 *Zipf*, Kriminalpolitik, S. 45.

160 BGHSt 2, 194, 200.

161 BGHSt 23, 300, 303.

162 BGHSt 23, 300, 304.

Ermittlung des Vermögensschadens mit der Ungewandtheit in geschäftlichen Dingen und Unerfahrenheit auf Opferseite sowie deren Scheu vor Auseinandersetzungen begründet[163]. *Peters*[164] bemerkt „eine wohlfahrtsstaatliche Tendenz, die das eigene Verantwortungsbewußtsein und das Bewußtsein, zunächst einmal seine eigenen Interessen selbst wahrzunehmen, nicht genügend in Rechnung stellt."

Das Bild vom eigenverantwortlichen Wesen hat für das Opfer scheinbar keine Gültigkeit[165], vielmehr herrscht das überkommene Bild vom Opfer als reinem Objekt vor, dem nur eine passive Rolle zugewiesen ist und an dessen Passivität auch keine Folgen geknüpft werden[166]. Bemerkenswert daran ist, daß diese Abkehr vom eigenverantwortlichen Menschenbild, was das Opferbild angeht, ohne jegliche Begründung vollzogen wird. Die Betrachtung des Menschenbildes klafft damit nicht nur innerhalb der Rechtsordnung, sondern sogar innerhalb eines Rechtsgebiets auseinander. So wenig umstritten das Menschenbild des Täters ist, so viel Einigkeit herrscht, wenn auch nicht ausdrücklich, bei der abweichenden Betrachtung des Opfers. Zwar ist der mündige Mensch, der frei von Beeinflussung jeglicher Art alles zum Besten lenkt, ein ideologisches Postulat[167]. Das trifft aber für den Täter genauso wie für das Opfer zu.

Das Menschenbild unserer Rechtsordnung verlangt, was die Mündigkeit angeht, eine einheitliche Betrachtungsweise von Täter und Opfer[168]. Auch das Opfer ist ein Mensch, somit ein „eigenverantwortliches Wesen, das dazu berufen ist, die Gestaltung seines Lebens grundsätzlich in eigener Regie zu bewältigen"[169]. Insbesondere versagt man mit dem Leugnen der Mündigkeit dem Opfer den ihm genauso wie dem Täter gebührenden Respekt, der sich darin äußert, daß es als autonomes rationales Wesen seine eigenverantwortlichen Entscheidungen trifft[170].

Dies bedeutet für das Opfer nicht, daß es den Angriffen auf seine Rechtsgüter – durch das Strafrecht ungeschützt – ausgesetzt ist, insbesondere heißt dies nicht, daß die auf dem Gebiet des Betruges häufig berichteten Fälle, der „alleinstehenden älteren Menschen, denen mit übelsten Tricks ihre letzten Ersparnisse abgeschwindelt werden"[171] wegen der Selbstverantwortlichkeit des Opfers anders beurteilt werden sollen. Der Grundsatz der Selbstverantwortlichkeit stößt sicher gerade bei den Schwachen des Soziallebens, die vielleicht gerade deshalb als Opfer prädestiniert

163 BGHSt 34, 199, 203.

164 *Peters*, in FS Eberhard Schmidt, S. 488, 498, Fn. 22.

165 *Ellmer*, Betrug, S. 238.

166 *W. Hassemer*, in FS Klug, 1983, S. 217, 233.

167 *Bockelmann*, in FS Heinz Kaufmann, 1972, S. 109, 124.

168 *Ellmer*, Betrug, S. 239.

169 *Arthur Kaufmann*, in FS Henkel, S. 89, 97.

170 *Ellmer*, Betrug, S. 239.

171 *Wessels*, BT 2, Rdnr. 474.

sind, an ethische Grenzen[172]. Jedoch muß das Prinzip der Eigenverantwortlichkeit bei der Auslegung von Tatbeständen berücksichtigt werden[173]. Dies kann durchaus auf eine Weise geschehen, die den sozial Schwachen den erforderlichen Strafrechtsschutz zukommen läßt. Das Prinzip der Eigenverantwortlichkeit verlangt von jedem Bürger, die Gestaltung seines Lebenskreises selbst aktiv zu gestalten. Aus diesem Grund kann die Bequemlichkeit oder Trägheit eines Opfers und auch Zeitmangel und Arbeitsüberlastung kein Argument für die Begründung einer schadensgleichen Vermögensgefährdung sein. Weil diese Faktoren aber bei allen Teilen der Bevölkerung gleichermaßen auftreten können, stellt dies keine Benachteiligung sozial Schwacher dar. Die Selbstschutzmöglichkeiten des Opfers sind als vorrangige Handlungsalternative nur heranziehbar sind, soweit sie vom Opfer in effektiver und zumutbarer Weise eingesetzt werden können. Fehlt dem Opfer die Möglichkeit einer solchen Rechtswahrnehmung, kann ihm strafrechtlicher Schutz nicht mit einem Hinweis auf das Prinzip der Eigenverantwortung versagt werden.

Zusammenfassend läßt sich festhalten, daß das Strafrecht nicht einzuschreiten braucht, wo der Rechtsgüterschutz durch individuelle Schutzmöglichkeiten des Rechtsgutsträgers oder durch mildere sozialpolitische Maßnahmen ausreichend gewährleistet wird. Dies impliziert auch, daß das Strafrecht dort schützend für das Rechtsgut einzuschreiten hat, wo sich das potentielle Opfer nicht selbst zu helfen vermag.

V. Die aus der Strafrechtsaufgabe des Rechtsgüterschutzes und dem Subsidiaritätsprinzip folgende Pflicht zur Entkriminalisierung

1. Die allgemein bestehende Pflicht

Effektiver Rechtsgüterschutz ist nur möglich, wenn sich das Strafrecht auf erhebliche Rechtsgüterverletzungen beschränkt. Das Subsidiaritätsprinzip enthält quasi als Quintessenz die Pflicht zur Entkriminalisierung. Nichts fördert die Kriminalität so sehr wie die „Pönalisierung jeglichen Bagatellunrechts“[174]. In der Tendenz zur Vermehrung des Strafrechts drückt sich nicht nur die zunehmende Kompliziertheit aller Lebensbereiche mit dem Zwang zur Verrechtlichung aus, sondern auch der Abbau informeller Sozialkontrollen, der zwangsläufig zu einer Ausweitung formeller Sozialkontrollen drängt[175]. Insofern ist die weithin geforderte Entkriminali-

172 *Maiwald*, ZStW 96 (1984), 70, 76.

173 *Arzt*, GA 1982, 522.

174 *Roxin*, JuS 1966, 377, 382.

175 *Kaiser*, in: Horstkotte/Kaiser/Sarstedt, S. 29, 37.

sierung nur die logische Reaktion auf die Ausdehnung des Strafrechts. Diese Forderung ist indes nicht neu. *Frank*[176] hat schon 1889 die „Hypertrophie des Strafrechts“ und „Überspannung der staatlichen Strafgewalt“ beklagt. Die Kritik an der Ausdehnung des Strafrechts und dem überreichlichen Gebrauch des „Kampfmittels Strafe“ geht auf *v. Liszt*[177] zurück.

Entkriminalisierung ist zum einen notwendig, weil eine Überdehnung des Strafrechts zu einer Herabsetzung der staatlichen Autorität führt[178]. Wird die Grenze zwischen echtem Kriminalunrecht und anderem Unrecht verwischt, so wird der eigentliche Wertgehalt und Charakter echter Straftaten verdunkelt und im Allgemeinbewußtsein der Ausnahmegehalt der Straftat und die Besonderheit des mit der Kriminalstrafe erhobenen sozialethischen Vorwurfs gemindert[179]. Das schadet der Generalprävention, denn das Strafrecht entfaltet seine größte Wirksamkeit, wenn die gesellschaftlichen Werthaltungen mit den rechtlichen Normen übereinstimmen[180]. Zum anderen führt eine Ausweitung des Strafrechts zu einer Überbelastung der Strafverfolgungsorgane. Werden deren Personal, Zeit, Kraft, Mittel und Geld zu sehr mit der Verfolgung von „sozialethisch und kriminologisch unbedeutenden Vorgängen“ in Anspruch genommen, fehlt deren Kapazität auf wirklich notwendigen Gebieten[181]. Dies ist besonders wichtig in Zeiten von allseits eingesetzten Sparmaßnahmen auf der einen und dem Anwachsen der organisierten Kriminalität auf der anderen Seite. Zudem führt die Arbeitsüberlastung der Strafverfolgungsorgane zwangsläufig zu Ungerechtigkeiten, sei es bei der vermehrten Einstellung der Ermittlungsverfahren, sei es bei der nur partiell möglichen Ahndung der Verstöße. Dies mindert wiederum die Effektivität der Generalprävention, weil die Chance, nicht überführt zu werden, zwangsläufig steigt und zu dem Glauben in der Bevölkerung Nahrung gibt, trotz Verstoß von den Strafverfolgungsbehörden unbehelligt bleiben zu können. Eine weitere negative Folge der Überbelastung der Strafjustiz ist die Gefahr vermehrter Fehlurteile, die ihr Ansehen mindert[182].

Das „Unbehagen am Strafrecht“ hat zudem nicht abgenommen[183]. Die kriminalitätshemmende Kraft des Strafrechts hat sich nicht verstärkt, sondern eher abgeschwächt; dazu kommt, daß „das staatliche Strafen trotz langer und intensiver Be-

---

176 *Frank*, ZStW 18 (1898), 733.

177 *v.Liszt*, Strafrecht, § 14 II 1, S. 14.

178 *Peters*, in FS Eberhard Schmidt, 1961, S. 488.

179 *Peters*, in FS Eberhard Schmidt, 1961, S. 488.

180 *Mayerhofer*, in FG Göppinger, 1990, S. 329.

181 *Peters*, in FS Eberhard Schmidt, 1961, S. 488.

182 *Peters/Lang*, Grundlagen der Strafrechtsreform 1959, S. 27; s. auch schon *Frank*, ZStW 18 (1898), 733, 738.

183 *Weber*, in FS Fritz Baur, S. 133.

mühungen, ihm eine feste theoretische Grundlage zu geben, nach wie vor auf schwankendem philosophischen Boden steht"[184].

Als Maßnahmen der Entkriminalisierung kommen in Betracht die Streichung von Straftatbeständen, ihre Reduzierung auf den materiellen Kernbereich durch Restriktion oder die Herabstufung zu Ordnungswidrigkeiten. Neben diesen materiellrechtlichen Entkriminalisierungsmöglichkeiten bleibt noch die prozessuale Lösung der §§ 153 ff. StPO. Die prozessuale Lösung der Bagatellproblematik ist jedoch erheblichen Bedenken ausgesetzt[185]. Materiellrechtliche Lösungen müssen in jedem Fall erarbeitet werden.

Unter anderem wurde eine Entkriminalisierung durch zivilrechtliche Ersatzreaktionen erörtert. Das klassische Modell war der Alternativentwurf Ladendiebstahl von 1974, wonach der Ladendieb neben der Rückgabe der Sache den Ladenpreis oder Warenwert als private Sanktion zahlen sollte[186]. Es wurde erwogen, ob die gewünschte abschreckende Wirkung der Generalprävention nicht auch durch das Zivilrecht in ausreichendem Maß erzielt werden kann. Die Präventionswirkung des zivilrechtlichen Deliktsrechts bleibt bei der kleinen Vermögenskriminalität jedoch oft wirkungslos, zudem kann der in der Kriminalisierung liegende besondere sozialethische Tadel von einer zivilrechtlichen Sanktion nicht oder nur sehr abgeschwächt übernommen werden[187]. Auf dem 51. Deutschen Juristentag ist dieser Vorschlag gescheitert.

Des weiteren wird in den letzten Jahren die Frage diskutiert, ob sich die Wiedergutmachung als neuartige Sanktion für die Entkriminalisierung heranziehen läßt[188].

2. Entkriminalisierung auf dem Gebiet des Betrugstatbestandes

Hier stehen sich pönalisierende und entkriminalisierende Tendenzen gegenüber. Obwohl die Pflicht zur Entkriminalisierung auch hier gilt, wird insbesondere bei der Unterschriftserschleichung Pönalisierungsbedarf gesehen[189].

a) Entkriminalisierungsvorschläge

Die Hessische Kommission „Kriminalpolitik" zur Reform des Strafrechts hat 1992 Entkriminalisierungsvorschläge u.a. auf dem Gebiet des Eigentums- und Vermö-

---

184 *Weber*, in FS Fritz Baur, S. 133, 134.

185 Siehe dazu *Weber*, in FS Fritz Baur, S. 133, 135; *Schöch*, in FS Schüler-Springorum, S. 245, 249.

186 § 2 des AE – GLD; siehe dazu auch *Schöch*, in FS Schüler-Springorum, S. 245, 248.

187 *Arzt*, JuS 1974, 693, 695, 698.

188 Siehe dazu ausführlich *Roxin*, Strafrecht AT 1, S. 63 ff.

189 Siehe dazu *Bohnenberger*, Vertragserschleichung, S. 75 ff.

gensstrafrecht erarbeitet[190]. Die Subsidiarität des Strafrechts wird bei Mitverschulden von Geschädigten im Rahmen bagatellarischer Betrugsdelikte als entscheidend angesehen, denn

> „eine Rechtsgüterverletzung, die im wesentlichen auch auf die Sorgfaltspflichtverletzung seitens der Geschädigten zurückzuführen ist, sollte ... im Bereich der Vermögensdelikte nur noch zu einer subsidiären strafrechtlichen Sanktionierung führen. Primäres Steuerungsinstrument sollte hier das Zivilrecht werden"[191].

Da erhebliche polizeiliche und staatsanwaltliche Kräfte durch die Verfolgung bagatellarischer Vermögensdelikte gebunden werden, für die ein vom Rechtsgutsinhaber bewußt vernachlässigter Vermögensschutz charakteristisch ist, soll vor allem auf dem Gebiet des Umetikettierungsbetruges, des Tankbetruges, des Zechbetruges, des Kreditbetruges und des Betruges zum Nachteil von Versandhäusern das offensichtliche Mitverschulden des Geschädigten herangezogen werden. In diesen Fällen wird der Eigentums und Vermögensschutz nur noch unter Kostenaspekten bewertet, „womit das Strafrecht den Charakter einer flankierenden Gewinnsicherungsmaßnahme erhält"[192]. Hier führt die bewußte Vernachlässigung des Rechtsgüterschutzes durch Einführung der Selbstbedienung zu einer drastischen Senkung der Personalkosten, die auch unter Berücksichtigung der Zugriffe auf das Eigentum und Vermögen einen Rationalisierungsgewinn verspricht. Der Vorschlag lautet daher folgendermaßen:

> „Für Bagatellbetrugstaten, in denen eine Sorgfaltspflichtverletzung der Geschädigten offensichtlich ist, sollte ... der Privatklageweg obligatorisch sein. Dabei ist die Annahme des ‚öffentlichen Interesses' im Sinne des § 376 StPO (Voraussetzung für Klageerhebung der Staatsanwaltschaft) an näher zu bestimmende restriktive gesetzliche Voraussetzungen zu knüpfen. Außerdem sollte für diese Tatbestände der rechtskräftige Abschluß des Zivilrechtsweges Voraussetzung für die strafrechtliche Verfolgung sein. Konsequenz einer durchgeführten Schadensregulierung sollte das Absehen von der Strafverfolgung sein."[193]

Die Kommission hat auch die Frage untersucht, ob die Vermögensgefährdung mittels gesetzgeberischer Korrektur aus dem Strafrechtsschutz herausgenommen werden soll, ohne dabei zu einem einstimmigen Ergebnis zu kommen[194]. Das Votum für eine Einschränkung führt aus, die Gleichstellung einer bloßen Vermögensgefährdung mit einem Vermögensschaden zwar ökonomischer Denkweise nach wirtschaftlichen Bewertungsgrundsätzen entsprechen möge, aber „eine darüber hinausgehende, z.B. sich auf die subjektive Werteinschätzung erstreckende Vermögensgefährdung

190 *Albrecht/Hassemer/Voß* (Hrsg.), Rechtsgüterschutz durch Entkriminalisierung, S. 49 ff.

191 *Albrecht/Hassemer/Voß*, S. 62.

192 *Albrecht*/Hassemer/*Voß*, S. 62.

193 *Albrecht/Hassemer/Voß*, S. 50.

194 *Albrecht/Hassemer/Voß*, S. 63 ff.

aus dem Strafrechtsschutz der Vermögensschädigungsdelikte herausgenommen werden sollte"[195]. Als Begründung wird angeführt, daß die Rechtsprechung zwischen Vermögensgefährdung und Vermögensschaden grundsätzlich nicht unterscheide, sondern beide gleich behandele und bei der Vermögensgefährdung nur verlange, daß sie „konkret" sei. Diese Rechtsprechung wird als unrichtig empfunden.

Daß sie die Gleichsetzung von Gefährdung und Schaden teilweise zu großzügig handhabt, ist jedoch noch kein Argument dafür, die Vermögensgefährdung insgesamt aus dem Betrugsbereich herauszunehmen.

Dagegen wird vom Votum gegen eine Einschränkung vorgebracht, daß die Herausnahme der Vermögensgefährdung die Praxis vor unüberwindliche Hindernisse, beispielsweise auf dem Gebiet der Wirtschaftskriminalität stellen würde, weil die Ermittlungen ausgeweitet werden müßten, um einen rechnerischen Schaden festzustellen. Dadurch würde aber noch weitere Arbeitskraft der Strafverfolgungsbehörden gebunden und ihre Effizienz beeinträchtigt. Eine genaue Feststellung des rechnerischen Schadens ist zudem in vielen Fällen gar nicht möglich, so daß ohne das Instrument der Vermögensgefährdung zahlreiche kriminelle Machenschaften nicht geahndet werden könnten[196].

Die völlige Herausnahme der Vermögensgefährdung aus dem Strafrechtsschutz der Vermögensdelikte führt demnach nicht zu einer Entlastung der Strafverfolgungsorgane und kann daher nicht der richtige Weg sein. Daher sind statt einer Herausnahme der Vermögensgefährdung aus dem Betrugstatbestand genaue Abgrenzungskriterien der schadensgleichen Vermögensgefährdung vom Nichtschaden erforderlich.

b) Pönalisierungsbedarf bei der Unterschriftserschleichung

Bei der Unterschriftserschleichung wird von manchen Literaturstimmen Pönalisierungsbedarf gesehen, weil hier eine auch nicht durch den persönlichen Schadenseinschlag[197] beim Tatbestandsmerkmal des Vermögensschadens zu schließende Lücke vorhanden ist. Die Sachverständigenkommission zur Bekämpfung der Wirtschaftskriminalität hat auf ihrer 13. Tagung 1977 die Empfehlung abgegeben, zur Bekämpfung von Mißbräuchen auf dem Gebiet der Kundenwerbung insbesondere durch Provisionsvertreter auch die (betrügerische) Erschleichung von Unterschriften zur Herbeiführung von Verträgen unter Strafe zu stellen[198]. Auch *Lampe* hat in

195 *Albrecht/Hassemer/Voß*, S. 64.

196 *Albrecht/Hassemer/Voß*, S. 64 f.

197 BGHSt 16, 220, 222; s. dazu *Lackner*, in LK, § 263, Rdnr. 156 ff.

198 Tagungsbericht der Sachverständigenkommission zur Bekämpfung der Wirtschaftskriminalität, 13. Tagung 1977, S. 109 ff.

seinem Gutachten dazu „aus Gründen formeller Wertwiderspruchsfreiheit“ eine über die Betrugsnorm hinausgehende Strafbarkeitsnorm der Unterschriftserschleichung zum Schutz des Rechtsguts der Dispositionsfreiheit gefordert[199].

Der Gesetzgeber hat auf die seit vielen Jahren beklagte „Verwilderung der Vertreterpraktiken“[200] jedoch nicht mit einer Kriminalisierung der Unterschriftserschleichung reagiert, sondern mit dem Erlaß des Gesetzes über den Widerruf von Haustürgeschäften und ähnlichen Geschäften aus dem Jahr 1986 und mit dem Erlaß des das Abzahlungsgesetz ersetzende Verbraucherkreditgesetz von 1990.

Trotz Inkrafttreten dieser die Folgen der Unterschriftserschleichung ganz wesentlich abmildernden Gesetze wird jedoch teilweise auch weiterhin gefordert, die letzten, dadurch nicht geschlossenen Lücken durch Pönalisierung der Unterschriftserschleichung zu schließen[201]. In der Praxis seien eine Vielzahl von Tricks entwickelt worden, um die Ausübung der sich aus diesen Verbraucherschutzgesetzen ergebenden Widerrufsrechte zu verhindern oder zu erschweren, außerdem würde die Geltendmachung dieser Rechte an unüberwindlichen Beweisschwierigkeiten scheitern[202]. An dieser Stelle kann nicht erörtert werden, ob eine Pönalisierung der Unterschriftserschleichung unter den Aspekten der Strafwürdigkeit und Strafbedürftigkeit sowie des materiellen Verbrechensbegriffs erforderlich ist. Es ist aber festzuhalten, daß es sich hier um eine Situation handelt, die häufig zu bemerken ist, wenn sich der Staat mit seinem Schutz zurückzieht. Zwischen allen Beteiligten besteht Übereinstimmung, daß das Strafrecht zurückgedrängt werden muß. Wendet man sich aber einzelnen Problembereichen zu, stellt sich heraus, daß gerade dieses Gebiet auf keinen Fall durch eine unerträgliche Lücke im Strafrechtsschutz schutzlos gelassen werden kann. Dies ist ein immer wieder zu beobachtendes Verhaltensmuster: Taucht ein neues kriminelles Verhalten auf, so beginnt, ohne das soziale Phänomen selbst in den Blick zu nehmen, bei seinem Aufkommen sofort die dogmatische Bewältigung aus Angst vor der Lücke[203]. Daß eine Lücke im strafrechtlichen Schutz vorhanden ist, bedeutet nicht zwingend, daß diese durch Gerichte oder Gesetzgebung zu schließen versucht werden muß.

Den immer weiter fortschreitenden Kriminalisierungstendenzen muß jedoch entgegengetreten werden. Es ist immer einfacher, den strafrechtlichen Schutz auszudehnen, als nach anderen Lösungen zu suchen. Die zunehmende Pönalisierung ist jedoch nicht das richtige Mittel des Rechtsgüterschutzes, weil die Straftat so den

---

199 *Lampe*, Soll ein Straftatbestand gegen das Erschleichen von Unterschriften im geschäftlichen Verkehr geschaffen werden, in: Anlage 4 zu Tagungsbericht der Sachverständigenkommission zur Bekämpfung der Wirtschaftskriminalität, 13. Tagung 1977.

200 *Lampe*, Gutachten, a.a.O., S. 2.

201 So *Bohnenberger*, Vertragserschleichung, S. 75 ff.

202 *Bohnenberger*, Vertragserschleichung, S. 82.

203 *Vogler*, ZStW 90 (1978), 132, 157.

Ausnahmecharakter verliert und ihre Appellfunktion nicht aufrechterhalten kann und weil der ausgedehnten Strafbarkeit keine erweiterten Kapazitäten der Strafverfolgungsbehörden gegenüberstehen. Der Betrugstatbestand bietet für eine Restriktion des Kernbereichs verschiedene Ansatzpunkte, von denen in dieser Arbeit der Gesichtspunkt des Vermögensschadens bei Betrug im Zusammenhang mit Verträgen untersucht werden soll.

VI. Der Grundsatz des „vigilantibus iura sunt scripta“

Auch auf die These, daß das Recht für die Wachen da ist, könnte sich die Forderung nach Entkriminalisierung stützen. Fraglich ist indes, ob dieser Grundsatz dem heutigen Rechtsverständnis eines sozialen Rechtsstaats noch entspricht.

Der Grundsatz des „vigilantibus iura sunt scripta“, ein Rechtssatz des römischen Rechts, taucht in der strafrechtlichen Literatur des 19. Jahrhunderts auf. Eines der Hauptprobleme der Betrugsdogmatik des 19. Jahrhunderts, mit dem sich insbesondere *Merkel* beschäftigt hat, war die Abgrenzung zwischen Zivilunrecht und strafbarem Unrecht, zu dessen Klärung zwei römisch-rechtliche Begriffe herangezogen wurden, die „naturalis licentia decipiendi“ und „vigilantibus iura sunt scripta“. Wenn in *Merkels* Abhandlungen über das Verhältnis des strafbaren Unrechts zum Zivilunrecht zur Grenzziehung zwischen einfachem und strafbarem Betrug ausgeführt wird, „auf dem Gebiete des rechtsgeschäftlichen Verkehrs bleibe eine auf eine unwiederbringliche Beschädigung Dritter angelegte Thätigkeit ohne strafrechtliche Folgen“, weil „dem Einzelnen eine besondere Regsamkeit in Betreff der Vertretung seiner Interessen auferlegt wird“[204], dann geschieht dies unter Heranziehung dieser römisch-rechtlichen Rechtssätze. Mit der „naturalis licentia decipiendi“, der natürlichen Erlaubnis zu lügen, wurden Täuschungshandlungen, die den Charakter von Anpreisungen und Prahlereien hatten, aus dem Betrugstatbestand ausgegrenzt[205].

Mit dem Grundsatz „vigilantibus iura sunt scripta“ hielt *Merkel* den Säumigen und Nachlässigen die Pflicht zur regen Vertretung eigener Interessen entgegen[206]. Auch dies geschieht in erster Linie bei dem Merkmal der Täuschung, „denn es gilt hier die Präsumtion, daß Allen die Unzuverlässigkeit jener parteilichen Beredsamkeit ... bekannt sei“[207]. Jedoch zieht *Merkel* diesen Grundsatz auch bei der Bestimmung der Vermögensverletzung heran[208]. In dem Fall, daß ein Verkäufer eine Sa-

---

204 *Merkel*, Krim. Abhandlungen I, S. 72.

205 Siehe dazu *Ellmer*, Betrug, S. 27 ff.

206 *Merkel*, Krim. Abhandlungen I, S. 72, II, S. 253 ff.

207 *Merkel*, Krim. Abhandlungen II, S. 256.

208 *Merkel*, Krim. Abhandlungen II, S. 265 ff.

che liefert, die nicht die vereinbarten Eigenschaften hat, obwohl er vorspiegelt, korrekt zu erfüllen, kommt *Merkel* unter Heranziehung dieses Grundsatz zu dem Ergebnis, daß es niemand einfalle,

> „dies Verhalten als ein verbrecherisches zu behandeln. Dem Berechtigten stehen Klagen und Einreden zu seinem Schutz zu Gebote; und er mag die Kraft seines Rechts erproben, ehe er über eine Verkümmerung desselben Klage führt"[209].

Zwei Gesichtspunkte könnten jedoch dagegen sprechen, dem Betrugsopfer den Grundsatz, daß das Recht für die Wachen da ist, entgegenzuhalten und ihn damit für Entkriminalisierungsversuche heranzuziehen.

Zum einen stammt dieser Grundsatz aus dem römischen Recht, dem Zivilrecht. Auch *Merkel* weist darauf hin, daß die Zivilisten dem Säumigen und Nachlässigen diesen Rechtssatz entgegenhalten[210]. In den Digesten taucht dieser Rechtssatz an verschiedenen Stellen auf. Es heißt dort, „allein ich bin wachsam gewesen, ich habe meine Lage dadurch verbessert; das bürgerliche Recht ist zum Besten der Wachsamen gegeben."[211] und „so mögen sie wissen, daß man nicht den Einfältigen, sondern den Irrenden zu Hilfe kommt"[212]. Und im Codex Justinian steht geschrieben, daß „das Recht den Aufmerksamen und nicht den Sorglosen hilft"[213]. Ob diese das Zivilrecht beherrschenden Grundsätze jedoch einfach auf das dem Rechtsgüterschutz dienende Strafrecht übertragen werden können, muß bezweifelt werden, weil das Postulat der Wachsamkeit u.a. auf dem das Zivilrecht beherrschende Grundgedanken von den sich gegenüberstehenden gleich starken Parteien beruht.

Zum anderen darf das Strafrecht der Bundesrepublik Deutschland, die sich als sozialer Rechtsstaat versteht[214], den sozialen Aspekt nicht ganz vernachlässigen. Denn der Grundsatz „vigilantibus iura sunt scripta" stellt sich nur als der durch gewisse Regeln moderierte „bellum omnium contra omnes" dar[215]. Die Bundesrepublik Deutschland ist aber nach der Konzeption des Grundgesetzes eben nicht mehr nur der Nachtwächterstaat, sondern will als Sozialstaat auch soziale Gerechtigkeit verwirklichen, indem sie die Schwachen stützt und die Starken beschränkt[216]. Daher kann eine Entkriminalisierung, die den Schlafenden und Schwachen den Schutz des Betrugstatbestandes versagt und ihn nur den Wachen und Starken zukommen läßt, mit dem Sozialstaatsprinzip des Grundgesetzes nicht in Einklang stehen.

---

209 *Merkel*, Krim. Abhandlungen II, S. 274.

210 *Merkel*, Krim. Abhandlungen I, S. 72.

211 Dig. 42.8.24: „ius civile scriptum est vigilantibus".

212 Dig. 22.6.9: „nec stultis solere sucurri, sed errantibus".

213 Cod. Just. 7.40.2: „vigilantibus, non dormientibus iura subveniunt".

214 Siehe Art. 20 Abs. 1 GG: sozialer Bundesstaat; Art. 28 Abs. 1 GG: sozialer Rechtsstaat.

215 *Merkel*, Krim. Abhandlungen II, S. 256.

216 *Maunz/Zippelius*, Deutsches Staatsrecht, § 13 I, 2.

Dennoch läßt sich aus diesem römisch-rechtlichen Grundsatz ein Ansatzpunkt für die Begrenzung des Betrugstatbestandes gewinnen, die dem Sozialstaatsprinzip nicht widerspricht. Schwache dürfen mit den Sorglosen nicht gleichgesetzt werden. Vielmehr muß differenziert werden, ob die Wahrnehmung der Rechte an der Sorglosigkeit oder an der sozialen Unterlegenheit scheitert. Mutet man jedem Bürger zu, die Wahrnehmung der eigenen Interessen in die eigenen Hände zu nehmen, so wird dies gleichermaßen von den Schwachen wie den Starken verlangt. Sie kann ihm nur auferlegt werden, soweit sie auf einfache und zumutbare Weise geschehen kann. Ist dies jedoch nicht der Fall, beispielsweise weil eine erschwerte, kostenintensive Durchsetzung des Rechtes vor Gericht erforderlich ist, kann dem Betroffenen der strafrechtliche Schutz nicht wegen des Selbstverantwortungsprinzips versagt werden.

Der Grundsatz, daß das Recht für die Wachen geschrieben ist, kann die These untermauern, daß der Einzelne aufgerufen ist, selbstverantwortlich die Wahrnehmung seiner Rechte in die Hand zu nehmen. Insofern kann *Lenckner* zugestimmt werden, daß es nicht Aufgabe des Rechtes und schon gar nicht des Strafrechts sein kann, „jedem erdenkbaren Risiko Rechnung zu tragen, zumal wenn es in der eigenen Person begründet ist", sondern daß dieser Grundsatz bei einfachen Rechtsbeziehungen des Alltags vom einzelnen nichts Unbilliges verlangt[217]. *Naucke* betont zu Recht:

> „das Strafrecht darf jedenfalls Torheit und Lebensfremdheit nicht fördern und mögliche Eigeninitiativen nicht abwerten; das Strafrecht sollte eher Chancen zur Einübung von Eigeninitiativen offenlassen, wo immer das möglich ist"[218].

VII. Zwischenergebnis

Aus dem Prinzip von der Subsidiarität des Strafrechts und aus dem dem Strafrecht zugrundeliegenden Gedanken von der Selbstverantwortung des Menschen folgt, daß es dem Menschen innerhalb seiner rechtlichen Möglichkeiten aufgegeben ist, den Schutz seiner Rechtsgüter selbst zu besorgen, soweit er dazu in der Lage ist. Solange der Rechtsgutsträger das Geschehen noch in der Hand hält und er es noch beherrschen kann, ist ihm dies zuzumuten. An dieser Stelle kann die Pflicht zur Entkriminalisierung ansetzen. Diese darf sich nicht auf prozessuale Lösungen beschränken, sondern muß nach materiell-rechtlichen Einschränkungen durch eine Restriktion des Kernbereichs des Betrugstatbestandes suchen. Bei dem ausufernden Begriff der Vermögensgefährdung und der Ausweitung des Betruges im Gefolge des wirtschaftlichen Vermögensbegriffs bietet es sich an, unter Heranziehung dieses Kriteriums der Beherrschbarkeit eine Einschränkung vorzunehmen.

---

217 *Lenckner*, JZ 1971, 320, 324.

218 *Naucke*, in FS Peters, S. 109, 117.

B. Betrug und Vertrag

I. Die Einheit der Rechtsordnung

1. Das Verhältnis zwischen Zivilrecht und Strafrecht

Die Frage, ob und wieweit zivilrechtliche Selbstschutzmöglichkeiten bei der strafrechtlichen Betrachtung Eingang finden müssen, verlangt eine Berücksichtigung des Verhältnisses von Strafrecht und Zivilrecht untereinander. In welchem Verhältnis Straf- und Zivilrecht zueinander stehen, und ob Wertungswidersprüche zwischen den beiden Rechtsgebieten durch Nachgeben des einen oder anderen gelöst werden müssen, kann nicht allein mit den oft schlagwortartig verwendeten Begriffen von der Einheit der Rechtsordnung und der Befreiung des Strafrechts vom zivilistischen Denken beantwortet werden.

Möglich sind denktheoretisch innerhalb der Fragestellung drei Lösungswege: Dominanz des Strafrechts über das Zivilrecht, völlige Unabhängigkeit der beiden Rechtsgebiete voneinander oder Akzessorietät des Strafrechts zum (dominierenden) Zivilrecht. Die Beurteilung dieser Frage ist entscheidend dafür, ob die Begriffe des Zivilrechts, wie beispielsweise der Vermögensbegriff des Betrugstatbestandes, vom Strafrecht zu übernehmen sind, und inwieweit zivilrechtliche Lösungen zur Konfliktbewältigung in die strafrechtliche Beurteilung Eingang finden.

Ein Zurückweichen zivilrechtlicher Wertungen vor dem Strafrecht wurde ansatzweise von *Binding*[219] für den Bereich des Diebstahls und der Unterschlagung und der §§ 932, 935 BGB befürwortet. Der Schutz der §§ 242, 246 StGB werde durch die Gutglaubensvorschriften des BGB zunichte gemacht, so daß § 935 BGB berichtigend ausgelegt werden müsse. „Die im Gesetz erwähnte gestohlene Sache wäre dann mittels Analogie auf jede durch Aneignungsdelikt dem Eigentümer abhanden gekommene Sache zu erweitern."[220] *Binding* folgerte seine Harmonisierungsgedanken aus dem Gesichtspunkt der Einheit der Rechtsordnung und wollte die Wertungswidersprüche zugunsten des Strafrechts lösen[221]. Wenn Vermögensrechte durch Strafgesetze geschützt werden, dürften die entsprechenden Zivilgesetze diesen Schutz nicht abschwächen oder gar vollständig ignorieren[222]. *Bindings* Harmonisierungsversuch ist jedoch zum Scheitern verurteilt. Der Eigentumserwerb nach §§ 932, 935 BGB animiert nicht zu einer Unterschlagung[223]. Der Unterschlagende kann zudem

219 *Binding*, Ungerechtigkeit, 1908.

220 *Binding*, Ungerechtigkeit, S. 44.

221 *Brennenstuhl*, Rückwirkungsanordnungen, S. 12 f.

222 *Binding*, Ungerechtigkeit, S. 29.

223 *Brennenstuhl*, Rückwirkungsanordnungen, S. 13

kein Eigentum erlangen, wenn er sie von dem Dritten, an den er sie veräußert hat, zurückerwirbt, sondern der frühere Eigentümer erlangt wieder Eigentum[224].

In den dreißiger Jahren dieses Jahrhunderts haben sich vor allem *Lobe*[225] und *Bruns*[226] für eine völlige Loslösung des Strafrechts vom Zivilrecht eingesetzt. Hinter dem Begriff von der Befreiung des Strafrechts vom zivilistischen Denken verbirgt sich der Versuch *Bruns'*[227], eine spezifisch strafrechtliche Begriffsbildungs- und Auslegungsmethodik zu erzielen, die durch größere Wirklichkeitsnähe gekennzeichnet ist[228]. Begründet wurde die völlige Trennung der beiden Rechtsgebiete damit, daß „es sich um die rechtliche Regelung aus verschiedenen Gebieten und von verschiedenen Lebensbeziehungen der Gemeinschaftsgenossen handelt"[229], denn „jedwede Rechtseinrichtung läßt sich eben immer nur nach dem Zweck und dem Sinn derjenigen Rechtsordnung begreifen, der sie angehört"[230]. Da die beiden Rechtsgebiete eine „völlig andere Zweckbestimmung" haben, das Strafrecht das „ungestörte Gemeinschaftsleben schützen will" und das Zivilrecht „rein wirtschaftlich und werterhaltend" wirkt, muß die Betrachtung desselben Tatbestandes unter gänzlich verschiedenen Gesichtspunkten erfolgen[231]. Postuliert man die völlige Unabhängigkeit des Strafrechts, dann bestimmt die Rechtmäßigkeit oder Rechtswidrigkeit eines Verhaltens auf dem einen Gebiet des Strafrechts noch nicht notwendig schon an sich auch die Rechtswidrigkeit oder Rechtmäßigkeit auf anderen Rechtsgebieten, etwa des bürgerlichen Rechts[232], und die „vorwiegend tatsächlichen", „angeblich zivilrechtlichen" und „vorwiegend wirtschaftlichen" Begriffe des Zivilrechts sind für das Strafrecht dann nicht relevant[233]. *Bruns* begründet die Befreiung des Strafrechts vom „Joch des Zivilrechts"[234] mit der „allgemeinen Akzentverlagerung vom strafrechtlichen Rechtsgüterschutz zur Bestrafung der verbrecherischen Willensbetätigung"[235]. Die Übereinstimmung der strafrechtlichen Begriffe mit den gleichlautenden anderer Rechtsgebiete, die dort eine scharfe Ausprägung erhalten haben, entspreche dem Rechtssicherheitsbedürfnis des rechtsstaatlichen Liberalismus[236], während die Verselbständigung des Strafrechts auf dem Umschwung vom „konkreten Ord-

224 *Baur/Stürner*, Sachenrecht, § 52 IV, 2.
225 *Lobe*, Der Einfluß des bürgerlichen Rechts auf das Strafrecht, in FG v. Frank, 1930, S. 9 ff.
226 *Bruns*, Befreiung des Strafrechts, 1938.
227 *Bruns*, Befreiung des Strafrechts, 1938.
228 *Bruns*, Befreiung des Strafrechts, S. 7.
229 *Lobe*, in FG v. Frank, S. 33.
230 *Lobe*, in FG v. Frank, S. 34.
231 *Lobe*, in FG v. Frank, S. 36.
232 *Lobe*, in FG v. Frank, S. 34.
233 Siehe dazu *Bruns*, Befreiung des Strafrechts, S. 199 ff.; 216 ff.; 226 ff.
234 *Bruns*, Befreiung des Strafrechts, S. 6.
235 *Bruns*, Befreiung des Strafrechts, S. 68.
236 *Bruns*, Befreiung des Strafrechts, S. 15.

nungs- zum rechtsinhaltlichen Denken" beruhe[237], das letztendlich dazu dient, das Strafrecht mit dem „gesunden Volksempfinden" in Einklang zu bringen[238].

Es hat sich jedoch gezeigt, daß die völlige Loslösung des Strafrechts vom zivilistischen Denken und die zugrundeliegende Grundvorstellung vom Strafrecht mit seinem heutigen Verständnis nicht übereinstimmt[239]. Sie widerspricht zum einen der Strafrechtsaufgabe des Rechtsgüterschutzes und führt zum anderen auch ausschließlich in die Richtung des Täterstrafrechts anstelle des Tatstrafrechts[240]. Nach *Bruns* war Aufgabe des Strafrechts nicht der Rechtsgüterschutz, sondern die Ahndung der verbrecherischen Gesinnung[241]. Dies entsprach der nationalsozialistischen Auffassung vom Zweck des Strafrechts[242]. Aus der Bestrafung des verbrecherischen Willens folgt denn auch die Begründung des Täterstrafrechts.

Nachdem die Aufgabe des Strafrechts der Rechtsgüterschutz ist[243], folgt daraus auch, daß das Strafrecht akzessorischen Charakter haben muß und nicht völlig losgelöst von den Wertungen der Rechtsordnung im übrigen eingesetzt werden kann[244]. Die vom Strafrecht zu schützenden Rechtsgüter werden durch das Strafrecht überwiegend selbst nicht definiert, sondern vielmehr übernommen. Die Ansicht von der Akzessorietät des Strafrechts wurde schon früh von der herrschenden Meinung vertreten, die für das Strafrecht annahm, daß seine Normen wegen der etwaigen Gleichheit des geschützten Gegenstandes dem bürgerlichen Recht gegenüber akzessorisch sind[245]. Das Strafrecht wird heutzutage teils von Akzessorietät, teils von Unabhängigkeit gekennzeichnet. In vielfacher Hinsicht vermischen sich Aspekte der Abhängigkeit und der Selbständigkeit[246]. *Zipf* charakterisiert das Strafrecht als „in seinen Folgen grundsätzlich unabhängig, in seinen Voraussetzungen bedingt abhängig"[247]. Teilweise ist die Anlehnung des Strafrechts an Begriffe des Zivilrechts weiterhin gelockert und muß dies auch bleiben, so zum Beispiel der

---

237 *Bruns*, Befreiung des Strafrechts, S. 16.

238 *Bruns*, Befreiung des Strafrechts, S. 7.

239 *Weber*, in FS Fritz Baur, S. 133, 138.

240 Siehe dazu *Roxin*, Strafrecht AT 1, S. 127: „Eine Rechtsordnung, die auf liberal-rechtsstaatlichen Grundsätzen ruht, wird ... immer zum Tatstrafrecht neigen, denn Strafbestimmungen, die auf das menschliche So-Sein der zu strafenden Persönlichkeit abstellen, werden dem Bestimmtheitsgrundsatz nicht in gleichem Maße gerecht."

241 *Bruns*, Befreiung des Strafrechts, S. 83 f. Daher dürfen „zivilrechtliche Zufälligkeiten einer vom gesunden Volksempfinden geforderten Bestrafung nicht mehr entgegenstehen".

242 *Freisler*, Der Heimweg des Rechtes in die völkische Sittenordnung, in FG Schlegelberger, S. 28 ff.

243 Siehe dazu oben Teil 1, A. II. 1., S. 20 ff.

244 *Maurach/Zipf*, Strafrecht AT 1, § 25, Rdnr. 13.

245 *Lobe*, in FG v. Frank, S. 35 m.w.N.

246 *Maurach/Zipf*, Strafrecht AT 1, § 2, Rdnr. 17.

247 *Maurach/Zipf*, Strafrecht AT 1, § 2, Rdnr. 18.

strafrechtliche Vermögensbegriff der §§ 253, 263, 266, der auf jeden Fall nicht der zivilrechtliche ist[248].

Dies bedeutet für die vorliegende Untersuchung: Das Strafrecht braucht für seine Aufgabe des Rechtsgüterschutzes nicht sklavisch die Begriffe des Zivilrechts übernehmen. Wegen des Grundsatzes der Einheit der Rechtsordnung und aufgrund der daraus folgenden Akzessorietät ist es aber angezeigt, bei der Durchführung dieses Rechtsgüterschutzes in der Anwendung der strafrechtlichen Normen die zivilrechtlichen Vorprägungen des Sachverhalts zu berücksichtigen. Es herrscht also keine Begriffsgleichheit, aber um aus bürgerlich-rechtlichen Regelungen Ansätze für einen ausgewogenen Einsatz des Strafrechts zu gewinnen[249], müssen Fallkonstellationen bei der strafrechtlichen Betrachtung umfassend auch unter Berücksichtigung der zivilrechtlichen Gegebenheiten erörtert werden.

2. Die Abgrenzung von Strafunrecht und Zivilunrecht beim Betrugstatbestand in der rechtsgeschichtlichen Entwicklung

In der Strafrechtslehre des 19. Jahrhunderts gehörte die Unterscheidung von strafbarem Unrecht zum Zivilunrecht auf dem Gebiet des Betruges mit zu den Rechtsfragen, denen größte Aufmerksamkeit zuteil wurde[250]. Es war kennzeichnend für die Kriminalpolitik des 19. Jahrhunderts, daß sorgsam darauf geachtet wurde, nicht zu massiv mit strafrechtlichen Mitteln in den für Handel und Verkehr als lebensnotwendig empfundenen Freiraum einzugreifen[251]. Auch noch im 20. Jahrhundert stellt sich die Frage, wie „das für das Strafrecht bedeutsame von dem Unerheblichen" geschieden werden kann[252]. Die Aufgabe, das Strafrecht und Strafverfahren von Vorgängen zu befreien, die sozialethisch und kriminologisch keinen ernsten Hintergrund aufweisen, bei denen es im Grunde genommen um vermögensrechtliche Auseinandersetzungen geht, besteht weiterhin[253].

Die Aufgabe, Abgrenzungskriterien für die Grenzziehung zwischen strafrechtlichem und zivilrechtlichem Betrug zu finden, stellte sich erstmals bei der Abfassung des Preußischen Allgemeinen Landrechts von 1794, dagegen wurde vorher von

248 *Weber*, in FS Fritz Baur, S. 133, 137.

249 *Weber*, in FS Fritz Baur, S. 133.

250 *Ellmer*, Betrug, S. 25 und *Schütz*, Betrugsbegriff, S. 190 bezeichen diese Frage als das zentrale kriminalpolitische Problem des 19. Jahrhunderts.

251 *Ellmer*, Betrug, S. 75.

252 *Peters*, in FS Eberhard Schmidt, S. 488, 491.

253 *Peters*, in FS Eberhard Schmidt, S. 488, 491 erwähnt als Beispiele: Abzahlungsgeschäfte, Kaufverträge zwischen reisenden Vertretern und in der Wohnung aufgesuchten Kunden, Beziehungen zwischen Firmen und Vertretern.

einer Identität des strafrechtlichen und zivilrechtlichen Betruges ausgegangen[254]. Im PrALR wurde zwischen gemeinem, grobem und qualifiziertem Betrug unterschieden, vgl. §§ 1325-1328 PrALR. Beim gemeinen Betrug, „der in Contracten, oder sonst im Handel und Wandel verübt worden" ist, sollte es mit den „Vorschriften der bürgerlichen Gesetze sein Bewenden haben", § 1325 PrALR. Wurde dabei aber ein grober Betrug ausgemittelt, dann sollte in dem Urteil zugleich über eine Strafe erkannt werden, § 1326 PrALR. Was unter einem groben Betrug zu verstehen war, ließ das PrALR allerdings offen.

Bei dieser Grenzziehung zogen Wissenschaft und Gesetzgebung das Erfordernis einer besonderen qualifizierten Täuschung heran und stellten Sondervorschriften für Vertragsbetrügereien auf[255]. So enthielten sämtliche Partikulargesetzbücher seit dem PrALR bis zum Erlaß des Preußischen Strafgesetzbuches Sonderregelungen für Vertragsbetrügereien[256]. Beide Gesichtspunkte dienten letztlich dem Ziel, die im Verkehr üblichen Anpreisungen und das im Verkehr übliche Bedachtsein auf den eigenen Vorteil als strafrechtlich unerheblich einordnen zu können, somit dem Vorrang des eigenen Schutzes vor strafrechtlichem Einschreiten.

Begründen läßt sich diese Sonderstellung des Betruges bei Verträgen mit dem Aufkommen des Liberalismus und der ihm zugrundeliegenden Vorstellung vom freien Wettbewerb und den eigenverantwortlichen Individuen, die selbständig und frei ihre wirtschaftlichen Beziehungen selbst gestalten. Merkel hat dies noch 1869 so charakterisiert:

> „Im Gebiet des geschäftlichen Verkehrs nämlich ... ist der Justiz ... eine gewisse Zurückhaltung auferlegt. Sie soll der Entfaltung der individuellen Kräfte im Wettbewerb um die Chancen des höheren Gewinns freien Spielraum lassen." [257]

Im Bayerischen Strafgesetzbuch von 1813[258] wurde von seinem Schöpfer Feuerbach versucht, abzuwägen zwischen der Aufgabe der Staatsgewalt, den Verkehr gegenüber Betrügern zu schützen, gegenüber der Tatsache, daß zu strenge Gesetze den Verkehr behindern[259]. Es wurde unterschieden zwischen Betrug bei Eingehung und Vollziehung des Vertrages, Art. 259 BayStGB, und zwischen Betrug bei einseitigen und bei gegenseitigen Verträgen, Art. 260 BayStGB. Der Betrug bei einseitigen Verträgen sollte weder strafrechtliche noch polizeiliche Bestrafung zur Folge haben, sondern „nach bürgerlichen Gesetzen" beurteilt werden, Art. 260

---

254 *Schütz*, Betrugsbegriff, S. 33 f., 191.

255 *Schütz*, Betrugsbegriff, S. 193.

256 *Schütz*, Betrugsbegriff, S. 193, Fn. 11.

257 *Merkel*, Krim. Abhandlungen I, S. 72.

258 Bayerisches Strafgesetzbuch vom 6. Mai 1813, abgedruckt bei *Stenglein*, Deutsche Strafgesetzbücher I.

259 *Schütz*, Betrugsbegriff, S. 62.

BayStGB. Der Betrug bei zweiseitigen Verträgen hatte dagegen nur polizeiliche Folgen, Art. 259 BayStGB.

Dank des starken Einflusses des bayerischen Strafgesetzbuches von 1813 fanden sich auch in fast allen Gesetzbüchern der Partikularstaaten, die in der ersten Hälfte des 19. Jahrhunderts geschaffen wurden, für Betrügereien innerhalb von Vertragsbeziehungen besondere Regelungen. So im Königreich Württemberg[260], im Herzogtum Braunschweig[261], im Königreich Hannover[262], im Großherzogtum Hessen[263], im Großherzogtum Baden[264] und in den thüringischen Ländern[265].

Wegen des Zwiespalts zwischen Zivilrecht, wo jeder seinen eigenen Interessen folgt, und dem Strafrecht wurden hier meist Betrügereien im Zusammenhang mit Verträgen milder oder zum Teil gar nicht bestraft. Die Beweggründe dafür waren verschieden: Teilweise glaubte man, daß man im Zusammenhang mit dem aufkommenden Wirtschaftsliberalismus dem Handel keine zu engen Schranken auferlegen dürfe, teilweise ging man davon aus, daß bei Verträgen jeder auf seinen Vorteil bedacht sei und dieser zwangsläufig mit dem Nachteil des anderen einherginge, oder daß man den Verfahren ohne Sondervorschriften nicht Herr werden könne[266].

Die Systematik der Regelungen für die Vertragsbetrügereien war unterschiedlich. Nicht immer wurde zwischen einseitigen und zweiseitigen Verträgen unterschieden[267], teilweise war auch ein Strafantrag des Geschädigten für die Verfolgung erforderlich[268]. In Württemberg sollte es, wo in Vertragsverhältnissen nach zivilrechtlichen Grundsätzen wegen rechtswidriger Täuschung auf Aufhebung des Geschäfts oder auf Schadensersatz geklagt werden kann, dabei sein Bewenden haben, außer wenn besondere Arglist zur Eingehung des Vertrages geführt hatte[269]. In Braun-

---

260 Art. 352 des Criminalgesetzbuches für das Königreich Württemberg vom 1. März 1839, abgedruckt bei *Stenglein*, Deutsche Strafgesetzbücher IV.

261 §§ 227 und 244 des Criminalgesetzbuches für das Herzogthum Braunschweig vom 10. Juli 1840, abgedruckt bei *Stenglein*, Deutsche Strafgesetzbücher V.

262 Art. 312 des Criminalgesetzbuches für das Königreich Hannover vom 8. August 1840, abgedruckt bei *Stenglein*, Deutsche Strafgesetzbücher VI.

263 Art. 392 des Strafgesetzbuches für das Großherzogthum Hessen vom 17. September 1841, abgedruckt bei *Stenglein*, Deutsche Strafgesetzbücher VII.

264 §§ 452 und 456 des Strafgesetzbuches für das Großherzogthum Baden vom 6. März 1845, abgedruckt bei *Stenglein*, Deutsche Strafgesetzbücher VIII.

265 Art. 238 des Strafgesetzbuches für Thüringen von 1850, abgedruckt bei *Stenglein*, Deutsche Strafgesetzbücher X.

266 *Schütz*, Betrugsbegriff, S. 172, Fn. 44a.

267 So in Sachsen, Hannover, Baden, Thüringen.

268 So in Sachsen, Württemberg, Braunschweig, Hessen, Baden, Thüringen.

269 Art. 352 S. 3 des Criminalgesetzbuches für das Königreich Württemberg vom 1. März 1839, abgedruckt bei *Stenglein*, Deutsche Strafgesetzbücher IV.

schweig war ein Betrug in Vertragsverhältnissen grundsätzlich straflos, außer wenn dem Betrogenen der erlittene Schaden auf sein Anfordern nicht sofort ersetzt wird[270].

Dies war anders in § 241 des preußischen Strafgesetzbuches von 1851[271], in dem die Sonderstellung des Betruges im Zusammenhang mit Verträgen aufgegeben wurde. Bereits im Entwurf des Strafgesetzbuches aus dem Jahr 1833 wurde die Auffassung geäußert, daß eine Beschränkung der Strafbarkeit bei Vertragsbetrügereien nicht nötig sei. Begründet wurde dies in den Motiven damit,

> „es gäbe aus der Erwägung der Strafbarkeit überhaupt keinen Grund, die Milderung von Verträgen abhängig zu machen, denn subjektiv betrachtet ist die Pflicht zur Wahrheit durch den Vertrag erhöht, objektiv aber die Rechtsverletzung diesselbe“[272].

Im Entwurf von 1833 wurde der Betrug aber immer noch als Antragsdelikt ausgestattet, § 487 E 1833.[273] Im Entwurf von 1843 wurde das Kriterium der Arglist aufgenommen, mit dem die Fälle der Anpreisung von Waren ausgeschieden werden sollten, was zur Folge hatte, daß man, wie angestrebt, auf die besondere Erwähnung von Vertragsbetrügereien im Gesetzestext verzichten konnte[274]. Diese Regelung ohne besondere Vorschriften für Vertragsbetrügereien ging dann auch in das preußische Strafgesetzbuch von 1851 ein.

Nach dem Zusammenschluß Preußens mit den anderen norddeutschen Staaten wurde der preußische Betrugsbegriff in das Strafgesetzbuch für den Norddeutschen Bund übernommen[275], dieser Betrugsbegriff ist dann ohne Abänderungen in das Reichsstrafgesetzbuch und damit in unser heutiges StGB übergegangen.

Seither ist für die Gesetzgebung die Frage nach einer besonderen Beurteilung des Betruges im Zusammenhang mit Verträgen kein Thema mehr, sie kann insoweit als geschichtlich überholt bezeichnet werden.

Auch die Rechtsprechung und die herrschende Meinung zu § 263 StGB sind noch heute von der historischen Entscheidung des preußischen Gesetzgebers zu § 241 des PreußStGB geprägt. Dies gilt zum einen, was den Verzicht auf eine qualifizierte Täuschung angeht, den die ganz herrschende Literaturmeinung des frühen

270 § 227 des Criminalgesetzbuches für das Herzogthum Braunschweig vom 10. Juli 1840, abgedruckt bei *Stenglein*, Deutsche Strafgesetzbücher V.

271 Strafgesetzbuch für die Preußischen Staaten vom 14. April 1851, abgedruckt bei *Stenglein*, Deutsche Strafgesetzbücher XI.

272 Motive zum revidierten Entwurf des Strafgesetzbuches für die Preußischen Staaten, Kriminal-Strafgesetze 1833, abgedruckt bei *Schubert/Regge*, Preussische Gesetzesrevision, Abt. I 3, Bd. 3, S. 324 f.

273 Revidierter Entwurf des Strafgesetzbuches für die königlich Preußischen Staaten, Erster Theil, Kriminal-Strafgesetze 1833, abgedruckt bei *Schubert/Regge*, Preussische Gesetzrevision, Abt. I 3, Bd. 3.

274 *Schütz*, Betrugsbegriff, S. 176.

275 § 263 des Strafgesetzbuches für den Norddeutschen Bund vom 31. Mai 1870.

19. Jahrhunderts verlangte und was den Schutz auch der extrem Leichtgläubigen zur Folge hatte[276], als auch, was den Verzicht auf eine besondere Beurteilung von Vertragsbetrügereien angeht.

Es finden sich jedoch auch erstaunliche Parallelen in der Diskussion, so was den Vorrang der Selbstschutzmöglichkeiten angeht, denn dieses Thema hat schon die Strafrechtsliteratur des 19. Jahrhunderts beschäftigt. Vom einzelnen wurde verlangt, sich gegen gewöhnliche Betrügereien selbst zu schützen, „die Waffe ist ihm dazu gegeben, gebrauche er sie; verlange er nicht, daß der Staat strafe, wo er zu träge war, gehörig aufzupassen“[277]. Dadurch sollten aber die Schwachen nicht schutzlos gestellt werden,

> „wo der Einzelne sich selbst nicht mehr schützen konnte, wo er trotz der möglichen Anstrengung von seiner Seite, der Bosheit unterliegen mußte, da ist es ein natürliches allgemeines Verlangen, daß nun der Staat strafe“[278].

Allerdings wurde der Selbstschutzgedanke in der Regel nur zur Begrenzung des Tatbestandsmerkmals der Täuschung herangezogen, hier wurde versucht, die besonders groben Täuschungen auszuscheiden.

II. Das Spannungsverhältnis zwischen erlaubter Geschäftstüchtigkeit und Betrug

Der Betrug innerhalb von Vertragsbeziehungen ist kein seltener Ausnahmefall, sondern er stellt wegen des Erfordernisses der Vermögensverfügung eher den Normalfall des Betruges dar. Denn der Austausch von Leistungen, den der Betrugstatbestand erfordert, erfolgt in unserer Rechtsordnung in aller Regel auf vertraglicher Basis. Der Vertrag ist in der Privatautonomie das wichtigste Mittel, das dem einzelnen zur Verfügung steht, um seine Lebensverhältnisse im Rahmen des Rechtes eigenverantwortlich zu gestalten[279]. Trotz der Häufigkeit des Betruges innerhalb von Vertragsbeziehungen sollte man sich bei der Beurteilung des Betrugstatbestandes immer vor Augen halten, daß bei Vertragsschlüssen jeder für sein Risiko selbst verantwortlich ist und jeder nur sein eigenes Interesse im Auge hat. Damit entsteht bei der Betrachtung des Betruges innerhalb von Vertragsverhältnissen ein Spannungsverhältnis. Auf der strafrechtlichen Seite steht der Rechtsgüterschutz im Vordergrund. Das Vermögen des einzelnen, der durch Täuschung zu einem Vertragsschluß bewegt wird, soll durch den Betrugstatbestand geschützt werden. Dem steht die zivilrechtliche Be-

---

276 *Schütz*, Betrugsbegriff, S. 200.

277 *Temme*, Die Lehre vom strafbaren Betrug, S. 56.

278 *Temme*, Die Lehre vom strafbaren Betrug, S. 56.

279 *Heinrichs*, in Palandt, Einf. vor § 145, Rdnr. 1.

trachtungsweise gegenüber, von der aus betrachtet es legitim und vom Gesetzgeber so vorgesehen ist, daß jeder Vertragspartner nur an seinem Vorteil interessiert ist.

Das BGB basierte ursprünglich auf einer rein liberalistischen, individualistischen Grundhaltung. Der Gesetzgeber verstand das bürgerliche Recht als eines, das von jedem prinzipiell als frei und gleich gedachten Rechtsgenossen für eigennützige Zwecke in Anspruch genommen werden konnte, denn jeder war seines Glückes Schmied und das Recht war für die Wachen geschrieben[280]. Insbesondere das Vertrags- und Schuldrecht ist vom Leitbild des vernünftigen, selbstverantwortlichen und urteilsfähigen Rechtsgenossen beherrscht[281]. Ungeachtet der Zweifel, die um die Jahrhundertwende an der Leistungsfähigkeit und Gerechtigkeit der liberalen Gesellschafts- und Wirtschaftsordnung laut wurden[282], hat sich das BGB jedenfalls in seiner Vertragslehre deren Prinzipien voll zu eigen gemacht. Es setzt voraus, daß im Rechtsverkehr jeder für die Wahrung seiner Interessen selbst sorgen kann und soll, wodurch der Parteiwille zum obersten Richtpunkt wird[283].

Noch heute geht das BGB selbst weitgehend davon aus, daß sich gleich starke Partner im Rechtsleben gegenüberstehen, die in freier Selbstbestimmung Verträge aushandeln[284]. Insbesondere ist jeder für seine Entscheidungsfindung über einen Vertragsschluß selbst verantwortlich. Ein Motivirrtum ist grundsätzlich unbeachtlich, wie sich insbesondere aus der Ausnahmeregelung des § 119 Abs. 2 BGB ergibt[285].

Da die Annahme gleich starker Partner im heutigen Massenverkehr eine Fiktion ist, wurde ein sozialer Ausgleich, der durch die Vorschriften des BGB, wie §§ 123, 138 BGB, nur unzureichend gewährt ist, außerhalb und innerhalb des BGB durch Vorschriften des Verbraucherschutzes vorgenommen: §§ 651a ff. BGB, AGBG, FernUSG, HausTWG und AbzG bzw. VerbrKrG. Sie haben das Gesicht des bürgerlichen Rechts entscheidend verändert, an die Stelle eines sozial ungebändigten, liberalen Schuldvertragsrechts ist ein nun sozial durchstrukturiertes, sozialstaatsverpflichtetes Vertragsrecht getreten[286]. Dadurch wurde das bei Fassung des BGB Versäumte weitgehend nachgeholt. Im großen und ganzen ist die Entwicklung nicht in die Richtung einer Abkehr von den Grundsätzen der Vertragsfreiheit, sondern in die einer stärkeren Betonung der damit verbundenen sozialen Pflichten und Ver-

---

280 *Säcker*, in MK, Bd. 1, Einl, Rdnr. 28.

281 *Säcker*, in MK, Bd. 1, Einl. Rdnr. 27.

282 So z.B. *O. Gierke* in: Der Entwurf eines bürgerlichen Gesetzbuches und das deutsche Recht, 1899, S.23 f.: „Man vermißt den Schutz des Schwachen gegen den Starken, die Rücksichtnahme auf den kleinen Mann, die billige Ausgleichung der aus der starren Rechtskonsequenz entspringenden Härten, man beklagt die Übertreibung des Eigentumsbegriffs, der Vertragsfreiheit."

283 *Raiser*, Vertragsfreiheit heute, in: Die Aufgabe des Privatrechts, S. 38, 41.

284 *Brox*, BGB AT, S. 16.

285 *Heinrichs*, in Palandt, § 119, Rdnr. 29.

286 *Säcker*, in MK, Einl. Rdnr. 43.

antwortlichkeiten, des Vertrauensprinzips und eines Schutzes der sozial schwächeren Teile der Bevölkerung gegangen[287].

Daher stellt sich die Frage, ob das Strafrecht, wenn schon das Zivilrecht weitgehend die Verwirklichung des sozialstaatlichen Denkens übernimmt, aus Gründen der Subsidiarität des Strafrechts diese sozialen Anliegen auch dem Zivilrecht weitgehend überlassen sollte.

Es bleibt die schwer zu beantwortende Frage nach der Abgrenzung zwischen strafbarem Betrug und strafloser Geschäftstüchtigkeit[288]. Ein Grund dafür liegt im Wettbewerbsmodell unserer Wirtschaft, in dem die „Ausnutzung eines Informationsvorsprunges grundsätzlich legitim" ist, da „sonst kein Anreiz bestünde, sich Information zu beschaffen"[289].

Samson beschreibt dieses Verhältnis folgendermaßen:

> „Da das auf wirtschaftliche Konkurrenz begründete Wirtschaftssystem in der Bundesrepublik die Bekämpfung des Konkurrenten und die prinzipiell nach den Regeln der Vertragsfreiheit zustandekommende Preisgestaltung voraussetzt, sind rechtsgeschäftliche Handlungen, die die Bereicherung des Handelnden auf Kosten des wirtschaftlichen Konkurrenten oder des Vertragspartners anstreben, nicht als solche schon zu mißbilligen, sondern systemimmanent. Damit entsteht für die Bildung und Interpretation der Vermögensdeliktstatbestände die grundsätzliche Schwierigkeit, die vom System gebilligte und noch geduldete Übervorteilung anderer von solchen vermögensschädigenden Verhaltensweisen abzugrenzen, die nicht nur nicht mehr als sozialadäquat, sondern als für das System störend und strafwürdig erscheinen."[290]

Der Vorrang der Selbstschutzmöglichkeiten, der sich aus Abschnitt A ergeben hat, kann durch den Selbstschutzgedanken, der sich aus einer rechtsgeschichtlichen Betrachtung des Betrugstatbestandes und einer Gegenüberstellung der zivilrechtlichen und strafrechtlichen Interessenlage ergibt, ergänzt werden.

Dem Betrugsbegriff des 19. Jahrhunderts lag der Gedanke zugrunde, daß bei Verträgen jeder auf seinen Vorteil bedacht ist und daher auch jeder für seine Entscheidung die alleinige Verantwortung trägt. Dieser Gedanke trifft für das damalige Strafrecht wie für das Zivilrecht zu. Im heutigen Zivilrecht ist, wie sich gezeigt hat, dem Menschen etwas von der Verantwortung abgenommen, die ihm bei Vertragsschlüssen ursprünglich auferlegt worden ist. Er kann sich unter bestimmten Voraussetzungen ohne Angabe von Gründen von Verträgen lossagen, die er an der Haustür oder in ähnlichen Situationen abgeschlossen hat und er kann sich von Kreditverträgen, die ihn langfristig belasten, durch einfache Erklärung lösen. Ein Rest dieser Ver-

287 *Larenz*, BGB AT, S. 50.
288 *Arzt*, in Arzt/Weber, LH 3, Rdnr. 383.
289 *Arzt*, in Arzt/Weber, LH 3, Rdnr. 383.
290 *Samson*, in SK, § 263, Rdnr. 2.

antwortung ist beim einzelnen verblieben, und dies entspricht auch durchaus dem gängigen Bild vom modernen Verbraucher und auch dem oben dargestellten, unserer Rechtsordnung zugrundeliegenden Menschenbild. Diese verbliebene Verantwortung muß der einzelne wahrnehmen, indem er sich über seine Rechte Klarheit verschafft und sie ausübt. Der Selbstschutzgedanke hat durch die Hinwendung zu einem sozialen Rechtsstaat nicht an Aussagekraft verloren, denn durch die sozial geprägten Schutzvorschriften des HWiG, des VerbrKrG u.ä. wurde dem einzelnen der Schutz erleichtert. Um so mehr kann man von ihm verlangen, daß er die Wahrnehmung der ihm verbliebenen Verantwortung ihn in die Hand nimmt.

Teil 2: Vermögensschaden und Vermögensgefährdung

A. Vermögensbegriff und Vermögensgefährdung

I. Die verschiedenen Vermögensbegriffe und ihre Auswirkungen auf Vermögensgefährdung und Gegenrechte

Der strafrechtliche Vermögensbegriff ist umstritten und in seinen Randbereichen noch nicht eindeutig geklärt[1]. Geschichtlich betrachtet prägen die Lehren von der rein juristischen und der rein wirtschaftlichen Betrachtungsweise die Auseinandersetzung um den Vermögensbegriff. Heute wird die Problematik des Betruges bestimmt von den sich gegenüberstehenden Tendenzen, den Betrug aus Gründen seiner rechtsstaatlich gebotenen Bestimmtheit und zur Verdeutlichung seiner Konturen einzugrenzen und auf der anderen Seite die Betrugsstrafbarkeit wegen der ständig wachsenden Wirtschaftskriminalität auszuweiten.

1. Der juristische Vermögensbegriff

Nach der nicht mehr vertretenen juristischen Vermögenstheorie[2] war unter Vermögen der „Inbegriff derjenigen Gegenstände und Rechte zu verstehen, die unter der rechtlichen Verfügungsgewalt des Einzelnen stehen", wobei es nicht darauf ankommen sollte, ob er rechtlich oder tatsächlich in der Lage war, diese Verfügungsgewalt auszuüben[3]. Auf die wirtschaftliche Bedeutung kam es danach nicht an, denn wegen der Abhängigkeit des sich als Schutzrecht darstellenden Strafrechts vom Zivilrecht wird der Umfang des Vermögens vom Zivilrecht bestimmt[4].

Der Ansatzpunkt für die Kritik am juristischen Vermögensbegriff wird bei *Binding* gleich mitgeliefert: Daher „wird das Vermögen gebildet aus der Summe aller seiner Vermögensrechte und -pflichten. Daraus erhellt schon, daß es nie im Ganzen, sondern stets nur in seinen Bestandteilen angegriffen werden kann"[5]. Dies be-

---

1 *Wessels*, BT 2, Rdnr. 513.

2 Vertreter dieser Auffassung waren: *Gerland*, Reichsstrafrecht, S. 437; *Binding*, Lehrbuch BT I, S. 238; *Merkel*, Krim. Abhandlungen II, S. 101.

3 *Gerland*, Reichsstrafrecht, S. 437.

4 Folgerichtig lehnt *Binding*, Lehrbuch BT I, S. 238, Fn. 2 den Grundsatz von der Subsidiarität des Strafrechts ab.

5 *Binding*, Lehrbuch BT I, S. 238.

deutete eine Ausweitung des Vermögensbegriffs, da nicht durch Kompensation festgestellt werden konnte, ob das Opfer einen Gegenwert erhalten hat. Auf der anderen Seite erwies sich der juristische Vermögensbegriff als zu eng, da er nur zivilrechtlich oder öffentlich-rechtlich vorgeformte Rechtspositionen als Vermögensbestandteile anerkannte, während am Wirtschaftsverkehr in großem Umfang auch geldwerte Güter teilnehmen, die kein subjektives, im Rechtsweg durchsetzbares Recht darstellen, aber zweifellos von wirtschaftlichem Wert sind, wie z.B. die Arbeitskraft oder Geschäftsgeheimnisse[6].

Gegenrechte waren für die Beurteilung des Schadens nach dieser Ansicht bedeutungslos. Eine Gesamtbetrachtung, ob das Opfer durch die Vermögensverfügung insgesamt ärmer geworden ist, ließ sich nicht anstellen, da eine Kompensation nicht möglich war. Denn, so *Binding*, „jede Verletzung eines Vermögensrechts bedeutet im Bestand eines Vermögens eine Vermögensverletzung, mag auch gleichzeitig an anderer Stelle ein Rechtszuwachs eintreten"[7].

Die Frage nach der Möglichkeit einer schadensgleichen Vermögensgefährdung wurde von den Vertretern dieses Vermögensbegriffs verneint. Weil eine Vermögensgefährdung den Rechtsbestand intakt läßt, stellte sie keine Schädigung darstellt[8].

2. Der wirtschaftliche Vermögensbegriff

Im Jahr 1910 haben die Vereinigten Strafsenate des Reichsgerichts ausdrücklich entschieden, den Begriff des rechtlich geschützten Vermögens als irreführend fallen zu lassen[9]. Schon vorher hatte das Reichsgericht eine rechtlich-wirtschaftliche Position vertreten, nach der das Vermögen als „die Gesamtheit der vermögensrechtlichen Beziehungen einer Person, sowohl der aktiven als auch der passiven, als ein Ganzes gedacht" definiert wurde[10].

Nach dem wirtschaftlichen Vermögensbegriff, der bis heute als herrschender bezeichnet werden kann[11], ist unter dem Vermögen alles zu verstehen, was für die wirtschaftlichen Verhältnisse einer Person Wert hat, somit ein Inbegriff von Werten

---

6 *Lackner*, in LK, § 263, Rdnr. 121.

7 *Binding*, Lehrbuch BT I, S. 238.

8 *Binding*, Lehrbuch BT I, S. 360.

9 RGSt 44, 230, 232.

10 RGSt 16, 1, 3; in ganz frühen Entscheidungen findet sich eine rein juristische Position: RGSt 3, 332; 333; 11, 72.

11 RGSt 44, 230; 65, 3; BGHSt 1, 262; 2, 364, 365; 3, 99, 102; 8, 254, 265; 15, 83, 85; 16, 220; 23, 300; BGH NJW 1962, 973; HansOLG Hamburg NJW 1966, 1525; Vertreter in der Literatur: *Arzt*, in Arzt/Weber, LH 3, Rdnr. 436 ff.; *Tröndle*, § 263, Rdnr.27, 29; *Haft*, BT, S. 213 ff.; *Krey*, BT 2, Rdnr. 428, 433; *Schröder*, in Schönke/Schröder 17. Aufl., § 263, Rdnr. 58 ff.

oder „die Summe der geldwerten Güter einer Person"[12]. In der Definition variieren die Bezeichnungen des Vermögensbegriffs, allgemein läßt sich jedoch festhalten, daß nach dieser Vermögenslehre alle wirtschaftlichen Positionen, denen im Geschäftsverkehr wirtschaftlicher Wert beigemessen wird, als Vermögen anerkannt werden. Die Rechtsprechung hält zwar an diesem Vermögensbegriff fest. Jedoch ist in neueren Entscheidungen die Tendenz feststellbar, diesen zu korrigieren, um Wertungswidersprüche zum Zivilrecht zu vermeiden[13].

Gegen die Lehre vom wirtschaftlichen Vermögensbegriff wird vorgebracht, dieser führe unter dem Gesichtspunkt der Einheit der Rechtsordnung zu Wertungswidersprüchen mit Entscheidungen des Zivil- oder Öffentlichen Rechts[14]. Die Einheit der Rechtsordnung läßt sich aber auch als Argument für den wirtschaftlichen Vermögensbegriff heranziehen: *Krey* weist darauf hin, daß §§ 242, 249 auch den aufgrund unsittlicher oder verbotener Handlungen erlangten Gewahrsam schützen, deswegen wäre es unter dem Gesichtspunkt der Einheit der Rechtsordnung sachwidrig, einen solchen Gewahrsam gegenüber betrügerischen oder erpresserischen Angriffen schutzlos zu stellen[15]. Die Vermeidung strafrechtsfreier Räume wird umgekehrt als der große kriminalpolitische Vorteil dieses Vermögensbegriffs angesehen[16], Betrug und Erpressung müssen so im Verhältnis von Rechtsbrechern untereinander nicht gutgeheißen werden[17].

Entscheidender Vorteil des wirtschaftlichen Vermögensbegriffs ist es nach *Cramer* insbesondere, daß nur er es erlaube, vom „Formalcharakter der Vermögensdelikte abzurücken und zu deren materialem Kern vorzustoßen"[18].

Da nach dieser Auffassung das Vermögen als Ganzes betrachtet wird und einen Schaden nur erleidet, wer wirtschaftlich ärmer wird, ist für diese Lehre die Möglichkeit der Kompensation von Vermögensminderung und unmittelbar aus der Verfügung fließendem Vorteil charakteristisch[19]. Der Lehre vom wirtschaftlichen Vermögensbegriff bereitet die Einbeziehung der Vermögensgefährdung in den Schadensbegriff keine Schwierigkeiten. In engem Zusammenhang mit der Hinwendung zum wirtschaftlichen Vermögensbegriff stand ja auch die Ausweitung der schadensgleichen Vermögensgefährdung. Nur bei wirtschaftlicher Betrachtungsweise kann ein rechtlich intaktes, aber gefährdetes Gut als beschädigt angesehen werden. Da jede

---

12 RGSt 44, 230, 233.

13 *Wessels*, BT 2, Rdnr. 517 weist auf BGH JR 1988, 125 hin, wonach keinen Betrug begeht, wer eine Prostituierte um den vereinbarten Lohn prellt.

14 *Cramer*, in Schönke/Schröder, § 263, Rdnr. 83.

15 *Krey*, BT 2, Rdnr. 433.

16 *Wessels*, BT 2, Rdnr. 514.

17 *Krey*, BT 2, Rdnr. 434.

18 *Cramer*, Vermögensbegriff, S. 130.

19 *Arzt*, in Arzt/Weber, LH 3, Rdnr. 448; *Lackner*, in LK, § 263, Rdnr. 122.

meßbare Beeinträchtigung des wirtschaftlichen Potentials als Vermögensschaden angesehen wird[20], kann eine solche wirtschaftliche Einbuße auch schon darin liegen, daß ein Recht schwer beweisbar wird oder ein Anspruch bestritten wird[21].

3. Der juristisch-ökonomische Vermögensbegriff

Nach der juristisch-ökonomischen Vermittlungslehre zählen zum Vermögen „alle Güter und Positionen, denen ein wirtschaftlicher Wert beizumessen ist und die unter dem Schutz der Rechtsordnung stehen“[22]. Der Wertungswiderspruch zwischen Zivilrecht und Strafrecht soll aufgelöst werden, damit sich das Strafrecht nicht von den für die Güterzuteilung maßgeblichen Normen des Zivilrechts völlig befreit. Geschädigt ist daher nur, wessen Ärmerwerden nicht gerade darauf beruht, daß er eine ohnehin nicht geschützte oder mißbilligte Position verliert[23]. Die Abweichung vom wirtschaftlichen Vermögensbegriff betrifft in erster Linie die Anerkennung der „Ansprüche“ aus verbotenen oder unsittlichen Rechtsgeschäften sowie den unrechtmäßigen Besitz als Vermögensbestandteile[24].

Dem wird entgegengehalten, bei unsittlichen und verbotenen Rechtsgeschäften entstehe ein rechtsfreier Raum, in dem wirtschaftliche Werte nicht gegen Betrug geschützt sind[25].

Die Unterschiede zum wirtschaftlichen Vermögensbegriff sind auf dem hier untersuchten Gebiet gering, da sich die juristisch-ökonomische Vermittlungslehre vor allem dagegen richtet, daß ein Wirtschaftsgut auch dem zusteht, dem es ohne Rücksicht auf rechtliche Zuordnungskriterien nur rein faktisch unterworfen ist[26]. Eine wirtschaftliche Betrachtungsweise, die den materialen Kern des Rechtsguts berücksichtigt, wird auch hier berücksichtigt[27]. Zugunsten dieser Ansicht wird vorgebracht, nach ihr sei eine Abgrenzung zwischen Schaden und Nichtschaden eher anhand Rechtssicherheit gewährleistender Kriterien möglich. Da die Vertreter der Vermittlungslehre in der Lage seien, auf die Regelungen und Grundgedanken des Zivilrechts zurückzugreifen, könnten sie daraus Abgrenzungskriterien herleiten.

---

20 *Cramer*, Vermögensbegriff, S. 123.

21 RGSt 16, 1, 11.

22 *Cramer*, in Schönke/Schröder, § 263, Rdnr. 82 ff.; ders., in Vermögensbegriff, S. 91 ff.; *Franzheim*, GA 1960, 269; *Gutmann*, MDR 1963, 3, 5; *Hirsch*, ZStW 81 (1969), 917, 944; *Lackner*, in LK, § 263, Rdnr. 123; *Lenckner*, JZ 67, 105; *Samson*, in SK § 263, Rdnr. 112 ff.; *Seelmann*, JuS 1982, 509; *Welzel*, Lehrbuch, S. 372; *Wessels*, BT 2, Rdnr. 518.

23 *Riemann*, Vermögensgefährdung, S. 14.

24 *Cramer*, in Schönke/Schröder, § 263, Rdnr. 82.

25 *Wessels*, BT 2, Rdnr. 514.

26 *Cramer*, in Schönke/Schröder, § 263, Rdnr. 82.

27 *Cramer*, in Schönke/Schröder, § 263, Rdnr. 82.

Innerhalb dieser Ansicht ist anerkannt, daß das Strafrecht durch die „zivilrechtliche Vorformung vermögensrechtlicher Beziehungen" begrenzt ist[28]. Folgerichtig versuchen gerade Vertreter dieser Meinungsgruppe, Abgrenzungskriterien für die Vermögensgefährdung und die Beurteilung des Eingehungsbetruges zu finden[29]. Allerdings muß betont werden, daß auch nach dem wirtschaftlichen Vermögensbegriff die Möglichkeit besteht, den Vermögensbegriff bei Betrug im Zusammenhang mit Verträgen durch zivilrechtliche Vorgaben zu begrenzen, weil sich die zivilrechtliche Prägung eines Sachverhalts auch unmittelbar wirtschaftlich auswirkt.

Zur Kompensation können nur Gegenrechte und -ansprüche herangezogen werden, die dem Getäuschten unter dem Schutz der Rechtsordnung zustehen, nicht jedoch nichtige Forderungen. Ansonsten ergeben sich für die Beurteilung von Vermögensgefährdung und Eingehungsbetrug aus den beiden Vermögenslehren keine unterschiedlichen Konsequenzen[30].

4. Dynamischer, personaler und funktionaler Vermögensbegriff

a) Der dynamische Vermögensbegriff

Er stellt eine Variante des wirtschaftlichen Vermögensbegriffs dar[31], durch den die wirtschaftliche Bewegungsfreiheit in den strafrechtlichen Schutz miteinbezogen werden soll. Das Vermögen wird danach nicht statisch, sondern dynamisch aufgefaßt, so daß die Vereitelung von Vermögenszuwachs als Vermögensbeschädigung erfaßt werden kann[32]. Die wirtschaftliche Bewegungsfreiheit soll genauso wie die Arbeitskraft als vermögensbildender Faktor geschützt werden[33].

Diese Auffassung trägt in den unklaren Vermögensbegriff weitere Unsicherheit hinein. Die Ausweitung des Vermögensbegriffs ist nicht erforderlich, um im Bereich des persönlichen Schadenseinschlages zu einem ausreichenden Erfassung der Werteinbuße zu kommen[34].

Diese Spielart des wirtschaftlichen Vermögensbegriffs wirkt sich im Bereich des Betruges durch Vertragserschleichung und im Zusammenhang mit dem persönlichen Schadenseinschlag aus. Für die Beurteilung der Vermögensgefährdung und

---

28 *Cramer*, Vermögensbegriff, S. 132.

29 *Riemann*, Vermögensgefährdung, S. 14.

30 *Cramer*, Vermögensbegriff, S. 125; *Dingeldey*, Insider-Handel, S. 17, Fn. 51; *Riemann*, Vermögensgefährdung, S. 14; *Winkler*, Vermögensbegriff, S. 24 f.; dagegen *Hefendehl*, Vermögensgefährdung, S. 82 und öfter.

31 *Eser*, in GA 1962, 289 ff.

32 *Eser*, in GA 1962, 289, 295.

33 *Eser*, in GA 1962, 289, 269.

34 *Lackner*, in LK, § 263, Rdnr. 160.

der Einbeziehung von Gegenrechten und -ansprüchen ergeben sich gegenüber dem wirtschaftlichen Vermögensbegriff keine Besonderheiten.

b) Der personale Vermögensbegriff

Die Vertreter dieses Vermögensbegriffs[35] wenden sich gegen die objektiv-individuelle Schadensbetrachtung, die ihrer Ansicht nach ein ausreichendes Maß an Individualisierung nicht erreicht und die deshalb Eingriffe in die Dispositionsfreiheit, wie sie beispielsweise beim Schwarzmarkt- und Anstellungsbetrug vorkommen, nicht hinreichend berücksichtigt[36]. Vermögen und Schaden werden bestimmt nach dem berechtigten wirtschaftlichen Bedürfnis, so daß die Minderung der wirtschaftlichen Potenz entscheidend ist[37]. Verlangt wird somit eine weitergehende Berücksichtigung des persönlichen Schadenseinschlages, als dies schon seit RGSt 16, 1 ff. geschieht.

Diese Lehre ist jedoch zu ergebnisorientiert[38], was den Vermögensbegriff noch unsicherer und zu einem Delikt gegen die Dispositionsfreiheit macht. Sie wurde entwickelt, um den „immer beängstigender werdenden Vertreterpraktiken"[39] strafrechtlich gerecht zu werden. Dieses Ziel wird jedoch gerade nicht erreicht, weil die subjektiven Verhältnisse des Getäuschten vom Vorsatz umfaßt sein müssen, was es dem Täter leicht macht, sich zu exkulpieren[40].

Auf die Einschätzung der Vermögensgefährdung und auf die Relevanz von Gegenrechten wirkt sich diese Ansicht nicht aus, was u.a. daraus ersichtlich ist, daß innerhalb dieser Meinungsgruppe verschiedene Ansichten zur Vermögensgefährdung vertreten werden[41].

c) Der funktionale Vermögensbegriff

Hiernach wird die konkrete Zwecksetzung des Vermögensträgers in den Vordergrund gestellt, so daß ein Schaden vorliegt, wenn die Gegenleistung zwar gewollt war, aber nicht mit eigenen Mitteln erkauft werden sollte[42].

---

35 *Bockelmann*, in FS Kohlrausch, S. 226, 247; ders., JZ 1952,461; *Hardwig* GA 1956, 6, 17; *Heinitz*, JR 1968, 387; *Otto*, Grundkurs BT, S. 140; ders., Zahlungsverkehr, S. 18 f., 26 f.; *Ranft*, Jura 1992, 66, 73; *Winkler*, Vermögensbegriff, S. 173 ff.

36 *Bockelmann*, JZ 1952, 461, 463 f.

37 *Bockelmann*, JZ 1952, 461, 464 f.

38 Siehe dazu *Bockelmann* selbst, JZ 1952, 461, 465.

39 *Eser*, GA 1962, 289.

40 *Franzheim/Krug*, GA 1975, 97, 100.

41 So hält *Bockelmann*, Strafrecht BT 1, S. 78, 81, 88, die Gleichstellung von Vermögensgefährdung und -schaden für richtig, während *Otto*, Grundkurs BT, S. 226 f., eine Gefährdung grundsätzlich nicht als Schaden betrachtet.

42 *Weidemann*, MDR 1973, 992, 993.

Gegen diese Ansicht spricht jedoch entscheidend, daß es nicht in das Empfinden des einzelnen gestellt werden kann, ob ein Vermögensschaden und damit die Strafbarkeit des Täuschenden gegeben ist. Sie führt zu einer weiteren Subjektivierung des Schadensbegriffs, die „den Boden objektiver Bewertung verlassen hat"[43].

Nach dieser Ansicht ist die Möglichkeit der Saldierung stark eingeschränkt. Sie ist nur noch möglich, wenn der Vermögensträger die Gegenleistung seiner eigenen Leistung zugeordnet hat[44]. Auf die Beurteilung der Vermögensgefährdung wirkt sich diese Ansicht nicht aus.

5. Ergebnis

In dieser Arbeit, in der die Auswirkungen der zivilrechtlichen Gegenrechte auf den Vermögensschaden untersucht werden sollen, kann nur einem Vermögensbegriff gefolgt werden, der die Berücksichtigung dieser Auswirkungen grundsätzlich akzeptiert. Dies tun aber sowohl der wirtschaftliche Vermögensbegriff als auch die Vermittlungslehre. Die Abweichungen zwischen diesen beiden Vermögenslehren beschränken sich im wesentlichen auf den Bereich der unsittlichen und verbotenen Rechtsgeschäfte. Zu einer wirtschaftlichen Betrachtungsweise gehört auch, ob sich die wirtschaftlichen Werte realisieren lassen, und das tun sie in dieser Rechtsordnung nach zivilrechtlichen und zivilprozessualen Kriterien. Damit ist der wirtschaftliche Vermögensbegriff, soweit es nicht um das sogenannte Ganovenumfeld geht, auch ein juristischer, denn wirtschaftliche Macht über sein Vermögen hat der Vermögensträger nur, wenn ihm zivilrechtlich anerkannte Durchsetzungsmöglichkeiten zur Verfügung stehen[45]. Auch der wirtschaftliche Vermögensbegriff ist in der Lage, auf zivilrechtliche Grundgedanken zurückzugreifen und diese für die Gewinnung von Konturen nutzbar zu machen. Daher soll hier dem wirtschaftlichen Vermögensbegriff gefolgt werden, wobei der Versuch zu unternehmen ist, ihm zumindest auf dem in dieser Arbeit untersuchten Gebiet des Eingehungsbetruges durch die wirtschaftliche Betrachtung der dem Opfer zur Verfügung stehenden zivilrechtlichen Selbstschutzmöglichkeiten engere Konturen zu geben.

II. Die Vermögensgefährdung

Die Frage, ob auch eine Vermögensgefährdung als Schaden i.S.d. § 263 anzusehen ist, hat die Rechtsprechung schon früh beschäftigt. Bis heute ist die Frage, die

43 *Lackner*, in LK, § 263, Rdnr. 124.

44 *Weidemann*, MDR 1973, 992, 993.

45 *Hefendehl*, Vermögensgefährdung, S. 117; *Lampe*, Kreditbetrug, S. 26.

schon durch den Wortlaut, der eine Gefahr mit deren Verwirklichung gleichsetzt, Widerspruch hervorzurufen vermag, nicht abschließend geklärt. Im übrigen Bereich des Strafrechts ruft ja die These, daß Gefährdung und Verletzung nicht die gleiche Stufe der Rechtsbeeinträchtigung darstellen, keinen Widerspruch hervor.

1. Die Entwicklung in Rechtsprechung und Lehre

a) Darstellung der Rechtsprechung

Die Rechtsprechung hat die Gleichstellung von Vermögensgefährdung und Vermögensschaden von Beginn an nur am Rande thematisiert[46]. Der Begriff der Vermögensgefährdung taucht schon in der Rechtsprechung des preußischen Obertribunals auf, eine Auseinandersetzung mit der Problematik erfolgt hier jedoch nicht[47].

aa) Die Rechtsprechung des Reichsgerichts

In der reichsgerichtlichen Rechtsprechung wurde das Problem der Vermögensgefährdung erstmals im Jahr 1883 thematisiert[48]. In diesem Fall hatte sich der Getäuschte durch falsche Angaben dazu bewegen lassen, seine Unterschrift in Form eines Blankoindossaments auf den Wechsel zu setzen. Dieses Blankoindossament führte jedoch nur dazu, den Wechsel begebungsfähig, also diskontierbar zu machen. Erst wenn jedoch infolge eines Begebungsvertrages der Wechsel in den Besitz eines Dritten gekommen wäre, wäre die Haftung aus der Wechselverpflichtung entstanden. Das Reichsgericht stellt zwar grundsätzlich fest, daß auch eine Vermögensgefährdung unter Umständen schon als Vermögensbeschädigung in Betracht kommt, es beschränkt sich jedoch auf eine Negativabgrenzung. Eine schadensgleiche Vermögensgefährdung liege nicht vor, „wenn die Vermögensbeschädigung selbst noch den Eintritt einer rechtlichen Tatsache, z.B. eines Rechtsgeschäftes, voraussetzt“[49]. Schon hier wurde als entscheidend angesehen, daß eine Gefahr nicht ausreicht, wenn es einer weiteren Handlung für die vollendete Vermögensbeschädigung bedarf.

Diese Feststellung hat das Reichsgericht kurze Zeit später präzisiert[50]. Der Begriff der Vermögensbeschädigung gestatte eine weite Auslegung, so daß

> „darunter nicht bloß eine effektive und substantielle Verminderung des Vermögens durch Ausscheiden bestimmter konkreter Bestandteile aus demselben, sondern jede

46 *Hefendehl*, Vermögensgefährdung, S. 50.

47 Siehe dazu *Pröll*, GA 66 (1919), 124 und *Riemann*, Vermögensgefährdung, S. 28 ff.

48 RGSt 8, 68.

49 RGSt 8, 68, 70.

50 RGSt 9, 168.

Beeinträchtigung und Verschlimmerung der Vermögenslage, welche durch die Irrtumserregung herbeigeführt ist, verstanden werden kann"[51].

Das Reichsgericht unterscheidet hier zwischen einer solchen Gefährdung, die in der bloßen Möglichkeit künftigen Eintritts einer Vermögensbenachteiligung liegt, und einer solchen, in der die Gefährdung eines bestehenden konkreten Vermögensrechts zugleich eine Verschlechterung des gegenwärtigen Vermögenszustandes mit sich bringt[52]. Nur im letzteren Fall wird eine Gleichstellung von Gefährdung und Schaden bejaht.

Die bloße Möglichkeit, daß die von der Eisenbahn wegen falscher Angaben über den Inhalt entgegen der Frachtvorschriften transportierten Feuerwerkskörper explodieren und einen Schaden verursachen könnten, hat das Reichsgericht demzufolge nicht als ausreichend angesehen.

Diese Rechtsprechung haben die Vereinigten Strafsenate im Jahr 1887 so zusammengefaßt: „Ob auch eine Vermögensgefährdung eine Beschädigung des Vermögens darstellt, hängt davon ab, ob nach der konkreten Sachlage schon die eingetretene Gefahr eines Verlustes den Vermögenswert mindert"[53], beispielsweise weil der Besitz eines Vermögenswerts vom Zufall oder vom Eintritt eines zukünftigen, ungewissen Ereignisses abhängig geworden ist[54].

Entscheidend für die weitere Anerkennung der schadensgleichen Vermögensgefährdung war dann die Entscheidung der Vereinigten Strafsenate in RGSt 44, 230 ff., in der sich das Reichsgericht zu einem wirtschaftlichen Vermögensbegriff hinwendete, obwohl in dieser Entscheidung das Problem der Vermögensgefährdung nicht erörtert wurde. Auch schon in den bisher genannten Entscheidungen wurde allerdings kein rein juristischer Vermögensbegriff mehr herangezogen[55].

In der Rechtsprechung läßt sich infolge der Hinwendung des Reichsgerichts zum wirtschaftlichen Vermögensbegriff die Tendenz feststellen, unter Berufung auf den wirtschaftlichen Vermögensbegriff eine Vermögensgefährdung der Vermögensbeschädigung gleichzustellen. So hat das Reichsgericht das Erlangen eines Vollstreckungsbefehls als Schaden angesehen. Die Möglichkeit des sofortigen Zugriffs des darin bezeichneten Gläubigers auf das Vermögen wirke „wirtschaftlich wertmin-

---

51 RGSt 9, 168, 169.

52 RGSt 9, 168, 170.

53 RGSt 16, 1, 11.

54 *Riemann*, Vermögensgefährdung, S. 33, bezeichnet diese Entscheidung als von entscheidender Bedeutung für die Anerkennung der Vermögensgefährdung, während *Hefendehl*, Vermögensgefährdung, S. 52, schon die Entscheidung RGSt 9, 168 als entscheidende Weichenstellung ansieht, dergegenüber RGSt 16, 1, 11 in der Sache nichts Neues bringe.

55 So wurde in RGSt 16, 1 ff. darauf abgestellt, ob durch die in den wirtschaftlichen Verhältnissen des Getäuschten eingetretene Änderung des Gesamtwertes seines Vermögens eine Minderung erlitten hat, worauf in RGSt 44, 230, 235 hingewiesen wird.

dernd“[56]. In einem weiteren Fall wurde eine schadensgleiche Vermögensgefährdung darin erblickt, daß der Getäuschte seine Grundstücke für die Verbindlichkeiten eines schon damals schlechten Schuldners verpfändet hat und die vom Täuschenden erteilte Rückbürgschaft, auf die vertrauend er die Grundstücke verpfändete, unwirksam war[57]. Die durch Täuschung erschlichene Hingabe von Wechselakzepten an einen zu ihrem Mißbrauch entschlossenen Vertragspartner wurde vom Reichsgericht als eine einer Vermögensbeschädigung gleichstehenden Vermögensgefährdung bezeichnet. Der Getäuschte war Wechselschuldner geworden, ohne daß er eine irgendwie gesicherte Gegenforderung erhielt, während die Diskontierung der Wechsel nur eine Vertiefung des Vermögensschadens darstelle[58].

Neue Kriterien für die Konkretisierung der schadensgleichen Vermögensgefährdung wurden jedoch von der reichsgerichtlichen Rechtsprechung nicht aufgestellt. Es bleibt im wesentlichen dabei, daß durch die Gefahr eine Verschlechterung des aktuellen Zustandes nach wirtschaftlichen Kriterien vorliegen muß, und daß es nicht ausreicht, daß zur Herbeiführung des tatsächlichen Schadens weitere Tatsachen erforderlich sind[59].

Vom Reichsgericht wurden auch bei der Frage, ob geschädigt ist, wer einen Gegenwert erlangt hat, der nach der nach den Vorschriften über den gutgläubigen Erwerb vom Nichtberechtigten rechtlich unangreifbar ist, keine weiteren Kriterien für die Konkretisierung der schadensgleichen Vermögensgefährdung aufgestellt. Vielmehr wird in der Entscheidung aus dem Jahr 1940, mit der das Reichsgericht die sogenannte „Makeltheorie“ begründet hat, lediglich ausgeführt, daß im Wirtschaftsleben bestrittene Ansprüche regelmäßig geringer bewertet werden als unbestrittene[60]. Zudem sei bei der wirtschaftlichen Bewertung der erworbenen Sache auch zu beachten, daß sie mit einem sittlichen Makel behaftet ist, denn nach dem gesunden Volksempfinden macht dieser Makel die Sache minderwertig[61]. Trotz der im Hinblick auf die Vorschriften über den gutgläubigen Erwerb zivilrechtlich starken Stellung des Erwerbers erfolgt in dieser Entscheidung keine genauere Darstellung, unter welchen Umständen die Vermögensgefährdung als konkret anzusehen ist[62].

---

56 RGSt 59, 104, 106.

57 RGSt 65, 106, 110.

58 RGSt 66, 56, 59.

59 Zum Teil wurde auch das schon in RGSt 8, 68 aufgestellte Kriterium zur Negativabgrenzung, daß keine weiteren Handlung zur Herbeiführung des Schadens erforderlich sein darf, außer acht gelassen, siehe z.B. RG HRR 1939, Nr. 397.

60 RGSt 73, 61, 63.

61 RGSt 73, 61, 63.

62 Von der sog. „Makeltheorie“ hat sich der Bundesgerichtshof in BGHSt 3, 370 und 15, 83 abgewandt und in diesen Fällen mit rein wirtschaftlichen Erwägungen auf den Einzelfall abgestellt.

bb) Die Rechtsprechung des Bundesgerichtshofs

Bei der Untersuchung der früheren Entscheidungen des Bundesgerichtshofs läßt sich feststellen, daß hier nicht versucht wurde, neue Kriterien für die Abgrenzung von schadensgleicher Vermögensgefährdung und Nichtschaden herauszuarbeiten. Wenn der Bundesgerichtshof ausführt, daß das Vermögen in einer Weise gefährdet sein muß, die bei einer lebensnahen und daher nicht einseitig dogmatisch-zivilrechtlichen, sondern weitgehend wirtschaftlichen Betrachtungsweise[63] einer Wertminderung und damit einer Schädigung gleichkommt[64], so ist damit kein neues Kriterium gefunden. Der Begriff von der lebensnahen Betrachtungsweise weist vielmehr auf eine Einzelfallbetrachtung hin. Der Bundesgerichtshof ist der Rechtsprechung des Reichsgerichts gefolgt und hat sie auch auf neue auftretende Verhaltensweisen angewendet[65].

In die neuere Rechtsprechung ist zwar, besonders beim Thema des Eingehungsbetruges, Bewegung gekommen. Eine eindeutige Tendenz, wohin die Rechtsprechung zur Vermögensgefährdung neigt, läßt sich jedoch nicht ausmachen[66]. Den Fällen, in denen eine restriktive Gleichsetzung von Vermögensgefährdung und Vermögensschaden gehandhabt wurde, lassen sich solche gegenüberstellen, in denen eine weite Auffassung von der Gleichstellung vertreten wurde.

Während der Bundesgerichtshof in der „Kohlenschlamm“-Entscheidung des Jahres 1953 eine Vermögensgefährdung darin gesehen hat, daß die Getäuschten überhaupt in vertragliche Beziehungen zu einem von vornherein böswilligen Vertragspartner getreten war[67], hat er sich 1987 von dieser Rechtsprechung insoweit abgewendet, als eine Schädigung allein durch den Vertragsabschluß nicht in Betracht kommt, wenn die Lieferung nur Zug um Zug gegen Bezahlung erfolgen soll[68]. Seither wurde mehrfach betont, daß ein Betrug in Form des Eingehungsbetruges nicht vorliege, wenn der Vertragsgegner des Getäuschten vorleistungspflichtig ist[69].

---

63 BGHSt 15, 83, 86; 16, 321, 329.

64 BGHSt 23, 300, 302.

65 *Riemann*, Vermögensgefährdung, S. 36 ff., weist auf den bargeldlosen Zahlungsverkehr, den Mißbrauch von Scheck- und Kreditkarten, Submissionsabsprachen und den Handel mit Rohstoffoptionen auf Warenterminkontrakte hin.

66 *Naucke*, StV 1986, 186 spricht von einer „manchmal wuchernden, dann wieder schrumpfenden Kasuistik“.

67 BGH NJW 1953, 836.

68 BGH StV 1988, 386.

69 BGH MDR 1973, 370; StV 1983, 330; BGHR Eingehungsbetrug 1, 26.2.1987, 1 StR 615/86; BGHR Vermögensschaden 32, 22.5.1991, 2 StR 453/90; BGH wistra 1992, 101.

In einem Fall, in dem der Angeklagte einer Bank Münzen zum Ankauf angeboten hatte, hat der Bundesgerichtshof eine Vermögensbeschädigung in Form einer Vermögensgefährdung verneint, weil der Hingabe des Anzahlungsbetrages ein gleichwertiger Rückerstattungsanspruch gegenüberstand[70].

Dieser neueren Tendenz steht aber das grundlegende Kreditkartenurteil aus dem Jahr 1985 entgegen. Nach Ansicht des Bundesgerichtshofs kann die Aushändigung der Kreditkarte, die in gleicher Weise wie ein Scheckheft einen Vermögenswert verkörpert, an den stark verschuldeten Angeklagten bereits eine Vermögensgefährdung zur Folge gehabt haben, die das Tatbestandsmerkmal der Vermögensbeschädigung i.S.d. § 263 erfüllt[71]. Hier wird jedoch übersehen, daß weitere Handlungen des Täuschenden erforderlich sind, um den endgültigen Schadenseintritt zu bewirken.

cc) Konsequenzen aus der Gleichstellung der konkreten Vermögensgefährdung mit der Vermögensbeschädigung

Die Gleichstellung der Vermögensgefährdung mit der Vermögensbeschädigung hat kriminalpolitische wie dogmatische Konsequenzen[72].

Sie führt zu einer Vorverlagerung des Schadenseintritts, denn schon ein dem Schadenseintritt vorgelagertes Stadium wird als ausreichend für die Vollendung angesehen[73]. Dadurch wird vielfach die Grenze zwischen Versuch und Vollendung verwischt.

§ 24 wird durch die Vorverlagerung in seiner Bedeutung eingeschränkt, denn der Zeitraum, in dem ein Rücktritt noch möglich ist, wird stark verkürzt. Beim Eingehungsbetrug liegt zwischen unmittelbarem Ansetzen und Vollendung nur die Zeitspanne der Vertragsverhandlungen. Der Opferschutz, dem § 24 u.a. dienen soll, wird dadurch jedoch nicht verstärkt[74].

Die Vorverlagerung des Vollendungszeitpunkts hat außerdem Auswirkungen auf die Verjährung[75], die nach § 78a beginnt, sobald die Tat beendet ist.

Arzt weist darauf hin, daß die „Vorverlagerung des Schadens in die Gefährdung" auch zu einer „Vervielfachung" des Schadens und damit auch der Betrugskonstruktionen führen könne[76]. Dies folgt daraus, daß der Täter, der nur einen Vorteil erstrebt,

---

70 BGH StV 1985, 186.

71 BGH NJW 1985, 2280, 2281.

72 Insbesondere *Riemann*, Vermögensgefährdung, S. 60 ff. weist ausführlich auf sie hin.

73 *Arzt*, in Arzt/Weber, LH 3, Rdnr. 450 ff.; siehe dazu auch *Riemann*, Vermögensgefährdung, S. 60 ff.

74 *Amelung*, NJW 1975, 624, 625.

75 *Riemann*, Vermögensgefährdung, S. 63.

76 *Arzt*, in Arzt/Weber, LH 3, Rdnr. 450, 455.

dies tun kann, indem er dabei mehrere Personen einer konkreten Vermögensgefährdung aussetzt. Insbesondere beim Provisionsvertreterbetrug ist dies problematisch, weil sowohl beim Auftraggeber eine Vermögensbeschädigung durch Zahlung der Provision als auch bei den Bestellern die Gefahr eines Schadens auftritt[77].

Durch die Anerkennung der Vermögensgefährdung als Vermögensschaden können mittelbare Zusammenhänge zwischen Verfügung und Schaden zu unmittelbaren zwischen Verfügung und Gefährdung werden[78]. Das Merkmal der Unmittelbarkeit zwischen Verfügung und Schaden wird von der herrschenden Meinung als unverzichtbar u.a. für die Abgrenzung des Trickdiebstahls vom Sachbetrug angesehen[79]. Ein unmittelbarer Zusammenhang zwischen Verfügung und Gefährdung läßt sich jedoch mit Hilfe der Vermögensgefährdung leichter konstruieren, beispielsweise wenn man die Gewahrsamslockerung beim Trickdiebstahl als Vermögensgefährdung ansieht[80].

Weil Personen in unterschiedlicher Weise bereit sind, eine Gefährdung als Schaden anzusehen, kann die Gleichstellung von Gefährdung und Schaden zu einer Subjektivierung des Schadens führen[81]. In den Fällen, in denen die Vermögensgefährdung nur in der bösen Absicht des Täters besteht, schlecht zu liefern[82] oder eine Kreditkarte zu mißbrauchen[83], ist mangels eines objektiv feststellbaren Schadens auch nur diese Absicht der Beweisaufnahme zugänglich. Auch dies kann eine Subjektivierung zur Folge haben.

Des weiteren ist jedoch zu beachten, daß, wenn man die Vermögensgefährdung nicht als Vermögensbeschädigung beurteilt, Fallkonstellationen denkbar sind, in denen der Täter straffrei ausgeht. Geht man davon aus, daß eine Vermögensgefährdung nur als Versuch strafbar ist, dann stellt sich nun ein Vorsatzproblem. Für eine Bestrafung wegen versuchten Betruges muß dem Täter nachgewiesen werden, daß eine Beschädigung des Vermögens des Getäuschten als Folge des betreffenden Vertragsschlusses oder aufgrund der daraufhin zu bewirkenden Leistungen von seinem Vorsatz umfaßt war. Bringt der Täter vor, er habe fest damit gerechnet, der Getäuschte werde den Vertrag vor Austausch der Leistungen stornieren oder widerrufen, dann hat er den Schadenseintritt nicht billigend in Kauf genommen, sondern sich auf das Ausbleiben des Erfolges verlassen, es werde schon alles gut gehen. Es fehlt ihm der Vorsatz bezüglich der Vermögensbeschädigung, so daß eine Bestrafung wegen versuchten Betruges nicht möglich ist.

---

77 *Riemann*, Vermögensgefährdung, S. 62.

78 *Arzt*, in Arzt/Weber, LH 3, Rdnr. 430, 450.

79 *Cramer*, in Schönke/Schröder, § 263, Rdnr. 61 m.w.N.

80 *Arzt*, in Arzt/Weber, LH 3, Rdnr. 430; *Riemann*, S. 61 f.

81 *Riemann, S.* 65 f.

82 BGH NJW 1953, 836.

83 BGH NJW 1985, 2280.

Meistens wird jedoch bei einer solchen Beurteilung der Vermögensgefährdung eine Bestrafung wegen Versuchs erfolgen, weil der täuschende Täter damit rechnet, daß sich das Opfer mit dem Vermögensverlust abfindet und nichts unternimmt[84]. Denn es entspricht wohl der Lebenserfahrung anzunehmen, daß, wer durch Täuschung den Vertragsschluß erreicht hat, es billigend in Kauf nimmt, daß der Getäuschte auch seinen vertraglichen Verpflichtungen nachkommt[85].

b) Literatur

Von verschiedenen Seiten wurde an dieser Rechtsprechung und herrschenden Lehre Kritik geübt. Von manchen Autoren wird eine Gleichstellung der Vermögensgefährdung mit einer Vermögensbeschädigung gänzlich abgelehnt.

aa) Verstößt die Gleichstellung von Vermögensgefährdung und Vermögensbeschädigung gegen das Analogieverbot im Strafrecht?

Diese Frage kann als weitgehend geklärt betrachtet werden. Aus dem Grundsatz der Gesetzesbestimmtheit im Strafrecht folgt, daß eine Analogie zuungunsten des Täters unzulässig ist. Ein Rechtssatz darf nicht auf einen von ihm nicht erfaßten, aber dem geregelten rechtsähnlichen Sachverhalt angewendet werden und neue Rechtssätze dürfen nicht aus einem ähnlichen, schon bestehenden entwickelt werden. Zusammenfassend heißt das, daß wegen Art. 103 Abs. 2 GG keine neuen Straftatbestände geschaffen und bestehende nicht ausgeweitet werden dürfen[86]. Gerade an die Ausweitung eines bestehenden Straftatbestandes erinnert aber die Gleichsetzung von Vermögensgefährdung und Vermögensschaden[87] und dies wird zum Teil auch in der Literatur angenommen.

(1) Die Ansicht *Watzkas*

Watzka hat der Rechtsprechung eine Analogie zuungunsten des Täters vorgeworfen, denn „indem sie seit Jahrzehnten die Vermögensgefährdung dem Vermögensschaden gleichsetzt, legt sie das objektive Tatbestandsmerkmal „Schaden“ nicht mehr extensiv aus, sondern wendet den Begriff „Vermögensgefährdung“ dem ersteren analog an. Dies stelle jedoch „eine unzulässige Analogie zuungunsten des Täters“ dar[88].

---

84 *Arzt*, in Arzt/Weber, LH 3, Fn. 51 zu Rdnr. 453.

85 *Meyer*, MDR 1971, 718, 720.

86 *Tröndle*, § 1, Rdnr. 10.

87 *Riemann*, Vermögensgefährdung, S. 6.

88 *Watzka*, Vermögensgefährdung, S. 4.

(2) Die Meinung *Ottos*

Nach Ansicht *Ottos* kann eine Vermögensgefährdung, auch eine „konkrete", schon begriffsnotwendig nicht identisch mit dem eingetretenen Schaden sein. Deswegen stelle die Auslegung der Vermögensgefährdung als Vermögensschaden einen eklatanten Verstoß gegen Art. 103 GG dar[89]. Dabei handelt es sich jedoch nicht um einen argumentativen Vorwurf, denn *Otto* setzt nur an der Terminologie an. Dies kann daher auch als terminologische oder Scheinkritik bezeichnet werden[90].

Otto selbst hat diese Ansicht in neuerer Zeit eingeschränkt. Er hält den Begriff nicht mehr für verfassungswidrig, sondern für doppeldeutig und zu weit. Hinter der sprachlichen Ungenauigkeit verberge sich folgende sachlich richtige Aussage: „... jene Vermögensgefährdungen, die zu einer Vermögenswertminderung führen, begründen den Schaden des § 263"[91]. Er hält jedoch an seiner Kritik insoweit fest, als er die Interpretation der konkreten Vermögensgefährdung als Vermögensschaden durch die herrschende Meinung für verfassungswidrig hält, solange sie ihre inhaltliche Aussage nicht kläre[92]. Er wendet sich damit gegen die kritiklose Benutzung der Worthülse „konkrete Vermögensgefährdung", die in der Rechtsprechung immer wieder vorkomme. Um eine grundsätzliche, von verfassungsrechtlichen Bedenken getragene Ablehnung des Begriffs der Vermögensgefährdung handelt es sich nicht mehr. *Otto* nimmt nur eine Verlagerung vor, die keine sachliche Veränderung mit der Folge einer wesentlich anderen Beurteilung bewirkt. Er verzichtet zwar auf den Begriff der Vermögensgefährdung, nicht aber auf die Anerkennung eines Schadens im Gefährdungsbereich[93]. Damit läßt sich festhalten, daß sich *Otto* durchaus auf dem Boden der herrschenden Meinung befindet, dies nur nicht offen darlegt.

Dem Vorwurf, die Gleichsetzung des Begriffs der Vermögensgefährdung mit der Vermögensbeschädigung verstoße gegen das Analogieverbot, läßt sich folgendes entgegenhalten:

Bei genauerer Betrachtung läßt sich feststellen, daß zu den anderen Bereichen des Strafrechts ein Unterschied besteht, der die Einbeziehung der Vermögensgefährdung in den Vermögensschaden im Gegensatz zum sonstigen Strafrecht begründet. Nach wirtschaftlicher Betrachtungsweise ist eine gefährdete Vermögensposition gegenüber einer ungefährdeten in ihrem Wert beeinträchtigt. Eine Vermögensgefährdung wird daher nicht dem Vermögensschaden gleichgeachtet, sondern sie stellt einen Vermögensschaden dar[94]. Es handelt sich demnach nur um eine

---

89 *Otto*, Grundkurs BT, S. 210.

90 *Hefendehl*, Vermögensgefährdung, S. 64, 65.

91 *Otto*, JZ 1993, 652, 658; Jura 1991, 494, 495.

92 *Otto*, Jura 1991, 494, 495.

93 *Riemann*, Vermögensgefährdung, S. 23.

94 *Lackner*, in LK, § 263, Rdnr. 152.

quantitative, nicht um eine qualitative Unterscheidung hinsichtlich des Grades der Beeinträchtigung[95]. Man kann die Vermögensgefährdung auch als Umschreibung eines Kontinuums auffassen, bei der in zeitlicher Hinsicht die Grenze des für den Vermögenschaden Relevanten bereits überschritten worden ist[96].

Da es sich nur um eine Grenzziehung bezüglich des quantitativen Ausmaßes handelt, kann von einer Analogie keine Rede sein. Aus diesem Grund wird teilweise auch versucht, durch eine neue Begriffsbestimmung dem Schluß auf eine Analogie vorzubeugen. So hat *Riemann* vorgeschlagen, statt schadensgleicher Vermögensgefährdung den Begriff „schadensdarstellender Vermögensgefährdung" zu verwenden[97]. Es fragt sich aber, ob durch den Austausch der Begriffe für die Abgrenzung des Schadens vom Nichtschaden etwas gewonnen werden kann. Zudem gehört der Begriff der schadensgleichen oder schädigenden Vermögensgefährdung seit 100 Jahren zur Terminologie der Rechtsprechung, so daß es unrealistisch wäre, einen neuen Begriff prägen zu wollen[98].

(3) Die Auffassung *Nauckes*

Auch *Naucke* hat grundsätzliche Bedenken gegen die Einbeziehung der Vermögensgefährdung in den Begriff des Vermögensschadens vorgebracht[99]. Er befürwortet eine historische oder subjektive Auslegung, die sich an der Entstehungsgeschichte und dem Willen des historischen Gesetzgebers orientiert[100]. Bereits die Anerkennung des wirtschaftlichen Vermögensbegriffs stellt sich danach als unzulässige objektive Auslegung dar. Daher ist auch eine Einbeziehung der Gefährdung in den Vermögensbegriff nicht möglich[101]. Dies begründet *Naucke* damit, daß er nicht nur den Vermögensbegriff des § 263, sondern auch das Analogieverbot des Art. 103 Abs.2 GG historisch auslegt[102]. Da die Schöpfer des Grundgesetzes dieses aus dem preußischen Strafgesetzbuch übernommen hätten, sei der den Grundsatz „nullum crimen sine lege" enthaltende § 2 PrStGB für die Auslegung des Art. 103 GG heranzuziehen. Danach sei nicht nur die Analogie verboten, vielmehr bestehe auch das Gebot einer historischen Auslegung. Nur durch Kommentierungsverbote und strengste richterliche Bindung an den historischen Willen des Gesetzgebers sei

---

95 *Cramer*, Vermögensbegriff; *Lackner*, in LK, § 263, 152; *Lenckner*, JZ 1971, 320.

96 *Hefendehl*, Vermögensgefährdung, S. 258.

97 *Riemann*, Vermögensgefährdung, S. 7.

98 *Hefendehl*, Vermögensgefährdung, S. 130.

99 *Naucke*, Betrug, S. 200 ff.

100 Gegen die ganz herschende Meinung, die eine Synthese zwischen objektiv-teleologischer und subjektiver Auslegungsmethode vertritt, siehe dazu *Eser*, in Schönke/Schröder, § 1, Rdnr. 43.

101 *Naucke*, Betrug, S. 215.

102 *Naucke*, Betrug, S. 182 ff.

dem nachzukommen[103]. Daraus folgt für *Naucke*, daß auch für die Auslegung des Betruges auf das PrStGB zurückgegriffen werden muß[104].

Gegen diese Auffassung *Nauckes* sprechen grundsätzliche Bedenken. Das Strafrecht kann seiner „Gegenwartsaufgabe der Strafsatzung"[105] nicht gerecht werden, wenn verkannt wird, daß unser Rechtssystem keine konstante Größe bildet, sondern daß es immer wieder neu überdacht werden muß, um auf neue, nicht vorhersehbare Verhaltensweisen angemessen zu reagieren[106]. Der Gesetzgeber des preußischen Strafgesetzes konnte beispielsweise die technische Entwicklung des 20. Jahrhunderts keineswegs voraussehen. Daß unter einen Tatbestand auch spätere, bei Erlaß des Gesetzes noch unbekannte technische Entwicklungen subsumiert werden können, wurde wiederholt anerkannt[107]. *Eser* verweist beispielsweise auf die Einordnung der bei Gesetzeserlaß noch unbekannten Schallplatte als Darstellung i.S.v. § 184 Nr. 1 StGB und das Filmvorführen als Ausstellen einer Abbildung im Sinne dieser Vorschrift[108].

Zusammenfassend läßt sich festhalten, daß die Gleichsetzung von schadensgleicher Vermögensgefährdung und Vermögensbeschädigung keinen Verstoß gegen das Analogieverbot darstellt.

bb) Der Rechtsprechung folgende Literatur

Zum Teil wird in der Literatur der Rechtsprechung des Bundesgerichtshofs ohne Bedenken oder Einschränkungen zugestimmt[109]. Demzufolge wird nur verlangt, daß sich die Gefahr schon auf den aktuellen Vermögensbestand mindernd auswirken muß. Außerdem wird betont, daß die Vermögensgefährdung konkret sein muß.

cc) Kritische Literaturstimmen

Daneben wurde jedoch auch von verschiedenen Autoren versucht, dem Merkmal der Vermögensbeschädigung durch eine engere Auslegung des Begriffs der Vermögensgefährdung schärfere Konturen zu geben.

---

103 *Naucke*, Betrug, S. 189.

104 *Naucke*, Betrug, S. 214.

105 *Maurach/Zipf*, Strafrecht AT I, § 9, Rdnr. 22.

106 *Eser*, in Schönke/Schröder, § 1, Rdnr. 42.

107 *Eser*, in Schönke/Schröder, § 1, Rdnr. 45.

108 *Eser*, in Schönke/Schröder, § 1, Rdnr. 45 mit Verweis auf RGSt 47, 407 und 39, 183.

109 *Arzt*, in Arzt/Weber, LH 3 Rdnr. 448 ff.; *Blei*, BT S. 236 ff.; *Bockelmann*, Strafrecht BT 1, S. 81; *Haft*, BT, S. 215; *Krey*, BT 2, Rdnr. 448 ff.; *Maurach/Schroeder/Maiwald*, Strafrecht BT 1, § 41, Rdnr. 123 ff.; *Wessels*, BT 2, Rdnr. 554.

(1) Die Ansicht *Schröders*

Schröder hat eine solche Einschränkung hauptsächlich, jedoch nicht ausschließlich, auf dem Gebiet des Eingehungsbetruges gemacht. Er wirft der Rechtsprechung vor, Gefährdung und Schaden zu großzügig gleichzusetzen und dadurch im Bereich der Vermögensdelikte den Versuchsraum ungerechtfertigt einzuschränken[110]. *Schröder* wendet sich gegen die Vorverlagerung der Vollendung des Betrugstatbestandes in den Versuchsbereich, da eine Gefährdung den typischen Fall des Versuchs darstelle[111]. Die Bedeutung der Versuchsstrafe liege ja gerade darin, den Täter schon für die bloße Gefährdung eines fremden Rechtsguts zur Verantwortung zu ziehen[112]. Daher kann nach *Schröder* eine Gefährdung nur dann einer Vermögensbeschädigung gleichkommen, wenn der Getäuschte eine Situation geschaffen hat, in der der endgültige Verlust des Vermögenswerts nicht mehr wesentlich von seinem Zutun abhängt. Es kommt also darauf an, ob der Getäuschte das Geschehen endgültig aus der Hand gegeben hat.[113] Eine Vermögensgefährdung kann nur dann als echte Schädigung angesehen werden, wenn die gefährdende Reaktion des Getäuschten dem Täter eine unmittelbare Zugriffsmöglichkeit auf das Vermögen des anderen verschafft. Dagegen ist dies zu verneinen, wenn es für die Herbeiführung des Schadens weiterer Handlungen des Getäuschten oder anderer Personen bedarf[114].

Dagegen differenziert *Schröder* nicht danach, ob das Opfer tätig werden muß oder ob es untätig das weitere Geschehen abwarten kann.

Lackner hat gegen *Schröders* Ansicht vorgebracht, sie stelle einen Bruch mit der wirtschaftlichen Betrachtungsweise dar, denn sie ermittele nicht mehr die aktuelle Werteinbuße, sondern setze an ihre Stelle den endgültigen Verlust, während sie die (auch eindeutige) Wertminderung dem Versuchsbereich zuweise. Dies führe aber dazu, daß „der Wertermittlung ein aus einem anderen dogmatischen Zusammenhang stammendes Prinzip aufgepfropft“ werde, wodurch die Wertermittlung weitgehend ausgeschaltet werde[115].

(2) Die Meinung *Cramers*

Cramer dagegen versucht, eine Eingrenzung des Begriffs der Vermögensgefährdung durch eine engere Anlehnung an die Vorschriften des Zivilrechts zu erreichen. Eine Einschränkung der Strafbarkeit im Bereich der Vermögensgefährdung kann

110 *Schröder*, JZ 1965, 513, 516.

111 *Schröder*, in Schönke/Schröder, 17. Aufl., § 263, Rdnr. 100.

112 *Schröder*, in JZ 1965, 513, 516.

113 *Schröder*, in Schönke/Schröder, 17. Aufl., § 263, Rdnr. 100.

114 *Schröder*, JZ 1965, 513, 516.

115 *Lackner*, in LK, § 263, Rdnr. 153.

nach *Cramer* nur ein Vermögensbegriff gewährleisten, der auf eine Harmonisierung des Schadens- und Interessenausgleichs abzielt. Da das Zivilrecht genaue Aussagen darüber enthalte, wann sich die Gefahr für ein Vermögensgut so weit verdichtet habe, daß ein Ausgleich nötig ist, will er diese zivilrechtlichen Wertungen in das Strafrecht übernehmen, um den Bereich der Vermögensgefährdung einzugrenzen[116]. Als Beispiel führt er den Grundbuchberichtigungsanspruch des § 894 BGB für denjenigen, dessen Recht nicht richtig eingetragen ist, und den Kondiktionsanspruch eines abstrakten Schuldanerkenntnisses an. In beiden Fällen besteht ein zivilrechtlicher Anspruch auf Beseitigung der Umstände, aus denen sich das Gefahrenmoment ergibt[117]. Nur unter dem Primat des Zivilrechts könne der strafrechtliche Schadensbegriff seine Bestimmtheit und Vorausberechenbarkeit zurückerlangen. Eine Vermögensgefährdung ist nach *Cramer* nur dann als Nachteil zu bewerten, wenn auch die übrige Rechtsordnung an die Gefährdung rechtliche Konsequenzen knüpft[118]. Nur wenn also durch das Zivilrecht ein Ausgleich, durch Schadensersatz oder einen Anspruch auf Beseitigung gewährt wird, liegt demnach eine schadensgleiche Vermögensgefährdung vor[119].

Gegen *Cramers* Ansicht von der Orientierung an den zivilrechtlichen Ausgleichsmöglichkeiten und vom Primat des Zivilrechts spricht, daß sie sich nicht widerspruchsfrei zu Ende denken läßt. Es läßt sich nicht zweifelsfrei klären, welche zivilrechtlichen Ausgleichsmöglichkeiten zur Begründung einer Vermögensgefährdung geeignet sind. Sollten dies alle in Betracht kommenden sein, dann fiele auch das Anfechtungsrecht des § 123 BGB darunter, und dieses besteht im Falle des Betruges immer. Dann ist für die Abgrenzung von abstrakter Gefährdung und schadensgleicher Vermögensgefährdung auch vom Zivilrecht her nichts gewonnen[120]. Wenn aber nur manche und nicht durchgehend alle Ausgleichsmöglichkeiten herangezogen werden können, ist das Ergebnis doch wieder eine am Einzelfall orientierte und nicht mit Hilfe von *Cramers* Denkmodell gefundene Entscheidung. Dazu kommt, daß auch Fallkonstellationen denkbar sind, in denen das Zivilrecht einen Ausgleichsanspruch gerade nicht vorsieht, beispielsweise die Fälle des Unterlassens der Geltendmachung von Forderungen oder die Fälle des Eingehungsbetruges, in denen es gar nicht zu einem wirksamen Vertragsschluß kommt[121].

---

116 *Cramer*, Vermögensbegriff, S. 131.

117 *Cramer*, Vermögensbegriff, S. 131, 132.

118 *Cramer*, Vermögensbegriff, S. 132.

119 *Cramer*, in Schönke/Schröder, § 263, Rdnr. 143.

120 *Lenckner*, JZ 1971, 320, Fn. 11.

121 *Riemann*, Vermögensgefährdung, S. 54, 55.

(3) Die von *Lenckner* vertretene Auffassung

Auch *Lenckner* hat eine Einschränkung des Begriffs der Vermögensgefährdung versucht[122]. Obwohl sich seine Äußerungen in erster Linie auf die Rechtsprechung zum Eingehungsbetrug beziehen, soll seine Auffassung hier kurz dargestellt werden. *Lenckner* sieht die Gefahr einer fortschreitenden Aufweichung des Tatbestandsmerkmals der Vermögensbeschädigung und will, um dem entgegenzuwirken, den Begriff der Vermögensgefährdung auf einen engen, wenigstens relativ eindeutigen Kernbereich reduzieren[123]. Unter Zugrundelegung des wirtschaftlichen Vermögensbegriffs kann danach eine Vermögensgefährdung nur dann einen Schaden darstellen, wenn „sich die Gefahr einer realen Einbuße bereits so sehr verdichtet hat, daß diese nach einem objektiven Urteil praktisch schon jetzt abgeschrieben werden könnte“[124]. Soweit unterscheidet sich die Auffassung *Lenckners* nicht nennenswert von der herrschenden Ansicht, daß eine Vermögensgefährdung schon dann einen Schaden darstellen kann, wenn die Ungewißheit über den Eintritt die gegenwärtige Position mindert[125]. Denn hier werden nur für das gleiche wirtschaftliche Phänomen, daß schon die Unsicherheit über den möglicherweise eintretenden Verlust einen bestehenden Vermögenswert schmälern kann, verschiedene Worte gefunden. *Lenckner* konkretisiert diesen Ansatzpunkt jedoch noch weiter: Es kommt darauf an, ob der Täter eine Position erlangt hat, in der er den fraglichen Vermögenswert unmittelbar und ohne Schwierigkeiten realisieren kann. Dann hat nämlich der Betroffene den Vermögenswert nur noch faktisch in seinem Vermögen, kann mit ihm aber vernünftigerweise nicht mehr rechnen.

Ähnlich wie *Lenckner* äußert sich auch *Eser*: eine schadensgleiche Vermögensgefährdung kann erst dann angenommen werden, wenn es nicht mehr in der Hand des Getäuschten, sondern bereits allein in der des Täters liegt, ob die geschaffene Gefährdung tatsächlich in einen endgültigen Vermögensschaden umschlägt[126].

(4) Die Meinung *Lackners*

Der Ansatzpunkt *Lackners*[127] und der einiger ihm zustimmender Stimmen[128] in der Literatur ist ähnlich, weil auch er als entscheidendes Kriterium die Beherrschbarkeit der Situation heranzieht, jedoch weniger weitgehend. Danach kann eine einem Vermögensschaden gleichzusetzende Vermögensgefährdung jedenfalls nicht

122 *Lenckner*, JZ 1971, 320 ff.
123 *Lenckner*, JZ 1971, 320, 321.
124 *Lenckner*, JZ 1971, 320, 322.
125 Siehe schon RGSt 16, 1, 11.
126 *Eser*, Strafrecht IV, 137 Rdnr. 39.
127 *Lackner*, in LK, § 263, Rdnr. 153.
128 *Samson*, in SK, § 263, Rdnr. 167; *Trifterer* NJW 1975, 612, 616; *Tröndle*, § 263, Rdnr. 31.

darin gesehen werden, daß der Getäuschte durch die Vermögensverfügung in eine Lage gebracht wird, die ihn nur der Gefahr aussetzt, demnächst selbst eine Handlung vorzunehmen, die ihrerseits eine spürbare wirtschaftliche Schlechterstellung bewirkt[129]. Denn in der Außenwelt ist bis zu diesem Zeitpunkt noch nichts geschehen, was ihn schon als wirklich geschädigt erscheinen lassen könnte. Vielmehr hängt hier noch alles von ihm selbst und seinen weiteren Entschließungen ab. Dem stellt *Lackner* im Unterschied die Fälle gegenüber, in denen die Vermögensverfügung die Wahrscheinlichkeit begründet, daß ein Täter oder ein Dritter die endgültige schädigende Handlung vornehmen wird.[130] Es kommt also darauf an, ob der Getäuschte die tatsächlich schädigende Handlung noch vornehmen muß, was für eine schadensgleiche Vermögensgefährdung nicht ausreicht, oder ob der Täter oder ein Dritter sie vornehmen wird, was zur Bejahung der schadensgleichen Vermögensgefährdung führt.

Zu dem ersten Gesichtspunkt *Lackners*, daß eine schadensgleiche Vermögensgefährdung jedenfalls dann ausscheidet, wenn nur die Gefahr besteht, daß der Getäuschte selbst weitere, dann erst schädigende Handlungen vornehmen wird, ist zu bemerken, daß es sich hierbei um eine reine Negativabgrenzung handelt. Daher kann ihr auch in dieser Allgemeinheit zugestimmt werden. Grundsätzlich ist die Frage danach, ob das Opfer die Situation noch beherrscht, der richtige Ansatzpunkt. Fraglich ist jedoch, ob damit schon alle Fallkonstellationen entschieden werden können.

(5) Die Ansicht *Riemanns*

Riemann untersucht in seiner Arbeit über die Vermögensgefährdung, ob es einen Kernbereich der schadensdarstellenden Vermögensgefährdung gibt, und ob sich aus ihm Kriterien für außerhalb des Kernbereichs liegende Fallkonstellationen ergeben. Er möchte insbesondere beim Eingehungsbetrug[131] den Bereich der Versuchsstrafbarkeit aus kriminalpolitischen Erwägungen heraus ausdehnen[132]. Dazu schlägt er eine Rückbesinnung auf die Ursprünge der Gleichsetzung von Gefahr und Schaden vor. Vier Fallgruppen ordnet er dem Kernbereich der schadensgleichen Vermögensgefährdung zu: Kreditbetrug und verwandte Fälle[133], Fälle mit unmittelbarer Zugriffsmöglichkeit des Täters unter Zuhilfenahme staatlicher Einrichtungen[134], Fälle des weitgehenden Ausschlusses von Einwendungen bei rechtsgrundgelösten

129 *Lackner*, in LK, § 263, Rdnr. 153.
130 *Lackner*, in LK, § 263, Rdnr. 153.
131 *Riemann*, Vermögensgefährdung, S. 91.
132 *Riemann*, Vermögensgefährdung, S. 101.
133 *Riemann*, Vermögensgefährdung, S. 133 ff.
134 *Riemann*, Vermögensgefährdung, S. 146 ff.

Schuldverhältnissen[135] und die Fälle des Unterlassens der Geltendmachung von Forderungen[136].

Riemann begründet die Zuordnung dieser Fallgruppen zum Kernbereich der Vermögensgefährdung nur mit der allgemein anerkannten Zugehörigkeit in Literatur und Rechtsprechung[137]. Es erscheint jedoch fraglich, ob allein unter Rückgriff auf anerkannte Fallgruppen die Abgrenzung geschehen kann. Insbesondere werden keine Kriterien dargelegt, anhand derer die Zugehörigkeit bestimmt werden kann[138].

(6) Die von *Hefendehl* vorgeschlagene Lösung

Hefendehl nähert sich in seiner Monographie zur Vermögensgefährdung und den Exspektanzen dem Problem der Bestimmung der schadensgleichen Vermögensgefährdung zum einen von der bilanzrechtlichen Seite. Er stellt darauf ab, ob Vermögenspositionen wie Forderungen in der Handelsbilanz abzuschreiben bzw. mit dem wahrscheinlichen Wert anzusetzen sind[139]. Zum anderen zieht er ein „durch das Zivilrecht konstituiertes" Herrschaftsprinzip bei der Bestimmung von Vermögensgefährdung und Exspektanz heran[140]. Nur soweit der einzelne Herrschaft über Vermögenswerte hat, können sie seinem Vermögen zugeordnet werden. Voraussetzung für diese Herrschaft ist, daß eine zivilrechtlich anerkannte Durchsetzungsmöglichkeit zur Verfügung steht. Beide Ansätze werden dadurch miteinander verknüpft, daß der potentielle Vermögensträger, wenn er keine Chance sieht, seinen Vollwert gegenüber Dritten zu verteidigen, dann eine negative Hypothese über die Durchsetzbarkeit fällen und den Wert abschreiben muß[141]. Sowohl das Bilanzrecht, insbesondere in Gestalt des Überschuldungsstatus, ebenso wie die Unternehmensbewertung in Gestalt des Substanzwertes sind nach *Hefendehl* geeignet, das Tatbestandsmerkmal des Vermögensschadens zu konkretisieren[142].

Alsdann bildet er zur Konkretisierung dieses Grundgedankens verschiedene Fallgruppen und differenziert danach, ob die Gefahr aus dem Umfeld des Täuschenden, des Getäuschten als Werkzeug seiner selbst, von dritter Seite her stammt, oder ob sich die Gefahr bereits verwirklicht hat. In diesen vier Fallgruppen unter-

---

135 *Riemann*, Vermögensgefährdung, S. 149 ff.

136 *Riemann*, Vermögensgefährdung, S. 155 ff.

137 Siehe beispielsweise die Begründung auf S. 133: „ist zum Kernbereich zu zählen" mit Verweis auf die Rechtsprechung; und S. 147: „gehört zu den klassischen Fällen, in denen Rechtsprechung und Lehre eine ... Vermögensgefährdung annehmen".

138 *Hefendehl*, Vermögensgefährdung, S. 75.

139 *Hefendehl*, Vermögensgefährdung, S. 166 ff., 272.

140 *Hefendehl*, Vermögensgefährdung, S. 115 ff.

141 *Hefendehl*, Vermögensgefährdung, S. 117.

142 *Hefendehl*, Vermögensgefährdung, S. 191.

scheidet er weiter, ob der schadensrelevanten Gefahr von Seiten des Getäuschten begegnet werden kann oder nicht[143].

Dem bilanzrechtlichen Ansatzpunkt *Hefendehls* sind folgende Kritikpunkte entgegenzusetzen: Zum einen ist fraglich, ob das Bilanzrecht wirklich der rechtssicheren Präzisierung des Vermögensschadens dient und klare Abgrenzungskriterien bieten kann, denn die Saldierung nach kaufmännischen Grundsätzen stellt letztendlich auch wieder eine Wertungsfrage dar[144]. Dieser Kritik stellt *Hefendehl* jedoch selbst entgegen, daß letztendlich die Meßgröße von Geld außer in den Ausnahmefällen von Bargeld, Bankguthaben auf der Aktivseite und unbestrittenen Geldschulden auf der Passivseite nie von vornherein feststeht, sondern durch eine komplizierte und streitige Bewertung ermittelt werden muß[145]. Diese auch sonst auftretenden Schwierigkeiten bei der Bemessung heben nun aber die Schwierigkeiten bei der bilanzrechtlichen Bemessung nicht auf und streiten nicht schon deswegen für diese Betrachtungsweise. Zudem hat im Wirtschaftsverkehr unter Umständen schon die entfernteste Gefahr Einfluß auf die Wertschätzung eines Gutes[146]. Zweitens stellt sich jedoch die Frage nach der praktischen Durchführbarkeit im alltäglichen strafrichterlichen Gebrauch. *Hefendehl* selbst weist darauf hin, daß der Kreis der in den Betrug Verwickelten nicht identisch ist mit dem der Bilanzierungspflichtigen. Zwar hält er selbst dem entgegen, daß es sich auch bei Privathaushalten oft als nützlich und möglich erweisen wird, sich durch Bilanzen eine Übersicht über ihre Situation zu verschaffen[147]. Dennoch bleibt die Frage nach der praktischen Realisierbarkeit, solange weder alle Richter und Staatsanwälte und vor allem auch die potentiellen Opfer nicht Bilanzen erstellen oder lesen können müssen.

Dagegen erscheint die Heranziehung des Beherrschbarkeitsgedankens, seine Fallgruppenbildung und insbesondere das Abstellen darauf, von welcher Seite die Gefahr droht und wie ihr begegnet werden kann, als entscheidender und richtiger Ansatzpunkt.

dd) Kritik, die an dem Merkmal der Konkretheit ansetzt

Einige Autoren beziehen ihre Kritik an der Vermögensgefährdung auf das einschränkende Merkmal der Konkretheit. Zwar wird in der Literatur stets gefordert, daß es sich um eine konkrete Vermögensgefährdung handeln müsse, um vollendeten Betrug annehmen zu können[148]. „Konkret“ wird hier so verstanden, daß die

---

143 *Hefendehl*, Vermögensgefährdung, S. 259.

144 *Riemann*, Vermögensgefährdung, S. 27.

145 *Hefendehl*, Vermögensgefährdung, S. 194.

146 *Lackner*, in LK, § 263 Rdnr. 151.

147 *Hefendehl*, Vermögensgefährdung, S. 170.

148 *Krey*, BT 2, Rdnr. 448; *Lackner*, in LK, § 263, Rdnr. 153; *Wessels*, BT 2, Rdnr. 554.

Umstände des zu entscheidenden Einzelfalles für die Gleichstellung der Vermögensgefährdung mit einem Schaden erforderlich sind. Nach *Eser* muß die Gefahr so konkret sein, daß sie jederzeit in einen Schaden umschlagen kann[149]. Charakteristisch für die Auseinandersetzung mit dem Begriff der Konkretheit der Vermögensgefährdung ist die Darstellung im Lehrbuch von *Krey*: Das Adjektiv „konkret" wird nicht näher erklärt, sondern fett gedruckt[150].

(1) Der Lösungsvorschlag *Seelmanns*

Er versucht eine deutlichere Bestimmung des Merkmals der Konkretheit über eine Heranziehung und einen Vergleich der Grundsätze der konkreten Gefährdungsdelikte mit dem Gefährdungsbegriff der konkreten Vermögensgefährdung zu erreichen. Er weist zu Recht darauf hin, daß es sich beim Betrug um ein Erfolgsdelikt handelt, daß demnach die Anforderungen an den Gefahrbegriff höher sein müssen als bei den konkreten Gefährdungsdelikten[151].

Seelmann zieht jedoch aus diesem Vergleich einen weiteren Schluß. Bei den konkreten Gefährdungsdelikten ist das Fehlen der Beherrschbarkeit der Gefahr durch den Täter eine Voraussetzung des Gefahrbegriffs. Er will daher aber auch bei der konkreten Vermögensgefährdung als entscheidend betrachten, ob der Täter den Eintritt der Gefahr noch beherrschen konnte. Eine schadensgleiche Vermögensgefährdung soll nur dann vorliegen, wenn der Täter den Eintritt der Gefahr nicht mehr beherrschen kann[152].

Sicher verdient der grundlegende Gedanke, daß die konkrete Vermögensgefährdung nicht abstrakter sein kann als die Gefahr bei den konkreten Gefährdungsdelikten, uneingeschränkte Zustimmung. Fraglich ist jedoch, wieviel allein damit für die Bestimmung des Merkmals „konkret" bei der Vermögensgefährdung gewonnen ist. Zudem sind allein mit dem Erfordernis des Fehlens der Beherrschbarkeit der Gefahr durch den Täter, nicht alle Fälle der Vermögensgefährdung zu lösen. Insbesondere bleiben die Fälle des Kreditbetruges danach ungelöst, in denen der Täter und Kreditnehmer zahlungsunwillig ist und die Gefahr also nur noch von ihm, der seinen Willen zu ändern braucht, abhängt[153]. Zudem läßt sich auch ein grundlegender Unterschied bezüglich der tatsächlichen Entwicklung zwischen dem Vermögensdelikt des Betruges und den konkreten Gefährdungsdelikten beispielsweise des Verkehrsstrafrechts feststellen. Bei den konkreten Gefährdungsdelikten folgt die Strafwürdigkeit aus der Schaffung einer konkreten Gefahr, in der sich

149 *Eser*, Strafrecht IV, 13/Rdnr. 34.
150 *Krey* BT 2, Rdnr. 448.
151 *Seelmann*, JR 1986, 346, 347.
152 *Seelmann*, JR 1986, 346, 347.
153 *Riemann*, Vermögensgefährdung, S. 26.

Sachverhalt außerhalb des menschlichen Beherrschungsvermögens weiterzuentwickeln pflegen. Beispielsweise verletzen Kraftfahrzeuge Menschen, weil der Fahrer infolge Alkoholgenusses sie nicht mehr lenken kann. Hierauf haben Menschen und ihre Entscheidungen, nachdem die Gefahr einmal geschaffen wurde, keinen Einfluß mehr. Ganz anders liegt es dagegen beim Betrug. Sowohl die Vermögensverfügung, beispielsweise ein Vertragsschluß, als auch die weitere Entwicklung wie z.B. die Abwicklung des Vertrages, hängen von Entscheidungen innerhalb des menschlichen Beherrschungsvermögens ab. Aus diesem Grund erweist sich die Parallele zu den konkreten Gefährdungsdelikten nicht als tragfähig.

(2) Die von *Haft* vertretene Ansicht

Er nähert sich dem Begriff der Konkretheit von der anderen Seite. Die Vermögensgefährdung ist seiner Ansicht nach nur dann konkret, wenn der Vermögensträger der Gefahr nicht mehr wehren kann. Es kommt also im Unterschied zu *Seelmann* darauf an, ob der Eintritt der Gefahr vom Opfer, vom Getäuschten noch beherrschbar ist. Kann er sie nicht mehr beherrschen und nicht mehr abwenden, liegt nach *Haft* eine schadensgleiche konkrete Vermögensgefährdung vor[154]. Dies ist der Gesichtspunkt der Beherrschbarkeit des Geschehens, der auch bei *Lackner* und *Lenckner* herangezogen wird, er wird hier an dem Merkmal der Konkretheit festgemacht.

c) *Zwischenergebnis*

Im Rahmen einer vorläufigen Stellungnahme läßt sich zusammenfassend festhalten, daß von verschiedenen Ansichten der entscheidende Gesichtspunkt herausgearbeitet wurde: Es muß darauf ankommen, ob es noch irgendwie in der Hand des Getäuschten liegt, oder ob es bereits allein in der Hand des Täters liegt, ob die durch den Vertragsschluß geschaffene Gefährdung in einen endgültigen Vermögensschaden umschlägt. Diese Kurzformel basiert auf dem Grundgedanken, daß bei einem Delikt, dessen Vollendung wegen des Merkmals der Vermögensverfügung nur mit Mithilfe des Opfers möglich ist und dessen spezifischer Charakter es ist, daß das Opfer durch sein Handeln selbst an der Schädigung beteiligt ist[155], auch bei der Frage der konkreten Vermögensgefährdung auf die Handlungsmöglichkeiten des Opfers abgestellt werden muß. Dieses Abgrenzungskriterium folgt auch direkt aus dem aus dem Subsidiaritätsprinzip entwickelten Gedanken vom Vorrang der Selbstschutzmöglichkeiten.

---

154 *Haft*, BT, S. 215.
155 *Arzt*, in Arzt/Weber, LH 3, § 263, Rdnr. 382, 394.

2. Die normative Begrenzung des Begriffs der Vermögensgefährdung durch das Merkmal der Konkretheit und ihre Umsetzung in der Praxis

Um nicht jede entfernte Möglichkeit eines Verlustes als schadensgleiche Vermögensgefährdung betrachten zu müssen, wurde als einziges normatives Kriterium in ständiger Rechtsprechung gefordert, daß es sich, um die Vermögensgefährdung dem Schaden gleichstellen zu können, um eine konkrete Gefährdung handeln müsse[156]. Verzichtet man auf eine normative Begrenzung, so wird jede Vermögensbelästigung das Arsenal der ultima ratio des Rechtsgüterschutzes auf den Plan rufen[157]. Konkretheit der Gefährdung wird von den Gerichten so verstanden, daß die Möglichkeit des Verlustes nach den Umständen des Einzelfalles naheliegen muß[158].

Jedoch kommen bei näherer Betrachtung mancher Entscheidungen auf diesem Gebiet Bedenken auf, ob sich die Rechtsprechung an dieses verbal stets anerkannte Erfordernis[159] tatsächlich hält oder ob nur entweder einfach pauschal und im Einzelfall ungeprüft zitiert, schlicht übergangen oder durch wortreiche Erklärungen ersetzt wird. Mit verschiedenen Entscheidungen des Bundesgerichtshofs und der Untergerichte läßt sich die Gefahr, daß dieses Merkmal nur noch als stereotyp verwendete Worthülse verwendet wird, belegen[160].

In einer Entscheidung des Bundesgerichtshofs aus dem Jahr 1970[161] läßt sich feststellen, daß nicht die Umstände des Einzelfalles, sondern allgemeine Erfahrungen auf dem Gebiet des Vertreterwesens die Entscheidung prägen. Ein Vertreter einer Verlagswerbefirma hatte eine Kundin durch unwahre Vorspiegelungen veranlaßt, eine für ihn unbrauchbare Zeitschrift zu abonnieren, wobei jedoch der Firmeninhaber von vornherein bereit war, bei Beanstandung des Bestellers den Vertrag zu stornieren. In den Entscheidungsgründen wird das Erfordernis der konkreten Vermögensgefährdung nicht erwähnt, sondern „eine lebensnahe, nicht einseitig dogmatisch-zivilrechtliche, sondern weitgehend wirtschaftliche Betrachtungsweise“[162] herangezogen. Daher komme die Gefährdung des Vermögens trotz Stornierungsbereitschaft einer Wertminderung gleich. Anlaß zur Unsicherheit bestehe aus verschiedenen Gründen: ob der Getäuschte die Unbrauchbarkeit erkennen werde, ob er die Stornierungsbereitschaft des Verlegers kennt, und ob er den Vertrag beanstanden wird, was wiederum von der Geschäftsgewandtheit, dem Grad des Ärgers und der

---

156 Schon RGSt 73, 61; BGHSt 21, 112.
157 *Seelmann*, JR 1986, 346.
158 BGH NJW 1966, 1975; BGHSt 23, 300; BayObLG NJW 1988, 2550.
159 *Lackner*, in LK, § 263, Rdnr. 153.
160 BGHSt 23, 300; BGH JR 1986, 345; LG Mannheim, NJW 1977, 160.
161 BGHSt 23, 300.
162 BGHSt 23, 300, 303.

Neigung zur Bequemlichkeit abhängt[163]. Hier bedient sich der Bundesgerichtshof, der wenig vorher betont hatte, eine abstrakte Vermögensgefährdung reiche nicht aus[164], bei der Aufzählung dessen, was in solchen Fällen geschehen kann, einer eindeutig abstrakten Betrachtungsweise. Hier hätte anhand des Einzelfalles überprüft werden müssen, ob die getäuschte Bestellerin tatsächlich in Gefahr war, ihr Vermögen zu schädigen, denn diese Gefährdungsfaktoren könne im Einzelfall durchaus gegen Null tendieren[165].

Auch bei der grundlegenden Entscheidung des Bundesgerichtshofs zum Kreditkartenmißbrauch[166] läßt sich die Tendenz feststellen, die Konkretheit vorschnell zu bejahen. Nach Ansicht des Bundesgerichtshofs hätte geprüft werden müssen, ob sich der Angeklagte, der die Kreditkarte später durch nicht gedeckte Einkäufe mißbrauchte, bereits bei der Beantragung der Kreditkarte des Betruges zum Nachteil des die Kreditkarte ausgebenden Instituts schuldig gemacht hatte. Hätte er die Karte bereits durch eine Täuschung über seine Vermögensverhältnisse erlangt und auch schon zu diesem Zeitpunkt die Absicht gehabt, sie mißbräuchlich einzusetzen, dann wäre der Tatbestand des Betruges erfüllt gewesen.

> „Die Aushändigung der Kreditkarte, die in gleicher Weise wie ein Scheckheft einen Vermögenswert verkörpert, an den stark verschuldeten Angeklagten kann bereits eine Vermögensgefährdung zur Folge haben, die das Tatbestandsmerkmal der Vermögensbeschädigung des § 263 erfüllt."[167]

Dem Bundesgerichtshof sieht als entscheidend nicht den Besitz der Kreditkarte an, sondern die daraus resultierende Möglichkeit, sie mißbräuchlich einzusetzen. Damit stellt er aber auf die Wahrscheinlichkeit ab, daß die Karte dazu verwendet wird, bargeldlos einzukaufen. Diese Wahrscheinlichkeit kommt aber einer konkreten Vermögensgefährdung nicht gleich, denn hier wird ja die Erfahrung, wie solche Fälle abzulaufen pflegen, mithin eine abstrakte Betrachtungsweise zugrunde gelegt.

Labsch sieht in dieser Gleichsetzung der noch so hohen Wahrscheinlichkeit mit der konkreten Gefährdung denn auch einen Verstoß gegen das Analogieverbot[168]. Hier wird das Merkmal der Konkretheit schlicht übergangen, so daß es seine Funktion als normative Begrenzung des Begriffs der Vermögensgefährdung nicht wahrnehmen kann.

---

163 BGHSt 23, 300, 303.
164 BGHSt 21, 112.
165 *Lenckner,* JZ 1971, 320, 321.
166 BGH NJW 1985, 2280 f.
167 BGH NJW 1985, 2280, 2281.
168 *Labsch,* NJW 1985, 104, 105.

In einem weiteren Fall[169] hatte der Täter, der in angespannten finanziellen Verhältnissen lebte, bei mehreren verschiedenen Versicherungsunternehmen Unfallversicherungen abgeschlossen, um jede von ihnen im Versicherungsfall, dessen Eintritt er bald erwartete und der auch eintrat, in Anspruch zu nehmen. Die Vorinstanz hatte den Täter wegen Betruges verurteilt und die Vermögensbeschädigung darin gesehen, daß für die Versicherungsunternehmen das Risiko, zu Unrecht in Anspruch genommen zu werden, erheblich größer ist, als wenn er nur bei einer Gesellschaft versichert wäre. Dieses erhöhte Risiko werde durch den Gegenanspruch nicht kompensiert, daher liege eine Vermögensbeschädigung vor. Der Bundesgerichtshof hat diese Betrachtungsweise als zu allgemein gerügt und wegen unzureichender Aufklärung zurückverwiesen.

An dieser Entscheidung wird die Gefahr deutlich, daß der Tatrichter wegen der abstrakten Gefahr, zu Unrecht in Anspruch genommen zu werden, die schadensgleiche Vermögensgefährdung ohne genaue Untersuchung des Risikos im Einzelfall bejaht.

Dasselbe läßt sich bei der sogenannten „Callgirl“-Entscheidung des Landgerichts Mannheim[170] feststellen. Obwohl das Appartement an ein Callgirl zum üblichen Mietzins vermietet wurde, hat das Landgericht Mannheim den Schaden darin gesehen, daß die übrigen Wohnungen des Hauses ihretwegen schwerer zu vermieten seien. Zum anderen seien die Mieteinnahmen vermindert, denn von einem Callgirl könne in der Regel eine höhere Miete verlangt werden. Als schadenbegründendes Merkmal wird der Abschluß des Mietvertrages angesehen, was den von der ganz herrschenden Meinung anerkannten Grundsätzen zum Eingehungsbetrug entspricht[171]. Danach liegt aber ein Schaden nur vor, wenn der Vergleich der erworbenen Ansprüche mit den eingegangenen Verpflichtungen für den Getäuschten negativ ausfällt[172]. Die Gegenleistung ist hier jedoch nicht minderwertig, denn die Mieterin war leistungsfähig und -willig. Die Vermögensgefährdung wurde vielmehr darin gesehen, daß bei Aufnahme ihrer Tätigkeit andere Wohnungen schwieriger zu vermieten waren, was jedoch zum Zeitpunkt des Vertragsschlusses noch nicht feststand. Damit bestand bei Vertragsschluß nur die Gefahr, daß später eine Lage eintritt, die ihrerseits eine Gefahr für das Vermögen darstellt[173]. Es wird daher nicht auf den konkreten Einzelfall abgestellt, sondern die Vermögensgefährdung wird aufgrund abstrakter Betrachtungsweise dem Schaden gleichgestellt.

---

169 BGH JR 1986, 345 ff.

170 LG Mannheim, NJW 1977, 160.

171 Siehe dazu *Arzt*, in Arzt/Weber, LH 3, Rdnr. 446; *Cramer*, in Schönke/Schröder, § 263, Rdnr. 128; *Lackner*, in LK, § 263, Rdnr. 222; *Tröndle*, § 263, Rdnr. 32.

172 *Cramer*, in Schönke/Schröder, § 263, Rdnr. 128.

173 *Beulke*, NJW 1977, 1073.

Diese Beispiele verdeutlichen, daß die Gefahr einer vorschnellen Bejahung der schadensgleichen Vermögensgefährdung trotz des Erfordernisses der Konkretheit durchaus besteht. Auf die Konsequenzen, die sich aus einer solchen Gleichstellung der konkreten Vermögensgefährdung mit der Vermögensbeschädigung ergeben, wurde bereits hingewiesen[174].

B. Ein Anwendungsbereich der Vermögensgefährdung: der Eingehungsbetrug

I. Die gängige Unterscheidung in Eingehungs- und Erfüllungsbetrug

Bei Betrug im Zusammenhang mit Verträgen unterscheidet die ganz herrschende Meinung seit der Grundsatzentscheidung der Vereinigten Strafsenate aus dem Jahr 1887[175] zwischen Betrug bei Eingehung und bei Erfüllung des Vertrages. Eine solche Unterscheidung wird aber nur gemacht, wenn sich Leistung und Gegenleistung gegenüberstehen, nicht jedoch bei einseitigen Verträgen[176]. Sie beruht auf dem Umstand, daß die zivilrechtliche Vermögensverschiebung häufig zeitlich und wegen des Abstraktionsprinzips immer rechtlich getrennt ist. Sie ist entscheidend für die Schadensfeststellung, weil die Berechnungsgrundlagen verschieden sind.

Beim Eingehungsbetrug wird die Vermögenslage vor und nach Abschluß des Vertrages betrachtet. Ein Schaden liegt dann vor, wenn der Vergleich der sich gegenübertretenden Ansprüche ergibt, daß der Wert der von dem Betroffenen übernommenen Verpflichtungen den Wert des Gegenanspruchs übersteigt[177]. Dagegen ergibt sich beim Erfüllungsbetrug ein Schaden daraus, daß der Getäuschte, ohne vorher Opfer eines Eingehungsbetruges geworden zu sein, mehr leistet, als er zu leisten verpflichtet wäre, oder er weniger erhält, als ihm zusteht[178]. Hier werden also Anspruch und erhaltene Leistung miteinander verglichen.

Weil nur beim Eingehungsbetrug Ansprüche mit Gegenansprüchen verglichen werden, spielen hier die Widerrufs- und Rücktrittsrechte die entscheidende Rolle. Ist der Vertrag dagegen schon erfüllt und wird nur noch der Wert der tatsächlichen Erfüllung mit dem Erfüllungsanspruch verglichen, dann ist die Möglichkeit, auf diesen Vergleich durch Rücktrittsrechte einzuwirken, gering. Der überwiegende

174 Siehe dazu oben Teil 2, A. II. 1. a) cc), S. 21.

175 RGSt 16, 1, 10.

176 *Cramer*, in Schönke/Schröder, § 263, Rdnr. 100, 106.

177 *Lackner*, in LK, § 263, Rdnr. 222.

178 *Cramer*, in Schönke/Schröder, § 263, Rdnr. 135.

Teil dieser Arbeit beschäftigt sich daher mit der Auswirkung der Gegenrechte auf den Eingehungsbetrug. Auf die Auswirkungen der Gegenrechte auf den Erfüllungsbetrug wird am Ende der Arbeit kurz eingegangen werden.

II. Die Behandlung des Eingehungsbetruges in Rechtsprechung und Literatur

1. Die Rechtsprechung zum Eingehungsbetrug

a) Die Rechtsprechung des Reichsgerichts

Mit der Frage, ob schon durch Vertragsschluß eine Gefährdung des Vermögens vorliegt und damit ein vollendeter Betrug in Form des Eingehungsbetruges gegeben ist, befaßt sich schon die Entscheidung der Vereinigten Strafsenate des Reichsgerichts 1871[179]. Hier heißt es, daß es „auf den Wert der vom Getäuschten übernommenen Verpflichtung oder der von ihm gemachten Leistung gegenüber dem Werte der Gegenverpflichtung oder der Gegenleistung des Täuschenden" ankommt, und zwar so,

> „daß der Getäuschte infolge der Täuschung sich eine Gegenleistung von zu geringem Wert hat geben oder versprechen lassen, oder daß er seinerseits eine Leistung von zu großem Werte gegeben oder versprochen hat, zu gering oder zu groß wegen des Wertverhältnisses zwischen Leistung und Gegenleistung"[180].

Sowohl die Fallkonstellation, in der sich Forderung und Gegenforderung gegenüberstehen, als auch die, in der sich Besitzverlust und Gegenforderung gegenüberstehen, werden hiervon erfaßt. Eine ausdrückliche Argumentation mit der Vermögensgefährdung findet sich hier nicht.

Auch in RGSt 48,181 ff. hat das Reichsgericht in einem als Betrug bei Eingehung des Vertrages bezeichneten Fall den Besitzverlust der getäuschten Verkäufer mit der erworbenen Gegenforderung, die wegen Zahlungsunwillig- und -unfähigkeit wertlos war, verglichen. Dagegen wurde in RGSt 48,187 ff. ein Fall des Eingehungsbetruges erörtert, bei dem nur die sich aus dem Vertrag ergebenden Ansprüche verglichen wurden. Nach Vergleich der sich gegenüberstehenden Ansprüche wurde hier eine Vermögensbeschädigung bejaht, denn

> „der Vermögensschaden ergibt sich bei dem Betrug, der bei Eingehung des Vertrages begangen wird, durch Vergleichen des Vermögensstandes des Verletzten, wie er vor dem Abschluß des Vertrages bestanden hat, mit dem, der durch den Vertragsschluß herbeigeführt worden ist"[181].

---

179 RGSt 16, 1.

180 RGSt 16, 1, 10.

181 RGSt 68, 379, 380.

Soweit wird nicht deutlich, daß bei der Rechtsprechung zum Eingehungsbetrug die Begründung mittels der Vermögensgefährdung erfolgt. In den meisten Entscheidungen zum Eingehungsbetrug wird dies nicht deutlich gemacht[182], vielmehr beschränken sich die Urteilsbegründungen darauf, die Berechnungsmethode zur Feststellung des Schadens darzustellen. Daß die Rechtsprechung jedoch den Eingehungsbetrug als vollendeten Betrug anerkennt, basiert auf dem Gedanken der Vermögensgefährdung. Dem liegt folgender Gedankengang zugrunde:

Wenn die Täuschung nur den Vertragsschluß, nicht aber einen Austausch der Leistungen zur Folge hat und es bei den gegenseitigen Verpflichtungen der Vertragsparteien bleibt, dann müssen Leistung und Gegenleistung verglichen und die Differenz festgestellt werden. Ergibt sich, daß die Differenz zu Lasten des Getäuschten ausfällt, und steht somit fest, daß sein Vermögen nach dem Vertragsschluß kleiner ist als vorher, dann wird der Vermögensschaden bejaht. Da aber noch keinerlei faktische Vermögensverschiebung stattgefunden hat, muß die Rechtsprechung an dieser Stelle die Vermögensgefährdung konkludent oder ausdrücklich heranziehen, um einen tatsächlich eingetretenen Schaden begründen zu können. Der Abschluß des Vertrages ohne gleichzeitigen Vermögensabfluß führt daher noch nicht zur endgültigen Vermögensminderung, sondern höchstens zu einer Vermögensgefährdung[183]. Da nur der Vertragsschluß der entscheidende Moment ist, kommt es auf den Austausch der Leistungen nach streng wirtschaftlicher Betrachtungsweise nicht mehr an, sondern die Gefahr, durch Erfüllung des Vertrages sich selbst zu schädigen oder die Gefahr, aus der Verpflichtung in Anspruch genommen zu werden, reichen aus. Auch kann die Vermögensgefährdung darin liegen, daß die vom Getäuschten erworbenen Ansprüche minderwertig und in ihrer Durchsetzung erheblich gefährdet sind, weshalb sie in ihrem Wert herabgesetzt sind[184].

b) Die Rechtsprechung des Bundesgerichtshofs und der Obergerichte

Diese Beurteilung des Eingehungsbetruges kann als ständige Rechtsprechung nicht nur des Reichsgericht[185], sondern auch des Bundesgerichtshofs[186] und der Oberge-

182 *Riemann*, Vermögensgefährdung, S. 76.

183 *Cramer*, in Schönke/Schröder, § 263, Rdnr. 127; dagegen *Ranft*, JR 1994, 523, 524: "daß bereits in der Belastung des Vermögens mit einer Verbindlichkeit ... unmittelbar eine Vermögensminderung und nicht nur eine in Wahrheit tatbestandlich irrelevante Vermögensgefährdung liegen kann, ist ganz herrschende und zutreffende Meinung.", allerdings ohne Begründung.

184 RGSt 74, 129, 130.

185 RGSt 16, 1, 10; 16, 93, 95; 42, 181, 183; 43, 170, 172; 44, 230, 236; 48, 187, 188; 68, 379, 380; 73, 61, 62; 74, 129, 130; 76, 49, 50; RG DR 43, 74 Nr. 4; RG HRR 1935, Nr. 1100; 1938, Nr. 352, Nr. 997; 1939, Nr. 61, Nr. 397; RG JW 1938, 503 Nr. 5.

richte[187] bezeichnet werden. Daß diese ständige Rechtsprechung zum Eingehungsbetrug auf der Argumentation mit der Vermögensgefährdung beruht, wird jedoch nicht immer deutlich gemacht. Die Rechtsprechung des Bundesgerichtshofs zieht regelmäßig nur ein Vergleich der eingegangenen Verpflichtungen zur Begründung der Vermögensbeschädigung heran[188]. Dazu ist aber zu bemerken, daß dieser Vergleich nur die Berechnungsmethode für den Schaden, nicht jedoch eine Begründung dafür darstellt, warum trotz Fehlens eines tatsächlichen Vermögensabflusses eine Vermögensbeschädigung vorliegt.

aa) Die Entscheidung BGH NJW 1953, 836

Besonders weitgehend war auf diesem Gebiet die sogenannte „Kohlenschlamm“-Entscheidung des Bundesgerichtshofs aus dem Jahr 1953[189]. Hier wurde eine schadensgleiche Vermögensgefährdung bereits in der Aufnahme vertraglicher Beziehungen zu einem böswilligen Vertragspartner gesehen. Die Täter hatten dem Käufer vorgespiegelt, Feinkohle zu liefern, obwohl sie wußten, daß sie nur Kohlenschlamm liefern konnten. Das Kaufangebot wurde angenommen und die Täter erwarteten, daß der Kaufpreis im Vertrauen darauf, daß die Ware schon unterwegs sei, gezahlt würde. Sie hofften demnach, daß der Käufer sein Recht nicht ausüben würde, auf einer Leistung Zug um Zug zu bestehen. Obwohl das Vorhaben scheiterte, hat der Bundesgerichtshof vollendeten Betrug angenommen. Beim Eingehungsbetrug könne eine Vermögensgefährdung schon darin bestehen, daß der Geschädigte überhaupt in vertragliche Beziehungen zu einem böswilligen Vertragspartner getreten ist, der von vornherein darauf ausging, den Vertragsgegner unter planmäßiger Ausnutzung eines beim Vertragsschluß durch Vorspiegelung von Tatsachen erregten Irrtums zur Entgegennahme einer vertragswidrigen Leistung zu veranlassen[190]. Darauf, daß der Käufer nicht verpflichtet war, vor Erhalt der Ware den Kaufpreis zu entrichten, hat der Bundesgerichtshof nicht abgestellt.

bb) Die Bedeutung der Erfüllung Zug um Zug

Die Möglichkeit, auf einer Erfüllung Zug um Zug zu bestehen, wurde jedoch bald von der Rechtsprechung als relevant für die Schadensbeurteilung erkannt. So hat

186 BGHSt 1, 13, 14; 15, 24, 26; 16, 220, 221; 16, 367, 373; 21, 384, 385; 22, 88, 89; 23, 300, 302; BGH NJW 1953, 836; 1978, 2042; MDR bei Dallinger 1973, 370; 1975, 196; bei Holtz 1980, 273.

187 BayObLGSt 55, 8, 9; BayObLG JZ 1972, 25; OLG Düsseldorf, NJW 1993, 2694; wistra 1990, 200; OLG Hamm, GA 1957, 121; KG JR 1964, 350; 1966, 391.

188 Vgl z.B. BGH MDR bei Holtz 1980, 273.

189 BGH NJW 1953, 836, siehe auch schon HRR 1938, Nr. 352.

190 BGH NJW 1953, 836.

der Bundesgerichtshof 20 Jahre nach der „Kohlenschlamm"-Entscheidung[191] klargestellt, daß allein die Gefahr, daß der Verkäufer entgegen der vertraglichen Vereinbarung leistet, nicht ausreicht, um in dem Vertragsschluß eine Vermögensgefährdung zu sehen, die einem Vermögensschaden gleichkommt[192]. Daß allein durch den Abschluß eines Vertrages, den die andere Partei nicht erfüllen wolle, eine Schädigung der Verkäuferfirma und ein entsprechender Vermögensvorteil für den Käufer regelmäßig nicht in Betracht kommen, wenn die Auslieferung der Ware gegen Barzahlung vereinbart wird, hat der Bundesgerichtshof 1987 klargestellt und sich so ausdrücklich von der sogenannten „Kohlenschlamm"-Entscheidung abgewandt[193]. Zwar liege beim Eingehungsbetrug die Vermögensschädigung häufig schon im Vertragsschluß, dies sei jedoch dann nicht der Fall, wenn Lieferung Zug um Zug vereinbart wird. Die Gefahr, daß der Getäuschte entgegen seiner Verpflichtung vorleistet, reicht nicht aus, um eine schadensgleiche Vermögensgefährdung anzunehmen. In einem Fall hatte die Verkaufsfirma durch den Vertragsschluß keinen Schaden erlitten, weil sie darauf bestand, daß der bestellte Wagen bei Anlieferung voll bezahlt würde und dem durch den Einbau von Sonderzubehör entstandenen Aufwand stand kein stoffgleicher erstrebter Vermögensvorteil gegenüber. In einem anderen Fall wurde auch Eigentumsübertragung Zug um Zug gegen Barzahlung vereinbart, aber in Erfüllung des Kaufvertrages wurde dem Käufer Mitbesitz an dem verkauften Grundstück eingeräumt, weshalb hier eine Vermögensschädigung angenommen wurde. Der Vertragserfüllung Zug um Zug ist es gleichzuerachten, wenn der Getäuschte Vorleistung verlangen kann. Dann ist er auf diesem Weg gegen einen Schadenseintritt von vornherein abgesichert, dies gilt sowohl für den Verkauf beweglicher Sachen als auch für Grundstücksgeschäfte, wenn die Auflassung oder die Eintragung des Käufers im Grundbuch von der vorherigen Erfüllung seiner Zahlungspflicht abhängt[194]. Die bloße Gegenüberstellung der gegenseitigen Verpflichtungen, wie sie der Tatrichter vorgenommen hatte, reicht dann nicht aus, um den Vermögensschaden zu bejahen, wie der Bundesgerichtshof später noch mehrfach betont hat[195]. Bei dem Vergleich der einander gegenüberstehenden Ansprüche dürfen nicht nur „deren nominelle Höhe"; sondern auch die Rechte der Verkäufer im Zahlungsverzug herangezogen werden, denn vertragliche Sicherun-

---

191 BGH MDR bei Dallinger 1973, 370.

192 BGHR § 263 Abs. 1, Eingehungsbetrug Nr. 1 v. 26.2.1987.

193 BGH StV 1988, 386.

194 BGH MDR bei Dallinger 1975, 196.

195 BGH StV 1983, 330; 1988, 386; 1995, 245; 1995, 255; wistra 1992, 101; BGHR § 263 Abs. 1, Eingehungsbetrug Nr. 1 v. 26.2.1987; Vermögensschaden Nr. 32 v. 22.5.1991; Vermögensschaden Nr. 34 v. 24.7.1991; OLG Düsseldorf, NJW 1993, 2694.

gen der Verkäufer gegen einen ersatzlosen Verlust ihres Grundstücks mußten die Bewertung ihres Vermögens ganz wesentlich beeinflussen[196].

Auch wenn der Bundesgerichtshof von seiner Rechtsprechung zum Eingehungsbetrug niemals wörtlich abgerückt ist, so hat doch die Haltung zur Erfüllung Zug um Zug die Beurteilung des Eingehungsbetruges erheblich beeinflußt und umgestaltet, denn in sehr vielen Fällen besteht das Recht aus § 320 BGB oder folgt eine Vorleistungspflicht aus der Natur des Vertrages bzw. wird vertraglich vereinbart.

2. Die Beurteilung des Eingehungsbetruges in der Literatur

In der Literatur wurde der höchstrichterlichen Beurteilung des Eingehungsbetruges größtenteils gefolgt[197]. Die weitgehende Ansicht, die der sogenannten „Kohlenschlamm"-Entscheidung zugrunde liegt, wurde nur zum Teil mitgetragen[198], jedoch auch heftig kritisiert[199].

Allerdings wurde die Bedeutung der Erfüllung Zug um Zug und der Vorleistungspflicht in der Literatur schon früher betont[200]. Ist der Getäuschte nach der für Austauschgeschäfte geltenden Vorschrift des § 320 BGB nur zur Leistung Zug um Zug verpflichtet, dann hat er es in der Hand, ob er seine eigene Leistung ohne vollen Gegenwert weggeben will. Sein Vermögen ist in diesen Fällen in der Regel nicht schon durch den bloßen Vertragsschluß gefährdet, weil die abstrakte Möglichkeit, daß der Getäuschte keinen Gebrauch von seinen Rechten machen wird, allein nicht ausreicht[201].

---

196 BGHR § 263 Abs. 1, Vermögensschaden Nr. 34 v. 24.7.1991.

197 *Arzt*, in Arzt/Weber, LH 3, Rdnr. 445; *Baumann*, Schutz der Sicherungsrechte, S. 39 ff.; *Berz*, NJW 1973, 1337; *Blei*, Strafrecht II, S. 235, 237; *Bockelmann*, NJW 1961, 145; *Endriß*, wistra 1990, 335, 337; *Graba*, NJW 1970, 2221; *Krey*, BT 2, Rdnr. 447 ff.; *Maurach/Schroeder/Maiwald*, Strafrecht BT 1, § 41, Rdnr. 129 ff.; *Schmidhäuser*, Strafrecht BT § 11, Rdnr. 24; *Tröndle*, § 263, Rdnr. 32; *Welzel*, Lehrbuch, S. 355; mit Nachweisen aus der älteren Literatur: *Frank*, Strafgesetzbuch, § 263 V 2, 4.

198 *Dreher/Maasen*, § 263 Anm. 6; *Bockelmann*, Strafrecht, BT 1, S. 78; *Schwarz*, § 263 Anm. 5 B b; *Tröndle*, § 263, Rdnr. 32.

199 *Cramer*, Vermögensbegriff, S. 126 f., 172 f., 179; *Gutmann*, MDR 1963, 3, 8; *Hirsch*, ZStW 81 (1969), 917, 947; *Lackner*, in LK, § 263, Rdnr. 223; *Otto*, Grundkurs BT, S. 234; ders., in Vermögensschutz, S. 276; *Schmidt*, Vermögensschaden, S. 74; *Welzel*, Lehrbuch, S. 376.

200 *Cramer*, in Schönke/Schröder, § 263, Rdnr. 131, ders., in Vermögensbegriff, S. 178 ff.; *Eser*, Strafrecht IV, 13 Rdnr. 39; *Hirsch*, ZStW 81 (1969), 917, 948; *Lackner*, in LK, § 263, Rdnr. 223; *Maurach/Schroeder/Maiwald*, Strafrecht BT 1, § 41, Rdnr. 130; *Meyer*, MDR 1975, 357, 358; *Otto*, Vermögensschutz, S. 277; *Pfeiffer/Maul/Schulte*, § 263, Rdnr. 23; *Tenckhoff*, in FS Lackner, S. 677, 684.

201 *Lackner*, in LK, § 263, Rdnr. 223.

a) *Ansichten, die einen endgültigen Schaden annehmen*

Teilweise wird in der Literatur die Auffassung vertreten, daß es sich beim Eingehungsbetrug nicht um eine Vermögensgefährdung handele, sondern daß bereits mit dem Vertragsschluß ein endgültiger Schaden eingetreten sei[202]. Hier wird die Berechnungsmethode der Rechtsprechung zur Feststellung des Vermögensschadens beim Eingehungsbetrug für die Schadensbegründung herangezogen. Es wird ein Vergleich der sich gegenüberstehenden Ansprüche angestellt und unter Heranziehung der wirtschaftlichen Betrachtungsweise eine effektive Vermögensminderung in der Belastung mit der Verbindlichkeit gesehen[203]. Die Möglichkeit, sich durch Stornierung vom Vertrag zu lösen, stellt demzufolge nur eine Form der tatbestandsirrelevanten nachträglichen Schadenswiedergutmachung, also eine Form des Schadensersatzes, dar und setze somit den Schaden voraus[204].

Diese Argumentation setzt aber das von ihr gewünschte Ergebnis voraus und benutzt es zur Begründung. Denn ob es sich nur um Schadenswiedergutmachung handelt, hängt von der Beurteilung des Vermögensschadens ab, kann also für dessen Feststellung kein Argument sein. Außerdem fehlt es im Augenblick des Vertragsschlusses an einer Vermögensverschiebung. Diese ist nach außen sichtbar hier noch nicht in Erscheinung getreten. *Lackner* hält dem zu Recht entgegen, dies stelle eine Aufspaltung des Vorganges in eine Belastung und später nachfolgende Entlastung dar, die sich nur mit rechtlichen Erwägungen begründen lasse, die keine wirtschaftliche Grundlage haben[205].

b) *Die Differenzierung Lackners*

Er nimmt bei Verträgen, bei denen Leistung und Gegenleistung nicht ausgeglichen sind, eine nachteilige Bestandsveränderung und nicht nur eine Vermögensgefährdung an, während bei mangelnder Bonität des Gegenanspruchs, die darauf beruht, daß der Täter nicht leistungswillig oder -fähig ist, eine schadensgleiche Vermögensgefährdung vorliege[206]. Der Grund für diese Differenzierung wird bei *Lackner* jedoch nicht ersichtlich. Vergleicht man insbesondere die Ausführungen *Lackners* zur Vermögensgefährdung[207], ergibt sich zudem hierzu ein Widerspruch. Seiner Ansicht nach soll eine einem Vermögensschaden gleichzusetzende Vermögensgefährdung jedenfalls nicht darin gesehen werden, daß der Getäuschte durch die Vermögensver-

---

202 *Arzt*, in Arzt/Weber, LH 3, Rdnr. 453; *Ranft*, JR 1994, 523, 524; *Wessels*, BT 2, Rdnr. 522.

203 *Arzt*, in Arzt/Weber, LH 3, Rdnr. 445; *Wessels*, BT 2, Rdnr. 522.

204 *Arzt*, in Arzt/Weber, LH 3, Rdnr. 453.

205 *Lackner*, in LK, § 263, Rdnr. 225.

206 *Lackner*, in LK, § 263, Rdnr. 223.

207 Siehe dazu oben Teil 2, A. II. 1. b) cc) (4), S. 82.

fügung in eine Lage gebracht wird, die ihn nur der Gefahr aussetzt, demnächst selbst eine Handlung vorzunehmen, die ihrerseits eine spürbare wirtschaftliche Schlechterstellung bewirkt. Bis zu diesem Augenblick sei in der Außenwelt noch nichts geschehen, was ihn schon als wirklich geschädigt erscheinen lassen könnte[208]. Nimmt man aber an, daß es sich schon um einen endgültigen Schaden handelt, dann entfällt die Möglichkeit, den Einzelfall nach dieser Vorgabe zu prüfen.

c) *Die Kritik Schröders und Riemanns*

Schröder hat an der Rechtsprechung sehr weitgehende Kritik geübt[209]. Seiner Ansicht nach verlagert sie den Vollendungszeitpunkt zu weit nach vorne, wodurch Schaden und Gefährdung zu großzügig gleichgesetzt werden und der Versuchsraum ungerechtfertigt eingeschränkt wird[210]. Das Heranziehen der eingegangenen Verbindlichkeiten zur Schadensbegründung sei nicht richtig, weil sich die Begründung wechselseitiger Verbindlichkeiten, wirtschaftlich gesehen, nur als eine Gefährdung darstellt, als die Gefahr nämlich, daß aufgrund des abgeschlossenen Vertrages später der effektive Austausch der Leistungen zu einem Vermögensschaden führen wird[211].

Schröder will daher den Eingehungsbetrug grundsätzlich dem Versuchsbereich zuordnen, weil man der deliktischen Bedeutung des Eingehungsbetruges so besser gerecht werde[212]. Er stimmt der Rechtsprechung zu, daß die Bejahung des Schadens beim Eingehungsbetrug nur unter Zuhilfenahme der Konstruktion der Vermögensgefährdung erfolgen kann. Da er jedoch schon grundsätzlich die Gleichsetzung von Vermögensgefährdung und -schaden nicht als richtig ansieht, lehnt er diese Begründung des Eingehungsbetruges ab. Eine Vermögensgefährdung soll grundsätzlich dem Versuchsbereich zuzuordnen sein und kann nur dann einen vollendeten Betrug darstellen, wenn der Getäuschte das Geschehen bereits ganz aus der Hand gegeben hat[213]. Da beim Eingehungsbetrug noch kein Austausch der Leistungen stattgefunden hat, hat der Getäuschte das Geschehen eben noch nicht aus der Hand gegeben. Als Begründung führt *Schröder* auch an, daß nur bei Annahme versuchten Betruges die Berücksichtigung des dem Vertragsschluß nachfolgenden Geschehens möglich ist, während nach der Vollendung des Betruges eintretende Er-

---

208 *Lackner*, in LK, § 263, Rdnr. 153.

209 *Schröder*, JZ 1965, 513 ff.; JR 1966, 393 ff.; JZ 1967, 576 ff.; JR 1968, 346 ff.; 1971, 74 ff.; 1972, 26 ff.; ders., in Schönke/Schröder, 17. Aufl., § 263, Rdnr. 91, 91a; ihm folgend *Amelung*, NJW 1975, 624, 625; *Meyer*, MDR 1971, 718, 719, 1975, 357, 358; *Roxin/Schünemann/Haffke*, Klausurenlehre, Fall 18, S. 317; *R. Schmidt*, Vermögensschaden, S. 73 f.

210 *Schröder*, JZ 1965, 513, 516; siehe dazu auch oben Teil 2, A. II. 1. b) cc) (1), S. 80.

211 *Schröder*, JR 1966, 393.

212 *Schröder*, JR 1966, 393; so auch *Kohlrausch-Lange*, StGB, § 263, Anm. V 2a, f.

213 *Schröder*, JZ 1965, 513, 516.

eignisse seine Beurteilung nicht mehr beeinflussen können[214]. Die Rechtsprechungsansicht zur Vollendung des Eingehungsbetruges widerspreche der subsidiären Natur des Strafrechts[215]. *Schröder* differenziert nicht danach, welche Gegenrechte dem Getäuschten zustehen, die ihm die Möglichkeit geben, auf das weitere Geschehen Einfluß zu nehmen.

Auch *Riemann* vertritt die Ansicht, die „Situation des Eingehungsbetruges stelle grundsätzlich die typische Konstellation des Versuches dar“[216]. Als effektiv schädigendes Ereignis sei nur die Erfüllungshandlung des Getäuschten anzusehen, dagegen sei mit gegenseitiger Verpflichtung der beiderseitigen Erfüllung die Wertverschiebung erst angebahnt, was eine typische, den Versuch kennzeichnende Gefahr darstelle. *Riemann* zieht kriminalpolitische Erwägungen zur Begründung für die Versuchslösung heran, insbesondere die Verstärkung des Vermögensschutzes durch § 24[217]. Seiner Ansicht nach sind keine Gründe dafür ersichtlich, die es bei der Untersuchung des Eingehungsbetruges erforderlich machen, danach zu differenzieren, welcher der Vertragspartner vorleistungspflichtig ist oder welche Gegenrechte ihm zustehen[218]. Mit dieser pauschalen, grundsätzlichen Einordnung des Eingehungsbetruges ist es jedoch nicht möglich, den verschiedenen Fallkonstellationen gerecht zu werden, die durch die zivilrechtlichen Vorgaben geschaffen werden. Aus diesem Grund ist die grundsätzliche Versuchslösung *Schröders* und *Riemanns* abzulehnen.

d) Die von Naucke vertretene Meinung

Naucke zufolge ist der Eingehungsschaden schlechthin aus dem Begriff der Vermögensbeschädigung auszusondern[219]. Dies ist die logische Konsequenz seiner ablehnenden Haltung gegenüber der Gleichstellung der Vermögensgefährdung mit der Vermögensbeschädigung. Ein „in Wirklichkeit als kriminalpolitisch zu bezeichnendes Denken“ führe dazu, daß der Betrugstatbestand seit dem Erlaß des StGB immer unsicherer geworden sei. Nur formell behalte diese kriminalpolitische Dogmatik den Wortlaut des § 263 StGB bei[220]. Nach der von ihm befürworteten historischen Auslegung[221] stellt die Einbeziehung der Gefährdung in den Vermö-

214 *Schröder*, JR 1971, 74, 75.
215 *Amelung*, NJW 1975, 624, 625.
216 *Riemann*, Vermögensgefährdung, S. 91 ff.
217 *Riemann*, Vermögensgefährdung, S. 91 ff.
218 *Riemann*, Vermögensgefährdung, S. 91.
219 *Naucke*, Betrug, S. 91, 120 ff., 215.
220 *Naucke*, Betrug, S. 126 f.
221 Gegen die ganz herschende Meinung, die eine Synthese zwischen objektiv-teleologischer und subjektiver Auslegungsmethode vertritt, s.dazu *Eser*, in Schönke/Schröder, § 1, Rdnr. 43.

gensbegriff eine unzulässige objektive Auslegung dar[222]. Da „nur der materielle Verlust an Geld, Sachen oder Rechten" für den Vermögensschaden ausreiche, „fällt die bloße Belastung und Gefährdung des Vermögens aus dem Schadensbegriff heraus" und die Einbeziehung nicht geldwerten Schadens, somit die Bestrafung vieler Fälle des Eingehungsbetruges, stellt sich als verfassungswidrig, weil gegen Art. 103 Abs. 2 GG verstoßend dar[223].

Die grundlegenden Bedenken, die gegen *Nauckes* Ansicht schon oben[224] erörtert wurden, treffen auch auf seine Beurteilung des Eingehungsbetruges zu. Allein mit der Rechtsauffassung des historischen Gesetzgebers lassen sich die verschiedenen kriminalistischen Probleme am Ende des 20. Jahrhunderts nicht befriedigend lösen.

e) Der Lösungsvorschlag Lampes

Für den Kreditbetrug als einem Unterfall des Eingehungsbetruges hat *Lampe* gefordert, die Vollendung des Betruges aus dogmatischen und kriminalpolitischen Gründen nicht mit dem Vertragsschluß, sondern erst mit der Valutierung eintreten zu lassen[225]. Im Gegensatz zur Ansicht *Schröders* tut er dies jedoch gerade unter Berücksichtigung der zivilrechtlichen Schutzmöglichkeiten des Darlehensgebers, mit denen er ein Umschlagen der Vermögensgefährdung in einen endgültigen Vermögensschaden vermeiden kann[226]. Im Stadium des Vertragsschlusses reicht „der zivilrechtliche Schutz grundsätzlich aus, um den endgültigen Eintritt des Schadens zu verhindern", denn der Darlehensgeber kann sein Darlehensversprechen anfechten oder sein Widerrufsrecht nach § 610 BGB ausüben. Lampe begründet diesen Vorrang des zivilrechtlichen Schutzes dogmatisch mit einem Vergleich des in § 265b geregelten Kreditbetruges. Da in § 265b Abs. 2 Straffreiheit vorgesehen ist, wenn der Täter „freiwillig verhindert, daß der Kreditgeber aufgrund der Tat die beantragte Leistung erbringt", und dies nur sinnvoll ist, wenn durch diese „tätige Reue" auch noch ein Rücktritt vom Versuch des Betruges erfolgen kann, habe der Gesetzgeber selbst zum Ausdruck gebracht, daß er die Vollendung des Betruges nicht auf die frühestmögliche wirtschaftliche Einbuße, den Vertragsschluß, vorverlagert wissen will[227]. Allerdings läßt sich diese Gesetzgebung auch für die gegenteilige Argumentation verwenden, denn § 265b Abs. 2 wäre nicht erforderlich und § 24 würde ausreichen, wenn der Gesetzgeber der Ansicht wäre, daß bei Vertragsschluß noch

---

222 *Naucke*, Betrug, S. 215.

223 *Naucke*, Betrug, S. 215.

224 Siehe dazu S. 99 f.

225 *Lampe*, Kreditbetrug, S. 25 ff.

226 *Lampe*, Kreditbetrug, S. 27.

227 Dem folgend *Riemann*, Vermögensgefährdung, S. 93.

keine Vollendung eingetreten ist. Da er aber nicht dieser Ansicht ist, mußte § 265b als Möglichkeit der tätigen Reue nach Deliktsvollendung geschaffen werden.

Kriminalpolitisch begründet *Lampe* seine These mit der Subsidiarität des Strafrechts, das sich zurückzuhalten habe, solange der zivilrechtliche Schutz ausreiche.

Eine weitere, über das Anfechtungsrecht nach §§ 119 Abs. 2, 123 BGB und das Widerrufsrecht nach § 610 BGB hinausgehende Untersuchung der Gegenrechte erfolgt bei *Lampe* nicht.

f) Die Ansicht Cramers

Er äußert Zweifel daran, ob der Schaden schon mit Eingehung des Vertrages endgültig eingetreten ist[228]. Dabei will er den Eingehungsbetrug nicht aus dem Begriff des Vermögensschadens ausscheiden, sondern fragt danach, „unter welchen Voraussetzungen die Belastung mit einem ungünstigen Vertrag unter materialen Gesichtspunkten schon zu einer Vermögensminderung führt“[229]. Er fixiert zwar grundsätzlich die Feststellung des vollendeten Betruges auf den Zeitpunkt des Vertragsschlusses, differenziert dann aber zwischen wirtschaftlich ausgeglichenen und wirtschaftlich unausgeglichenen Verträgen und prüft, ob „für den Zeitpunkt des Vertragsschlusses die konkrete Prognose möglich ist, der Getäuschte werde nicht imstande sein, seine Rechte wahrzunehmen“[230]. Bei rechnerisch ungleichen Verträgen, bei denen der Getäuschte verpflichtet ist, mehr zu leisten, als es dem Wert der Gegenleistung verspricht, nimmt *Cramer* in Höhe der nicht kompensierten Differenz eine Belastung an, die nur dann keinen effektiven Schaden darstellt, wenn das Geschäft ohne Schwierigkeiten angefochten werden kann[231]. Bei rechnerisch ausgeglichenen Verträgen, bei denen die mangelnde Erfüllungsbereitschaft oder Leistungsfähigkeit negativ zu Buche schlägt, verneint er dann eine schadensgleiche Vermögensgefährdung, wenn dem Getäuschten ein Recht auf Leistung Zug um Zug zusteht. Ein vollendeter Betrug liegt dann erst vor, wenn der Betroffene unter Verzicht auf sein Leistungsverweigerungsrecht vorleistet[232].

Cramer ist bezüglich der Differenzierung zwischen den verschiedenen Fallkonstellationen und der Absage an eine pauschalisierende Betrachtungsweise zuzustimmen. Zwischen diesen Ausführungen und seiner Einschätzung der Vermögensgefährdung[233] besteht jedoch ein Widerspruch. Eine Vermögensgefährdung ist nach *Cramer* nur dann als Nachteil zu bewerten, wenn auch die übrige Rechtsordnung an

---

228 *Cramer*, in Schönke/Schröder, § 263, Rdnr. 129 ff.; ders., in: Vermögensbegriff, S. 172 ff.

229 *Cramer*, Vermögensbegriff, S. 173.

230 *Cramer*, in Schönke/Schröder, § 263, Rdnr. 131.

231 *Cramer*, in Schönke/Schröder, § 263, Rdnr. 131; ders., in: Vermögensbegriff, S. 176 f.

232 *Cramer*, in Schönke/Schröder, § 263, Rdnr. 132; ders., in: Vermögensbegriff, S. 178 f.

233 Siehe dazu oben Teil 2, A. II. 1. b) cc) (2), S. 80.

die Gefährdung rechtliche Konsequenzen knüpft[234]. Nur wenn durch das Zivilrecht ein Ausgleich, durch Schadensersatz oder einen Anspruch auf Beseitigung gewährt wird, liegt demnach eine schadensgleiche Vermögensgefährdung vor[235]. Beim Eingehungsbetrug ist es seiner Ansicht nach aber gerade so, daß die zivilrechtlichen Ansprüche auf Beseitigung die Vollendung des Schadens gerade verhindern können. Die gleichen Bedenken, die schon gegen seine Auffassung der Vermögensgefährdung geäußert wurden[236], treffen auch hier zu. Es läßt sich nicht eindeutig klären, welche zivilrechtlichen Ausgleichsmöglichkeiten bei der Schadensfeststellung herangezogen werden können.

g) *Die von Lenckner und Eser vertretene Auffassung*

Auch *Lenckner* lehnt eine einheitliche Beurteilung des Eingehungsbetruges ab und differenziert je nach Sach- und Rechtslage sowie danach, ob der Getäuschte vorleistungspflichtig ist oder nicht[237]. Er fragt in Übereinstimmung mit seiner Beurteilung der Vermögensgefährdung, ob es noch in der Macht des Getäuschten steht, die Geltendmachung und Durchsetzung des gegen ihn gerichteten Anspruchs zu verhindern. Ist das Opfer dagegen in eine Situation geraten, die bei „natürlicher Weiterentwicklung sicher oder doch höchstwahrscheinlich dazu führen wird, daß der Täter seine Forderung ohne Schwierigkeiten realisieren kann“, komme die Gefahr einer realen Vermögensbeschädigung gleich[238]. Als ein der Realisierung der Forderung entgegenstehendes Hindernis sieht er es noch nicht an, daß die Rechtsordnung dem Getäuschten überhaupt ein Gegenrecht zur Verfügung stellt. Daher stellt seiner Ansicht nach der Eingehungsbetrug in der Regel einen vollendeten Betrug dar. Nur wenn das Gegenrecht im Einzelfall mit Erfolg geltend gemacht werden kann, soll eine dem Schaden gleichkommende Vermögensgefährdung ausscheiden. Das setzt voraus, daß der Getäuschte die Möglichkeit hat, noch rechtzeitig zu entdecken, daß er getäuscht worden ist, woran es beispielsweise bei versteckten Mängeln der gekauften Sache fehlt[239]. Wenn allerdings lediglich die Gefahr besteht, daß der Getäuschte aus Bequemlichkeit oder Gleichgültigkeit seine Rechte nicht wahrnimmt, scheidet ein vollendeter Eingehungsbetrug aus[240].

---

234 *Cramer*, Vermögensbegriff, S. 132.

235 *Cramer*, in Schönke/Schröder, § 263, Rdnr. 143.

236 Siehe oben Teil 2, A. II. 1. b) cc) (2), S. 80.

237 *Lenckner*, in JZ 1971, 320, 323; JR 1974, 337, 338.

238 *Lenckner*, in JZ 1971, 320, 322; JR 1974, 337, 338.

239 *Lenckner*, in JZ 1971, 320, 323.

240 *Lenckner*, in JZ 1971, 320, 324.

Auch *Eser*[241] sieht es als entscheidend an, ob es der Getäuschte noch in der Hand hat, die Vollendung des Schadens abzuwenden. Grundsätzlich stellt danach der Eingehungsbetrug einen vollendeten Betrug dar. Stehen dem Getäuschten jedoch noch vertragliche Rechte zu, die es ihm ermöglichen, einen Schaden zu verhüten, könne allein im Vertragsschluß keine konkrete Gefährdung und kein Schadenseintritt gesehen werden. Dabei stellt auch *Eser* auf den Einzelfall ab und verneint ein „In der Hand haben" dann, wenn die konkrete Möglichkeit besteht, daß der Getäuschte seine Recht nicht wahrnehmen können wird. Betrugsversuch liegt demgegenüber vor, wenn der Getäuschte seinerseits die Erfüllung ohne Schwierigkeiten verweigern kann[242].

Es spricht für diese differenzierende Betrachtungsweise, daß sie die zivilrechtlichen Vorgaben beachtet, die beim Eingehungsbetrug bestehen. Zudem nimmt diese Auffassung den Grundsatz der Unmittelbarkeit zwischen Verfügung und Schaden konsequent ernst[243].

h) Die von Hefendehl vertreten Auffassung

Hefendehl unterscheidet bei seinem vom Bilanzrecht bestimmten Lösungsansatz zwischen der Gefahr, die aus dem Umfeld des Getäuschten droht, und solcher, die von Seiten des Täters für das Rechtsgut besteht[244]. Bei bestehenden Schutzmöglichkeiten lehnt *Hefendehl* einen vollendeten Betrug ab, da ein Vermögensschaden nicht in Betracht kommt, wenn „wehrhafte Einredemöglichkeiten" bestehen[245]. Als entscheidendes Abgrenzungskriterium zieht er die sog. „Vermeidemachtmöglichkeit" des Getäuschten heran und unterscheidet zwischen vier verschiedenen Fallkonstellationen, wonach der Getäuschte vorleistungspflichtiger Käufer bzw. Verkäufer ist oder wonach der Täuschende vorleistungspflichtiger Käufer bzw. Verkäufer ist[246]. Ergänzend zieht er die Bilanz des potentiellen Betrugstäters heran und stellt die Frage, ab wann dieser einen Gewinn als realisiert in der Bilanz ausweisen darf, so daß sich für die vier untersuchten Fälle „eine fehlende Gewinnrealisation bis zu dem Zeitpunkt ergibt, in dem er seine im Synallagma stehende Leistung erbracht hat"[247]. Dafür ist zu prüfen, ob der Inhaber der Exspektanz, d.h. der potentielle Betrugstäter die Möglichkeit hat, „die Entwicklung bis zum Eintritt eines ef-

---

241 *Eser*, Strafrecht IV, 13/Rdnr. 39; so auch *Samson*, in SK, § 263, Rdnr. 167; *Tenckhoff*, in FS Lackner, S. 677, 679, 683.

242 *Eser*, Strafrecht IV, 13/Rdnr. 39.

243 *Eser*, Strafrecht IV, 13/Rdnr. 39.

244 *Hefendehl*, Vermögensgefährdung, S. 322 ff., 356 ff.

245 *Hefendehl*, Vermögensgefährdung, S. 332.

246 *Hefendehl*, Vermögensgefährdung, S. 328 ff.

247 *Hefendehl*, Vermögensgefährdung, S. 331 f.

fektiven Substanzwerts ohne Vermeidemachtmöglichkeiten Dritter zu Ende zu führen", des weiteren, ob der in Aussicht genommene Vertragspartner keine Möglichkeit mehr hat, sich von einer Verpflichtung zu lösen, und drittens, ob der Täuschende sein Vorhaben in der Außenwelt zum Ausdruck gebracht hat, also ein maßgebliches Ingangsetzen im Hinblick auf das Erreichen des endgültigen Vermögenswerts gegeben ist[248]. Erst wenn auf diese Weise die Gewinnrealisation des potentiellen Betrugstäters festgestellt ist, kann eine schadensgleiche Vermögensgefährdung bejaht werden. Das von *Hefendehl* verwendete Kriterium der „Vermeidemachtmöglichkeiten" oder „Beherrschbarkeitskriterium" beruht zwar auf einer anderen Begründung als *Lenckners* Ansatzpunkt, führt jedoch auch zu einer Prüfung des Einzelfalls.

3. Stellungnahme

Den Lösungswegen, die eine pauschale Einordnung des Eingehungsbetruges befürworten, ist entgegenzuhalten, daß den verschiedenen zivilrechtlichen Vorgaben, die gerade für den Fall eines Betruges bei Eingehung des Vertrages so viele unterschiedliche Fallkonstellationen erzeugen, die strafrechtliche Bedeutung nicht versagt werden sollte. Abgesehen von den Autoren, die grundsätzliche Lösungen ohne Differenzierungsmöglichkeiten vertreten, wird demzufolge sowohl von der Rechtsprechung als auch von der ganz überwiegenden Meinung in der Literatur das Bedürfnis nach Differenzierung gesehen und es werden oftmals verschieden Lösungswege je nach Fallgestaltung beschritten. Dies macht das Tatbestandsmerkmal der Vermögensbeschädigung nicht einfacher in der praktischen Anwendung, führt aber eher zu sachgerechten Ergebnissen im Einzelfall. Andererseits gehört zu den Wertprinzipien des Grundgesetzes auch die Rechtssicherheit, die demzufolge die Auslegung der Strafvorschriften mitbestimmt[249]. Daher ist ein praktikables Merkmal für die Abgrenzung der versuchstypischen Gefährdung vom Schaden erforderlich.

Da der Vertragsschluß die Vermögensverfügung darstellt, deren vermögensschädigende Wirkung festgestellt werden muß, ist für Untersuchung der Gegenrechte und ihres Einflusses auf die Vermögensbeschädigung der entscheidende Zeitpunkt vorgegeben. Es kommt nur darauf an, ob im Zeitpunkt des Vertragsschlusses das Vermögen des potentiellen Opfers konkret gefährdet ist. Es ist daher nicht entscheidend, daß das Opfer später die Täuschung erkennt. Vielmehr muß schon im Augenblick des Vertragsschlusses als der Vermögensverfügung feststehen, daß das Opfer die Täuschung erkennen kann.

---

248 *Hefendehl*, Vermögensgefährdung, S. 332.

249 *Schmidhäuser*, Strafrecht AT § 5, Rdnr. 34.

III. Beherrschbarkeit und Selbstschutzgedanke als Abgrenzungskriterium

1. Entwicklung des Kriteriums aus den in Teil 1 untersuchten allgemeinen Strafrechtsprinzipien

Ob man nun den Eingehungsbetrug grundsätzlich als Versuch bestraft und im Einzelfall danach differenziert, ob noch Einflußnahme auf den weiteren Schadensverlauf möglich ist und das Umschlagen von der Gefährdung in einen endgültigen Schaden abgewendet werden kann, oder ob man den Eingehungsbetrug als vollendeten Betrug ansieht, aber in Einzelfällen, wenn der Getäuschte auf die Schadensentwicklung noch Einfluß hat und den endgültigen Schadenseintritt mit zivilrechtlichen Mittel verhindern kann, die Vollendung des Deliktes verneint: In vielen Fällen wird die Entscheidung von beiden Ausgangspositionen aus gleich ausfallen. Entscheidend ist daher nicht nur die Ausgangsposition, sondern auch das Abgrenzungskriterium, mit dessen Hilfe man feststellt, ob sich zivilrechtliche Gegenrechte auswirken.

An dieser Stelle ist es nunmehr möglich, den aus dem Subsidiaritätsprinzip, dem Selbstverantwortungsprinzip und viktimodogmatischen Überlegungen hergeleiteten Vorrang der Selbstschutzmöglichkeiten heranzuziehen. Diese individuellen Selbstschutzmöglichkeiten sind nur dann als dem staatlichen Rechtsgüterschutz vorrangig anzusehen, wenn sie leicht verfügbar sind und ihr Erfolg nicht vom Verhalten anderer abhängt. Dann kann der Rechtsgutsträger aufgrund eigener Entscheidung bestimmen, ob er sich ihrer bedienen will. Solange die Selbstschutzmöglichkeiten schadenshemmend eingesetzt werden können, hat es der Getäuschte in der Hand, mit ihrer Hilfe, den Schadenseintritt abzuwenden. Aus dem Selbstverantwortungsgedanken folgt umgekehrt aber auch, daß der Einzelne in dieser Situation verpflichtet ist, selbst diese Schutzmöglichkeiten zu ergreifen, und nicht, untätig bleibend, nach staatlicher Hilfe zu rufen. Denn die freie Verantwortlichkeit des Einzelnen, wie ihn unsere Rechtsordnung vorsieht, beinhaltet für ihn nicht nur das Recht, sondern auch die Pflicht zur vorzugsweisen Selbstgestaltung seines eigenen Lebensbereichs und damit zum Verzicht auf fremde Hilfe[250]. Hat das potentielle Betrugsopfer die Möglichkeit, die ihm zur Verfügung stehenden Selbstschutzmöglichkeiten wahrzunehmen und dadurch die Gefahr einer Vermögensbeschädigung abzuwenden, und verzichtet es auf die Wahrnehmung dieser Rechte, dann fehlt es ihm an der Schutzbedürftigkeit. In diesem Stadium der Gefährdung des Vermögens geht der Schutz des Rechtsguts durch den Rechtsgutsträger dem strafrechtlichen Schutz vor. Dies gilt aber nur, wenn der Rechtsgutsträger mit Hilfe der Gegenrechte im Einzelfall für einen wirksamen Schutz des Rechtsguts sorgen kann.

---

250 *v. Münch*, JZ 1960, 303, 305.

Daraus folgt, daß Kriterium für die Abgrenzung der schadensgleichen Vermögensgefährdung von der typischerweise das Versuchsstadium kennzeichnenden Gefährdung des Vermögens die Beherrschbarkeit der Situation durch den Rechtsgutsträger sein muß. Bei der Frage, ob im Einzelfall das Tatbestandsmerkmal der Vermögensbeschädigung vorliegt und der Betrug vollendet ist, ist daher zu prüfen, ob es der Rechtsgutsträger noch in der Hand hat, den endgültigen Schadenseintritt abzuwenden. Dies muß für den Augenblick der Vermögensverfügung in Form des Vertragsschlusses festgestellt werden.

Um den Einwand von der Gefahr der Selbstjustiz vorwegzunehmen, muß nochmals betont werden, daß der Vorrang dieser Selbstschutzmöglichkeiten und somit auch das daraus abgeleitete Abgrenzungskriterium der Beherrschbarkeit nur für den frühen Bereich der Vermögensgefährdung Gültigkeit haben kann. Nur soweit es darum geht, das Umschlagen der Gefährdung in den endgültigen Schadenseintritt zu verhindern, können Selbstschutzmöglichkeiten effektiver sein als der strafrechtliche Rechtsgüterschutz. Ist der Schaden dagegen schon eingetreten und geht es nur noch darum, dem Opfer Genugtuung zu verschaffen und den Schadenseintritt zu sanktionieren, dann stellt jeder Ausgleich eine tatbestandsirrelevante Schadenswiedergutmachung dar, und ein Vorrang der Selbstschutzmöglichkeiten würde zu Selbstjustiz führen.

Bei der Anwendung dieses Abgrenzungskriteriums ergibt sich, daß die grundsätzliche Einordnung des Eingehungsbetruges als vollendeter Betruges richtig ist. Denn wenn der Getäuschte keine Vorleistung verlangen kann, sondern jederzeit mit der Inanspruchnahme aus der eingegangenen Verpflichtung rechnen muß, und ihm nur das Anfechtungsrecht nach § 123 BGB zur Verfügung steht, um sich von dem Vertrag zu lösen, dann hat er es eben in der Regel nicht in der Hand, das Umschlagen der Gefährdung in einen endgültigen Schaden zu vermeiden. Dies ist insbesondere dann der Fall, wenn der Täuschende auch der Vertragspartner ist, denn wenn ihn dieser schon durch Täuschung, also unredliche Mittel, zum Vertragsschluß gebracht hat, wird er nicht so redlich sein, die Voraussetzungen des Anfechtungsrechts zuzugestehen. Er wird sie vielmehr bestreiten, woraufhin der Getäuschte sie beweisen muß, wozu er in der Regel nicht in der Lage sein wird. Damit stellt sich der Eingehungsbetrug grundsätzlich als vollendeter Betrug dar. Dies ist nur dann nicht der Fall, wenn es der Getäuschte in der Hand hat, den endgültigen Eintritt des Schadens abzuwenden. Wann dies im einzelnen der Fall ist und was dafür an Geschäftsgewandtheit erforderlich ist und insbesondere, wieviel an Tätigwerden von dem getäuschten Betrugsopfer verlangt werden kann, soll in Teil 3 eingehend untersucht werden; die Ausgangsposition ist jedoch insoweit festgestellt.

2. Anklang in der Literatur

In der Literatur hat sich dieser Gedanke schon recht früh andeutungsweise niedergeschlagen, geriet jedoch dann jahrzehntelang in Vergessenheit und wurde erst in den siebziger Jahren wieder aktiviert. Schon bei *Merkel* findet sich der Beherrschbarkeitsgedanke bei der Abgrenzung des strafbaren Unrechts vom bloßen Zivilunrecht. Er kommt zu dem Ergebnis, daß solche Vermögensverletzungen nicht bestraft werden sollen, die in der Form nicht qualifiziert sind und bei denen „der Geltendmachung der aus ihnen hervorgehenden Ersatzansprüche von Anfang nichts im Weg liegt, und es also durchaus in der Macht des Berechtigten steht, unverletzt zu sein“[251].

Diesen Aspekt hat *Beulke* 1977 so formuliert, daß das Opfer nicht schutzbedürftig sei, wenn es genügend Möglichkeiten zu hemmenden Selbstschutzmaßnahmen habe[252]. Auch *Ellmer*, der die Bedeutung des Selbstverantwortungsgedankens für das Tatbestandsmerkmal der Täuschung untersucht hat, hat hervorgehoben, daß es das Opfer beim Eingehungsbetrug häufig noch in der Hand habe, den Schaden abzuwehren[253]. *Hefendehl*, der das Beherrschbarkeitskriterium durch Heranziehung bilanzrechtlicher Grundsätze begründet, hat vorgeschlagen, dem Opfer entgegenzuhalten, es habe noch keinen Schaden erlitten, denn es habe es „in der Hand, die Entwicklung der Gefährdung in eine effektive Vermögensminderung zu unterbinden“[254].

Hier ergibt sich auch eine Übereinstimmung mit dem von *Lenckner* und *Lackner* benutzten Abgrenzungskriterium, ob es noch in der Macht des Getäuschten steht, bzw. ob er es noch in der Hand hat, den endgültigen Schadenseintritt abzuwenden.

3. Eingang in die Rechtsprechung

Auch in der Rechtsprechung hat dieses Kriterium bisweilen Eingang gefunden, wenn es auch nicht explizit als Abgrenzungsmerkmal benutzt wurde.

Zum einen läßt sich diese Tendenz bei den Entscheidungen zur Vorleistungspflicht und der Erfüllung Zug um Zug feststellen. Bei den oben dargestellten Entscheidungen[255], in denen wegen der Möglichkeit, Erfüllung Zug um Zug zu verlangen, oder wegen der Vorleistungspflicht des Täters, die Vollendung des Betrugstatbestandes verneint wurde, hat es der Bundesgerichtshof als entscheidend angesehen, daß der Getäuschte den Schaden selbst ohne weiteres abwenden kann und auf diesem Wege gegen einen Schadenseintritt abgesichert ist[256].

---

251 *Merkel*, Krim. Abhandlungen I, S. 71.

252 *Beulke*, NJW 1977, 1073.

253 *Ellmer*, Betrug, S. 212, Fn. 136, S. 247.

254 *Hefendehl*, Vermögensgefährdung, S. 141.

255 Siehe oben Teil 2, B. II. 1. b) bb), S. 94.

256 BGH MDR 1975, 196; StV 1983, 330.

Zum anderen hat die Rechtsprechung bei der Frage, ob ein Betrug bei Vorspiegelung nicht vorhandener Zahlungswilligkeit auch dann vorliegt, wenn das Opfer wertmäßig ausreichende Sicherheiten erhalten hat, darauf abgestellt, ob die Verwertung der Sicherheit von der Mitwirkung des potentiellen Betrugstäters abhängt oder ob der Getäuschte die Sicherheit in seinem ausschließlichen Verfügungsbereich hat und sie ohne Mitwirkung des Schuldners selbständig verwerten kann[257]. Daher können bei dem im Rahmen des Eingehungsbetruges anzustellenden Vergleich der Forderungen nur solche Sicherheiten des Täuschenden dem Gegenstand des Darlehens gleichwertig sein, „die es dem Darlehensgeber ermöglichen, bei Fälligkeit seiner Ansprüche ohne besondere Schwierigkeiten und Aufwendungen alsbald zu seinem Gelde zu kommen“[258]. Kann er sich bei mehreren Sicherheiten aus einer davon ohne weiteres befriedigen, dann ist eine Vermögensgefährdung nicht eingetreten[259]. Müssen dagegen erst Prozeß und Zwangsvollstreckung angestrengt werden, um den Darlehensbetrag wieder zu erhalten, dann reichen diese Sicherheiten nicht aus, den Vermögensschaden in Form einer konkreten Gefährdung zu verneinen[260].

In einem Fall aus dem Jahr 1970 hat es der Bundesgerichtshof sogar als ausreichend angesehen, daß der über die Zahlungsfähigkeit getäuschte Gastwirt weiß, wie der Schuldner heißt und wo er beschäftigt ist, da er dann „die geschuldete Leistung aus dem für ihn erreichbaren Vermögen des Schuldners mit Sicherheit erzwingen kann“[261]. Diese Entscheidung ist jedoch eine Ausnahmeerscheinung geblieben. Sie widerspricht den vorgenannten Entscheidungen, denn ohne Mitwirkung des Schuldners kann der getäuschte Gastwirt von ihm, wenn er kein Faustpfand besitzt, ohne Prozeß und Zwangsvollstreckung gar nichts erlangen.

---

257 BGHSt 15, 24, 27, mit krit. Bspr. *Bockelmann*, NJW 1961, 145 ff.

258 RGSt 74, 129, 130 f.

259 BGH NJW 1964, 874.

260 RGSt 74, 129, 131; BGHSt 15, 27 f.; a.A. *Gutmann*, MDR 1963, 3, 8.

261 BGH GA 1972, 209.

Teil 3: Schutz durch Verbraucherschutzgesetze

A. Selbstschutzmöglichkeiten durch Verbraucherschutzgesetze

Es bleibt zu untersuchen, wieweit die potentiellen Betrugsopfer, die sich aus zivilrechtlicher Sicht in der Rolle sogenannter Verbraucher befinden, die Vertragsgestaltung und -abwicklung in der Hand haben. Verbraucher wurden und werden in der Diskussion über die Notwendigkeit des Verbraucherschutzes regelmäßig als die zwangsläufig unterlegene Partei angesehen[1]. Ihre Stellung könnte sich infolge der in den letzten Jahrzehnten erlassenen verbraucherschützenden Gesetze[2] verbessert haben. Des weiteren ist fraglich, ob sich dies auf die strafrechtliche Beurteilung auswirken kann.

I. Gibt es Konsumentensouveränität?

Sowohl vor als auch nach Erlaß der genannten verbraucherschützenden Gesetze[3] stellte sich die Frage, ob es Konsumentensouveränität in der heutigen Marktordnung überhaupt geben kann. Nach der klassischen Markttheorie steuert der Verbraucher Produktion und Verteilung durch seine Bedarfsentscheidungen und -verlagerungen[4]. Jedoch hat sich aufgrund der Erkenntnisse der Verbraucherforschung gezeigt, daß die These von der Konsumentensouveränität weitgehend illusorisch ist, weil der fortschreitende Konzentrationsprozeß die Entscheidungsmöglichkeiten der Verbraucher verschlechtert[5]. Dazu kommt, daß sie sowohl wirtschaftlich wie auch intellektuell den Anbietern der Waren unterlegen sind[6]. Die intellektuelle Unterlegenheit beruht zum einen auf der fehlenden Marktübersicht des einzelnen, die es ihm unmöglich macht, Angebote zu vergleichen sowie seine Verhandlungsposition realistisch einzuschätzen und auf dem fehlenden Überblick

---

1 Siehe z.B. *E. v.Hippel*, Schutz des Schwächeren, S. 29.
2 Siehe dazu oben Teil 1, B. II., S. 59.
3 Siehe dazu oben Teil 1, B. II., S. 59.
4 *Reich*, in Reich/Micklitz, S. 3.
5 *Reich*, in Reich/Micklitz, S. 3.
6 *E. v. Hippel*, Schutz des Schwächeren, S.29; *Kemper*, Verbraucherschutzinstrumente, S.36 ff., 59 ff.; *Schmude*, in FS Ballerstedt, S. 485, 493.

über die tatsächlich einschließlich Folgekosten zu zahlenden Preise[7]. Zum anderen beruht sie auf der mangelnden Vertrautheit mit wirtschaftlichen und rechtlichen Grundtatbeständen. So kennen viele Verbraucher oftmals weder die rechtlichen Wirkungen ihrer Handlungen noch ihre Rechte bei Vertragsschluß und Abwicklung[8].

Die wirtschaftliche Unterlegenheit folgt vor allem aus der geringen Nachfragemacht des einzelnen Verbrauchers, denn höherwertige Güter fragt er nur selten nach und die von einem einzelnen Verbraucher nachgefragten Gegenstände des Alltagslebens sind für den Anbieter nicht von einer solchen wirtschaftlichen Bedeutung, so daß er aus dem Wegfall der Nachfrage nur eines einzelnen Verbrauchers keine Konsequenzen ziehen wird[9].

Für den Verbraucherschutz kann daraus die Konsequenz gezogen werden, daß der intellektuellen Unterlegenheit des einzelnen nur durch bessere Information abgeholfen werden kann. Dazu leisten die Verbraucherschutzverbände einen großen Beitrag. Damit sichergestellt ist, daß der einzelne von den Informationen auch Gebrauch machen kann, muß ihm eine Mindestzeit für die Überlegung eingeräumt werden. Dies kann insbesondere auch nach Vertragsschluß geschehen, indem er die Möglichkeit hat, von dem Vertrag einseitig durch unabdingbare Erklärung Abstand zu nehmen, wie es durch die Widerrufsrechte des HWiG (§ 2) und des VerbrKrG (§ 7) geschieht.

II. Kurzer Überblick über die Geschichte der Verbraucherschutzgesetzgebung

Als das BGB Ende des letzten Jahrhunderts verabschiedet wurde, war ein spezielles Recht zum Schutz der Verbraucher noch kein Thema, obwohl ja auch im BGB mit den §§ 119 ff., 138 und den verschiedenen Gewährleistungsvorschriften Regelungen enthalten sind, die dem Schutz der Abnehmer von Waren und Dienstleistungen dienen. Auch das Abzahlungsgesetz von 1894 existierte zu dieser Zeit schon. Verbraucherschutzrecht in dem Sinn, in dem es heute verstanden wird, ist ein in den siebziger Jahren neu entstandenes Rechtsgebiet, nämlich ein Schutzrecht des privaten Endverbrauchers, der in einer Gesellschaft, in der der Konsum immer größeren Stellenwert einnimmt, eine aufgrund seiner wirtschaftlichen und intellektuellen Unterlegenheit zunehmend schwache Position hat[10]. 1971 hat die Bundesregierung einen ersten „Bericht zur Verbraucherpolitik" vorgelegt, mit dem sie das Ziel ver-

---

7 *Kemper*, Verbraucherschutzinstrumente, S. 37 ff.

8 *Kemper*, Verbraucherschutzinstrumente, S. 47.

9 *Kemper*, Verbraucherschutzinstrumente, S. 60.

10 *E. v. Hippel*, Verbraucherschutz, S. 3.

folgte, eine erste öffentliche Diskussion in Gang zu bringen, und in dem sie feststellte, daß die Marktstellung des Verbrauchers durch staatliche Maßnahmen verbessert werden müsse[11]. Darin hat sie das Versprechen abgegeben, die Stellung des Verbrauchers durch verschiedene Maßnahmen zu verbessern, denn dem Verbraucherschutz komme eine zentrale Rolle zu bei der „Verwirklichung einer Gesellschaft, die mehr Freiheit bietet und mehr Mitverantwortung fordert“[12]. In einem zweiten Bericht zur Verbraucherpolitik wurde das verbraucherpolitische Programm fortgeschrieben[13]. Seither wurden zahlreiche verbraucherschützende Gesetze erlassen, wie das Erste Gesetz zur Änderung des Abzahlungsgesetzes (1969), in dem die Anforderungen an förmliche Gestaltung des Teilzahlungsvertrages verschärft wurden, und das Zweite Gesetz zur Änderung des Abzahlungsgesetzes (1974), womit für den Käufer ein unabdingbares Widerrufsrecht eingeführt wurde. Des weiteren sind zu nennen: das Lebensmittel- und Bedarfsgegenständegesetz (1974), das Gesetz zur Regelung der Allgemeinen Geschäftsbedingungen (1976), das Gesetz zum Schutz der Teilnehmer am Fernunterricht (1977), das Reisevertragsgesetz (1979), aufgrund dessen die §§ 651a bis 651k in das BGB eingefügt wurden, das Gesetz über den Widerruf von Haustürgeschäften und ähnlichen Geschäften (1986) sowie das Verbraucherkreditgesetz (1991). Zu erwähnen sind an dieser Stelle noch das mehrfach geänderte Gesetz gegen den unlauteren Wettbewerb von 1909 sowie das 1990 neu gefaßte Gesetz gegen Wettbewerbsbeschränkungen von 1957.

Inzwischen steht den Verbrauchern damit ein weit gefächertes Instrumentarium zum Abbau ihrer intellektuellen und wirtschaftlichen Unterlegenheit zur Verfügung[14], das jedoch stellenweise immer noch Mängel aufweist[15]. Es bleibt allerdings zu vermerken, daß mit diesen Gesetzen auf Mißstände immer nur, teilweise mit jahrelanger Verspätung, reagiert wurde. Niemals jedoch wurde versucht, durch eine umfassende Kodifikation verbraucherschützender Rechte solchen Mißständen zuvorzukommen.

---

11 Bericht der Bundesregierung zur Verbraucherpolitik vom 18.10.1971, BT-Drucks. 6/2724.

12 Bericht der Bundesregierung zur Verbraucherpolitik vom 18.10.1971, BT-Drucks. 6/2724, S. 2.

13 Zweiter Bericht der Bundesregierung zur Verbraucherpolitik, BT-Drucks. 7/4181.

14 *Hadding*, Maßnahmen, S. 27 weist darauf hin, daß das weitgehende Aufgeben der Privatautonomie auf diesem Gebiet wesentlich zu dem Unbehagen an einer Entmündigung des Bürgers durch Verbraucherschutz beigetragen habe.

15 *Kemper*, Verbraucherschutzinstrumente, S. 504.

III. Kommt der Verbraucherschutz den Verbrauchern jetzt zugute?

1. Die praktische Umsetzung des Verbraucherschutzes

a) Kenntnis der Verbraucher von ihren Rechten

Die potentiellen Betrugsopfer können die Situation nur dann beherrschen, wenn sie ihre Rechte zur Abstandnahme vom Vertrag kennen. Diese Kenntnis kann entweder eine durch Fernsehen, Verbraucherzeitschriften und andere Medien oder in Schule und Ausbildung erworbene Rechtskenntnis sein, oder der Betroffene erlangt sie erst durch das Vertragsformular, das eine entsprechende Belehrung enthält. In diesem Fall ist er besonders für Umgehungsversuche und Täuschungen über seine Rechte anfällig.

Verläßliche, aktuelle Zahlen darüber, wieviele der Verbraucher über ihre Rechte im Fall eines Haustür- oder Verbraucherkreditgeschäfts aufgeklärt sind, liegen nicht vor. 1977 hat die Bundesregierung in ihrem Bericht über die Erfahrungen mit dem Zweiten Gesetz zur Änderung des Abzahlungsgesetzes, mit dem das Widerrufsrecht des § 1c AbzG eingeführt wurde, festgestellt, „trotz aller Bemühungen um eine umfassende Verbraucheraufklärung kann der Informationsstand in weiten Kreisen der Bevölkerung ... noch nicht als befriedigend bezeichnet werden“[16]. Die Bundesregierung ging aber in dem Bericht davon aus, daß der schlechte Informationsstand darauf beruhe, daß die Regelung noch recht neu sei und daß sich der Informationsstand entscheidend verbessern werde[17]. *Engelhardt/Kleinaltenkamp/Rieger* weisen auf eine INFRATEST-Befragung aus dem Jahr 1978 hin, derzufolge 77% der Befragten von der Möglichkeit eines Widerrufs bei Ratenkäufen wußten, wobei allerdings nur zwischen 53% und 59% der Befragten dieses Widerrufsrecht nur/auch auf Käufe bei Vertretern bezogen, also die genauen Anwendungsbereich des Widerrufsrechts nach § 1c AbzG nicht kannten[18].

Es gibt keine Untersuchung darüber, wie sehr sich der Informationsstand in den Jahren seit der erstmaligen Einführung eines Widerrufsrechts für Verbraucher verbessert hat. Bezüglich der Kenntnis von den sich aus dem BGB ergebenden Anfechtungs-. Rücktritts- und Gewährleistungsrechten bei der Bevölkerung liegen nach Angaben der Verbraucherzentrale Stuttgart e.V. keinerlei Umfrageergebnisse vor.

Allerdings dürfte sich der Kenntnisstand in den letzten Jahren dadurch erheblich verbessert haben, daß sich das Thema Verbraucherschutz allgemeiner Beliebtheit auch in den Medien erfreut und Aufklärungssendungen für Verbraucher, wie beispielsweise „WISO“, hohe Einschaltzahlen haben. Dazu kommt, daß die allgemeine Scheu der Bürger vor verbraucherrechtlichen Problemen und die Berüh-

---

16 Bericht der Bundesregierung, BT-Drucks. 8/234, S. 7.

17 Bericht der Bundesregierung, BT-Drucks. 8/234, S. 8.

18 *Engelhardt/Kleinaltemkamp/Rieger*, Direktvertrieb, S. 63.

rungsängste vor juristischen Stellen durch die Schaffung von Beratungsstellen, an die sich jeder Betroffene kostenlos wenden kann, stark abgenommen hat.

Die Kenntnis der Verbraucher kann sich aus der nach HWiG und VerbrKrG erforderlichen Belehrung ergeben. Ist diese erteilt, kann der Verbraucher bei nach Vertragsschluß aufkommender Kaufreue die Erklärung vornehmen und dementsprechend handeln. Selbst wenn er also bei Vertragsschluß das Widerrufsrecht nicht kennt, kann er hinterher aus der Belehrung sein Recht entnehmen.

In den Fällen, in denen gar keine Belehrung ausgehändigt oder über das Widerrufsrecht getäuscht wird, kann der Verbraucher Kenntnis über seine Rechte nur durch Einholung von Information bei einem Ratgeber, einer Verbraucherschutzstelle oder einem Rechtsanwalt erlangen.

b) Schichtabhängige Hürden bei der Rechtswahrnehmung

Schichtspezifische Hürden bei der Rechtswahrnehmung wurden immer wieder erörtert und auf ihre Ursachen hin untersucht[19]. Alle Gründe, die allgemein der Rechtswahrnehmung entgegenstehen, können hier in verstärktem Maße zu einer Unterlegenheit führen, die sich in mangelnder Erfahrung im Umgang mit Anwälten und Gerichten, dem Fehlen geschäftlicher Erfahrung und dem nicht ausreichenden Beherrschen schriftlicher Kommunikation äußert. Die Wahrscheinlichkeit, daß ein Verbraucher nichts unternimmt, um sein konkretes „Verbraucherproblem" zu lösen, steigt, je geringer sein Haushaltseinkommen ist[20]. Was die allgemeine Kenntnis der Verbraucherrechte angeht, so muß festgestellt werden, daß typische Unterschichtangehörige von der Verbraucheraufklärung weniger gut erreicht werden. Die entsprechenden Informationen, wie z.B. die Zeitschrift „Test" der Stiftung Warentest, werden hauptsächlich von Mittelschichtangehörigen gelesen, die den dafür erforderlichen Aufwand aufgrund ihrer Vorbildung als angemessen betrachten. Dieser Befund wird durch die Einkommensstruktur der „Test"-Leser bestätigt[21].

Täuschungen, insbesondere schwer erkennbare Mängel der erworbenen Sache, können für Menschen mit geringerem Bildungsstand schwerer feststellbar sein, so daß es insofern einen schichtspezifischen Unterschied gibt.

Allerdings dürfen die Schichtunterschiede auch nicht überbewertet werden. Soweit einzelne Bevölkerungsschichten besonders unterlegen sind, wie marktwirt-

---

19 Vgl. dazu *Baumgärtel*, Zugang, S. 7 ff., 113 ff.; *Bender/Schumacher*, Erfolgsbarrieren; *Rasehorn*, Recht und Klassen, S. 125 ff.; *Reich*, in Reich/Micklitz, S. 4; ders., in Reich/Tonner/Wegener, S. 235 ff.

20 *Reifner/Volkmer*, Verbraucherrechtsberatung, S. 71.

21 *Kemper*, Verbraucherschutzinstrumente, S. 101; *Reifner/Volkmer*, Verbraucherrechtsberatung, S. 211 ff.

schaftlich besonders ungeübte Aussiedler, ältere Menschen oder Arbeiter, beruht das vor allem darauf, daß bei diesen Kreisen aufgrund ihres Konsumverhaltens Probleme besonders auffallen und sie eher in Extremsituationen handeln. Ansonsten besteht aber zu anderen Verbrauchergruppen, die generell als weniger schutzbedürftig gelten, kein struktureller, sondern nur ein gradueller Unterschied[22]. Die größere Störungsanfälligkeit läßt sich damit erklären, daß keine oder nur geringe Rücklagen vorhanden sind, die solche Störungen abmildern könnten.

2. Umgehungsmöglichkeiten

Die Effizienz dieser verbraucherschützenden Gesetze hängt zu einem großen Teil davon ab, wie leicht sie von den Anbietern umgangen werden können. Manche Anbieter haben ein Interesse daran, immer neue, mehr oder weniger lautere Wege zu finden, um immer neue Waren abzusetzen. Wird daher ein bestimmtes Geschäftsverhalten durch den Gesetzgeber unterbunden, wie beispielsweise das Ausnutzen des Zeitdrucks bei Verkäufen an der Haustür durch das HWiG, dann folgt darauf die Suche jener Anbieter, die nur durch Überrumpelung unterlegener Kunden wirtschaftlich überleben können, nach den Schlupflöchern, die ihnen der Gesetzgeber gelassen hat[23]. Der nächste Schritt der Anbieter nach Erlaß des HWiG war beispielsweise, die Verbraucher durch Telefonanrufe oder vorformulierte Antwortkarten dazu zu bewegen, einen Vertreter zu bestellen. Darauf haben wiederum die Gerichte reagiert, sie haben dieses Verhalten als Umgehung des HWiG angesehen und es trotzdem angewendet[24].

v. Falckenstein zählte 1977 folgende Versuche auf, das Widerrufsrecht nach dem AbzG zu umgehen, die die Verbraucherzentrale Hamburg ermittelt hat:

- Rückdatierung des Vertrages (Umgehung der Widerrufsfrist),
- Täuschung über den rechtswirksamen Abschluß eines Vertrages (Umgehung der Ausübung der Widerrufsfrist),
- Vortäuschen eines Barkaufs (Umgehung des Widerrufsrechts),
- Widerrufsbelehrung wird gesondert erteilt (Abschneiden der Rechtsbehelfe),
- Verstecken der Widerrufsbelehrung in den AGB (Abschneiden der Rechtsbehelfe),
- Fordern einer beträchtlichen Abstandssumme oder einer Nutzungsvergütung im Fall des Widerrufs (Nötigung zum Unterlassen des Widerrufs)

---

22 *Kemper*, Verbraucherschutzinstrumente, S. 37.

23 *Castello*, VuR 1988, 1.

24 BGH NJW 1990, 181; OLG Frankfurt, NJW-RR 1989, 494; HansOLG Hamburg, NJW-RR 1988, 1326; LG Stuttgart, VuR 1988, 84; AG Frankfurt, VuR 1988, 83; siehe dazu auch *Castello*, VuR 1988, 1 ff.

und schließlich verschiedene Varianten der Aufspaltung des wirtschaftlich einheitlichen Geschäfts in Kaufvertrag und Kreditvertrag[25].

Auch *Gilles* zählt einige Tricks und Schliche auf, mit Hilfe deren das Widerrufsrecht umgangen werden soll: Der Kunde wird über Namen und Anschrift des Widerrufsadressaten getäuscht, in einer Nebenabrede wird eine Verlängerung der Widerrufsfrist vereinbart, auf die sich der Kunde verläßt und die er dann im Streitfall nicht beweisen kann. Oder es wird versucht, den Kunden durch die unwahre Behauptung, er müsse bei Ausübung des Widerrufs Schadensersatz bezahlen, von der Ausübung des Rechtes abzuhalten[26]. In Betracht kommt auch, daß die unterschriftliche Bestätigung des Kunden, eine ordnungsgemäße Widerrufsbelehrung erhalten zu haben, erschlichen wird oder daß der Vertreter heimlich die unterschriebene Widerrufsbelehrung auf ein früheres Datum zurückdatiert[27].

Zwar wurden viele dieser Machenschaften vom Gesetzgeber durch Erlaß des HWiG und VerbrKrG unterbunden oder durch die Rechtsprechung als Umgehungsgeschäfte qualifiziert. So wurde beispielsweise über § 5 HWiG § 1 Abs.1 Nr. 1 HWiG angewandt, als der Kunde im Bereich seiner Privatwohnung von der anderen Vertragspartei angesprochen wurde und die Vertragsverhandlungen dann auf Vorschlag des Vertreters in einem Café geführt wurden[28]. Die Aufspaltung von Kauf- und Kreditvertrag wurde zuerst von der Rechtsprechung mit Hilfe der Konstruktion des Einwendungsdurchgriffs beim finanzierten Abzahlungskauf[29] und seit 1991 vom Gesetzgeber durch § 9 VerbrKrG verhindert. Für das Ingangsetzen der Widerrufsfrist ist nach § 2 Abs. 1 HWiG bzw. § 7 Abs. 2 S. 2 VerbrKrG eine drucktechnisch deutlich gestaltete schriftliche Belehrung über das Widerrufsrecht einschließlich Namen und Anschrift des Widerrufsempfängers erforderlich.

Problematisch ist jedoch immer noch die in § 3 Abs. 3 HWiG geregelte Pflicht zur Vergütung der gelieferten Sache, denn bei der gelieferten Sache kann es sich auch um eine Dienst- oder Werkleistung handeln. Erbringt nun der Gewerbetreibende seine Leistung vor dem Widerruf innerhalb der Widerrufsfrist, so bleibt dem Kunden zwar noch die Widerrufsmöglichkeit, aber er muß die Vergütung bezahlen, was geeignet ist, ihn von der Ausübung des Widerrufsrechts abzuhalten. Gewerbetreibende können diese Regelung ausnützen, indem sie die Leistung sofort nach Vertragsunterschrift und noch vor Ablauf der Widerrufsfrist erbringen[30].

---

25 *v. Falckenstein*, Bekämpfung, S. 92.

26 *Gilles*, Direktmarketing, S. 179 ff.

27 *Gilles*, Direktmarketing, S. 180 f.

28 AG Freising, NJW-RR 1988, 1326.

29 Vgl. BGH NJW 1987, 1813; BGHZ 91, 37; siehe dazu *Putzo*, in Palandt, 50. Aufl., Anh. zu § 6 AbzG, Rdnr. 6.

30 *Förschler*, Betrachtungen, S. 126.

Auch das neue Verbraucherkreditgesetz enthält wieder Möglichkeiten zur Umgehung, wie das Verwandeln des Kredites in einen Überziehungskredit gemäß § 5 VerbrKrG, für den das Widerrufsrecht nicht gilt[31]. Von Verbraucherseite kritisiert wurde auch die Regelung in § 7 Abs. 3 VerbrKrG, wonach das Widerrufsrecht an eine Art auflösende Bedingung geknüpft ist, wenn der Verbraucher das nicht zweckgebundene Darlehen schon erhalten hat[32]. Andererseits besteht bei § 18 VerbrKrG im Gegensatz zu § 6 AbzG nicht die Gefahr, daß es durch Einkleidung des Kreditgeschäfts in einen anderen Vertragstyp umgangen wird, weil nach dem Verbraucherkreditgesetz nicht der bestimmte Typus des Kreditvertrages entscheidend ist, sondern es alle Verträge erfaßt, durch die vorübergehend Kaufkraft überlassen wird[33].

Mit genügend Phantasie werden sich sicher immer neue Umgehungsmöglichkeiten finden lassen. Jedoch wurde andererseits durch das Umgehungsverbot der § 18 VerbrKrG und § 5 Abs. 1 HWiG die Effizienz dieser Verbraucherschutzgesetze entscheidend erhöht. Gerade beim „Abschneiden" der Rechtsbehelfsbelehrung hilft es dem Getäuschten aber nicht, wenn ein Gericht das Handeln des Täuschenden als Umgehungsversuch einstuft und dem Getäuschten das Widerrufsrecht trotzdem zugesteht. Wenn er über das Widerrufsrecht hinweggetäuscht wurde und deswegen auch die Frist nicht zu laufen beginnt, er aber von seinem fristlosen Recht keine Kenntnis hat, ist ihm die faktische Rechtsausübung erschwert. Allerdings dürften die Anbieter ein großes Interesse daran haben, den Lauf der Frist in Gang zu setzen, so daß auf sie indirekt Druck ausgeübt wird.

3. Niedrige Widerrufsquoten

Die Quote der widerrufenen Geschäfte ist sowohl bei gesetzlichen als auch bei freiwillig gewährten Widerrufsmöglichkeiten „verhältnismäßig gering"[34]. Nach einer Erhebung des Deutschen Industrie- und Handelstages, die sich auf etwa 490.000 Abzahlungsgeschäfte im Jahr 1975 erstreckte, wurden nur durchschnittlich 2% der Geschäfte widerrufen, beim Buch- und Zeitschriftenhandel waren es 5%[35]. Laut *Gilles* sollen 1978 nur 2,7% der rund 700.000 Teilzahlungsgeschäfte widerrufen worden sein[36]. Nach Angaben des Arbeitskreises „Gut beraten – zu Hause gekauft", e.V., in dem einige und darunter die größten Direktvertriebsunternehmen zusammenge-

---

31 *Reich*, in Hadding/Hopt, Verbraucherkreditgesetz, S. 39.

32 *Reich*, in Hadding/Hopt, Verbraucherkreditgesetz, S. 39.

33 *Habersack*, in Ulmer/Habersack, Verbraucherkreditgesetz, § 18, Rdnr. 12.

34 Bericht der Bundesregierung über die Erfahrung mit dem zweiten Gesetz zur Änderung des Abzahlungsgesetzes, BT-Drucks. 8/234, S. 4; *Förschler*, Betrachtungen, S. 124.

35 Bericht der Bundesregierung, BT-Drucks. 8/234, S. 4.

36 *Gilles*, Direktmarketing, S. 178.

schlossen sind, belief sich die Quote 1983 bei den Mitgliedsfirmen, die ein Widerrufsrecht gewähren, auf 1,9%, im Fall eines Rechtes zur Warenrückgabe auf 2,9%[37]. Aktuelle Zahlen darüber, wieviele Geschäfte aufgrund des VerbrKrG und des HWiG widerrufen werden, liegen leider nicht vor, doch dürfte die Quote in einem ähnlich niedrigen Bereich liegen.

Die Frage, worauf diese niedrigen Widerrufsquoten beruhen, drängt sich auf. Die meisten Verbraucher, stellt *Eike v. Hippel* fest, setzten die individuellen Ansprüche, die ihnen aufgrund verbraucherschützender Normen gegen die Anbieter zustehen, nicht durch, insbesondere bei niedrigen Streitwerten nicht, wofür unterschiedliche Gründe, wie fehlende Rechtskenntnisse, das Gefühl der Unterlegenheit, Hemmungen vor der Kontaktaufnahme mit dem Gericht oder Anwalt, die Scheu vor dem erforderlichen Aufwand an Zeit und Geld, das Prozeßrisiko und mangelndes Vertrauen in Anwalt und Gericht als Grund genannt werden[38]. Teilweise wird auch von der „in der Bundesrepublik besonders weit verbreiteten und allseits bekannten Lethargie der Verbraucher" gesprochen, die eine wirksame Verbraucherselbsthilfe verhindere[39].

Ein Widerrufsentschluß wird oftmals auch deswegen nicht gefaßt, weil keine Kaufreue entsteht. Das kann darauf beruhen kann, daß die Mangelhaftigkeit nicht bemerkt wird, oder darauf, daß die Käufer nach dem Kauf in der Regel dazu geneigt sind, ihre Kaufentscheidung als richtig bestätigen zu lassen[40]. Hinzu kommt, daß ein Widerruf des Kunden nach Erkenntnissen der Psychologen nur erfolgt, wenn eine Motivation, ein Antrieb dazu vorliegt[41].

Förschler beschreibt die typische Situation so:

> „wenn der Gewerbetreibende den Vertragsschluß erreicht hat und das Haus wieder verlassen hat, kehrt der 'Alltag' beim Kunden wieder ein. Für ihn besteht zunächst kein Anlaß mehr, sich erneut mit dem Vertragsschluß auseinanderzusetzen. Ein solcher Antrieb kann erst durch das Eintreffen der vielleicht minderwertigen Ware oder durch ähnliche Ereignisse entstehen. Dann erst wächst das Bedürfnis des Kunden zum Widerruf. Regelmäßig ist zu diesem Zeitpunkt das Widerrufsrecht aber längst abgelaufen"[42].

Von diesen Faktoren, die dazu führen, daß das Widerrufsrecht nicht ausgeübt wird, werden einige durch das HWiG und VerbrKrG abgemildert. Daß viele Verbraucher nichts von ihrem Widerrufsrecht wissen oder über die richtige Ausübung in Unkenntnis sind, wird durch die vorgeschriebene Widerrufsbelehrung verhindert.

---

37 *Ulmer*, Direktvertrieb, WRP 1986, 445, 447, Fn. 33.

38 *E. v. Hippel*, Schutz des Schwächeren, S. 49 f.

39 *Gilles*, Direktmarketing, S. 85.

40 *Schade*, Geschäfte an der Haustür, S. 42.

41 *Förschler*, Betrachtungen, S. 263.

42 *Förschler*, Betrachtungen, S. 263.

Die Scheu vor Anwalt und Gericht oder mangelndes Vertrauen in diese Institutionen können bei der Ausübung des Widerrufsrechts nur bedingt eine Begründung sein, weil für diesen ersten außergerichtlichen Schritt des schlichten Widerrufs weder Anwalt noch Gericht eingeschaltet werden müssen. Daß aber aus Faulheit, Trägheit, Lethargie oder Arbeitsüberlastung kein Widerrufsentschluß gefaßt wird, ist ein im Verantwortungsbereich des Verbrauchers angelegter Mangel, den kein Verbraucherschutzgesetz beheben kann. Hier drängt sich die Frage auf, ob es sinnvoll ist, für den Verbraucher noch weitere Rechte zu schaffen, wenn dieser sie nicht wahrnimmt.

IV. Konsequenzen für die strafrechtliche Beurteilung der Selbstschutzmöglichkeiten und für das Kriterium der Beherrschbarkeit

Es bleibt zu untersuchen, welche der obengenannten Faktoren es ausschließen, daß das Betrugsopfer es noch in der Hand hat, den Schadenseintritt zu verhindern. Bei der strafrechtlichen Prüfung, ob das Opfer es noch in der Hand hat, das Umschlagen der Vermögensgefährdung in einen endgültigen Schaden zu verhindern, können nicht alle dieser Gründe, wegen derer die Rechtswahrnehmung unterlassen wird, ausschlaggebend sein. Hier ist zu beachten, daß Strafrechtsaufgabe im allgemeinen der Rechtsgüterschutz, Aufgabe des Betrugstatbestandes im besonderen der Schutz des Rechtsguts Vermögen ist, nicht jedoch die Verbesserung der Position des Verbrauchers im Geschäftsleben.

Bei der Einordnung dieser Hindernisse bei der Rechtswahrnehmung können nun die in Teil 1 der Arbeit untersuchten Grundsätze herangezogen werden. Die dort mit Hilfe der allgemeinen Strafrechtsprinzipien gefundenen Ergebnisse zwingen hier dazu, solche Faktoren als strafrechtlich irrelevant auszuscheiden, die mit ihnen nicht übereinstimmen. Der Vorrang der zumutbaren Selbstschutzmöglichkeiten vor dem Eingreifen des strafrechtlichen Schutzes, der sich aus dem Subsidiaritätsprinzip und aus viktimodogmatischen Überlegungen heraus ergibt, sowie das dem Strafrecht zugrundeliegende Menschenbild eines eigenverantwortlich Handelnden fordern vom Opfer, seine Rechte selbst aktiv wahrzunehmen.

1. Trägheit

Als strafrechtlich irrelevant müssen wegen des Selbstverantwortungsprinzips Trägheit, Arbeitsüberlastung und Nachlässigkeit in geschäftlichen Dingen ausgeschieden werden. Denn dieses Prinzip legt jedem Menschen, auch dem potentiellen Opfer einer Straftat, das Recht und die Pflicht zum eigenbewußten Handeln und zur vorrangigen Wahrnehmung der Selbstschutzmöglichkeiten auf. *Bottke* weist in diesem Zusammenhang zutreffend darauf hin, daß die Berücksichtigung geschäftlicher Unerfahrenheit ein sozialpolitisches Anliegen sein mag, jedoch mit dem Rechtsgut des Vermögens nichts zu tun habe[43]. Auch wenn das potentielle Betrugsopfer zu träge, arbeitsüberlastet oder nachlässig ist, hat es es dennoch in der Hand, den weiteren Ablauf der Vertragsabwicklung oder -auflösung selbst zu gestalten, und es kann selbst entscheiden, ob es von dieser Möglichkeit Gebrauch machen möchte. Dasselbe gilt, wenn sich der Getäuschte nur deswegen nicht zur Wehr setzt, weil er in geschäftlichen Dingen ungewandt oder unerfahren ist, denn die Unfähigkeit, die eigenen Interessen zu wahren, kann bei der Ermittlung des Vermögensschadens nicht ausschlaggebend sein[44]. Da es nicht Aufgabe des Strafrechts ist, sorglose Menschen gegen die Folgen ihrer Sorglosigkeit zu schützen, ist dem einzelnen zuzumuten, den noch nicht eingetretenen Vermögensschaden nach Kräften zu vermeiden[45]. Das Kriterium der Beherrschbarkeit ist bei diesen Fallkonstellationen somit gegeben.

2. Mangelnde Kenntnis

Die ungenaue Kenntnis von den zur Verfügung stehenden Rechten und auch die Unerfahrenheit in wirtschaftlichen oder juristischen Angelegenheiten werden in ihren negativen Folgen durch die Pflicht zur Aushändigung einer Widerrufsbelehrung erheblich abgemildert. Dann hat es der Kunde in der Hand, sein Recht wahrzunehmen.

Auch bei den vertraglich vereinbarten Rücktrittsrechten läßt sich die Beherrschbarkeit bejahen, denn das Opfer kennt seine Rechte, weil es am Vertragsschluß mitgewirkt hat.

Komplizierter ist die Beurteilung der Beherrschbarkeit bei den Widerrufsrechten, bei denen die vorgeschriebene Belehrung nicht erteilt wird und bei den sich aus dem BGB ergebenden Lossagungsmöglichkeiten, denn über die gesetzlichen Rechte wird der Kunde bei Vertragsschluß niemals aufgeklärt. Hier wird es oft so sein, daß der Getäuschte keine genaue Kenntnis davon hat, woraus sich sein Recht, sich vom Vertrag zu lösen, ergibt. Auch in der Rechtsprechung wird die Unbeachtlichkeit des Anfechtungsrechts bei der Schadensermittlung damit begründet, daß im Zeitpunkt des Vertragsschlusses „die grundsätzliche Anfechtbarkeit dem Getäuschten regelmäßig nicht bekannt sei“[46].

---

43 *Bottke*, JR 1987, 428, 430.
44 *Lenckner*, JZ 1971, 320, 324.
45 *Meyer*, MDR 1971, 718, 720.
46 OLG Düsseldorf, wistra 1990, 200, 201.

Mit reinen Billigkeitserwägungen läßt sich diese Fallgestaltung nicht überzeugend einordnen. Es muß daher nach einem Maßstab gesucht werden, um zu beurteilen, wieviel an geistiger Anstrengung von dem Opfer verlangt werden kann. Es kann bei diesen Fallgestaltungen unterschieden werden, worauf sich die Unkenntnis des Opfers bezieht. Sie kann darauf beruhen, daß der getäuschte Vertragspartner die Täuschung nicht erkennen kann, beispielsweise bei versteckten Mängeln der gekauften Sache. Sie kann aber auch darin bestehen, daß das Opfer keine Kenntnis von der Rechtslage hat.

Da es hier zum einen um die Kenntnis von Tatsachen, zum anderen um das Wissen von rechtlichen Zusammenhängen geht, bietet es sich an, die Unterscheidung heranzuziehen, die auch bei der Abgrenzung von Verbots- und Tatbestandsirrtum vorgenommen wird.

Seit der Bundesgerichtshof 1952 in der Plenarentscheidung BGHSt 2,194 in Abkehr von der reichsgerichtlichen Rechtsprechung[47] die Schuldtheorie vertreten und der Gesetzgeber sich mit der Schaffung des jetzigen § 17 dieser Theorie angeschlossen hat, besteht Übereinstimmung, daß zwischen dem Tatbestandsirrtum oder Tatumstandsirrtum auf der einen Seite und dem Verbotsirrtum andererseits zu unterscheiden ist[48]. Es wird daher differenziert, ob der Täter über das Vorliegen eines deskriptiven oder normativen Tatumstandes irrt, was zum Tatbestandsauschluß nach § 16 führt, oder ob er bei Kenntnis der Tatumstände über das Verbotensein der Tat irrt[49]. Letzteres hat nach der Schuldtheorie, wonach das Bewußtsein rechtswidrigen Handelns kein Vorsatzelement, sondern ein Schuldelement ist[50], zur Folge, daß allenfalls, bei Unvermeidbarkeit des Irrtums, die Schuld ausgeschlossen ist, vgl. § 17 S. 1.

Nach dieser Unterscheidung erfährt der Täter mehr Nachsicht, wenn er über Tatsachen irrt, eine Bestrafung wegen vorsätzlicher Tat scheidet dann aus und er kann allenfalls wegen eines Fahrlässigkeitsdelikts bestraft werden. Bezieht sich seine Unkenntnis dagegen auf rechtliche Umstände, dann wird von ihm eine geistige Anspannung, eine Gewissensanspannung verlangt. Dem Täter wird auch eine Pflicht zur Erkundigung über die Rechtslage auferlegt[51]. Dieser Maßstab, der sich auf den Kenntnisstand des Täters bezieht, kann nun bei der Frage, wie sich die Unkenntnis des Opfers auf den Vorrang der Selbstschutzmöglichkeiten auswirkt, herangezogen werden.

---

47 Dagegen unterschied das Reichsgericht zwischen strafrechtlichen und außerstrafrechtlichen Irrtümern: bei Unkenntnis der außerstrafrechtlichen Verbote sollte der Vorsatz entfallen, siehe dazu RGSt 1, 368; 34, 418. Die Existenz des Unrechtsbewußtseins im Sinn eines selbständigen Schuldmerkmals wurde vom Reichsgericht ausdrücklich geleugnet, RGSt 2, 268, 269; 57, 235, 236 f.; 61, 242, 258; 63, 215, 218.

48 *Weber*, in Baumann/Weber/Mitsch, § 21, Rdnr. 63.

49 *Weber*, in Baumann/Weber/Mitsch, § 21, Rdnr. 63.

50 *Weber*, in Baumann/Weber/Mitsch, § 21, Rdnr. 38.

51 *Weber*, in Baumann/Weber/Mitsch, § 21, Rdnr. 60.

a) Die Unkenntnis bezieht sich auf die Tatsache der Täuschung

Hat der Getäuschte keine Möglichkeit zu erkennen, daß er getäuscht wurde, beispielsweise, daß er eine mangelhafte Sache gekauft hat, dann bezieht sich diese Unkenntnis auf ein tatsächliches Element. Nach § 16 führt beim Täter die falsche oder fehlende Vorstellung von Tatsachen zum Ausschluß der Bestrafung wegen Vorsatztat. Greift man hier auch bezüglich der fehlenden Tatsachenkenntnis des Opfers auf den Gedanken des § 16 zurück, dann kann es ihm nicht zum Nachteil gereichen, daß es eine fehlerhafte oder gar keine Vorstellung von den Tatsachen hat. Nach diesem Maßstab des § 16 fehlt es bei dieser Fallgestaltung an der Beherrschbarkeit durch das Opfer, wenn das Betrugsopfer die Täuschung gar nicht erkennen kann, beispielsweise bei versteckten Mängeln. Für diesen Augenblick des Vertragsschlusses muß die Feststellung getroffen werden, ob das Vermögen des Getäuschten schon jetzt dadurch konkret gefährdet ist, daß er eine spätere Inanspruchnahme aufgrund des Vertrages nicht verhindern können wird, und er daher diesen Vermögensbestandteil schon jetzt abschreiben muß. Es kann daher nicht entscheidend sein, ob der Getäuschte die Täuschung irgendwann zwischen Vertragsschluß oder Leistungserbringung tatsächlich erkennt, denn auf diesen späteren Zeitpunkt kommt es nicht an. Vielmehr kann ein vollendeter Betrug nur angenommen werden, wenn im Einzelfall schon bei Vertragsschluß die konkrete Prognose möglich ist, daß der Getäuschte nicht die Möglichkeit haben wird zu erkennen, daß er getäuscht wurde.

b) Die Unkenntnis des Getäuschten bezieht sich auf die Rechtslage

Anders ist es, wenn das Betrugsopfer denkt, es habe keine rechtliche Handhabe, um gegen den Vertragsschluß vorzugehen, es ihm also an der Rechtskenntnis fehlt. Die Konstellation, daß entscheidend ist, ob jemand einen Sachverhalt rechtlich richtig bewertet, findet sich beim Verbotsirrtum. Es wird vom Täter nicht verlangt, daß er die genaue Rechtslage kennt, aber daß er in der Laiensphäre eine Parallelwertung vornimmt. Hegt der Täter Zweifel, dann trifft ihn eine Erkundigungspflicht, eine Pflicht zur Einholung von Rechtsrat. Man kann diesen Maßstab auch auf das Opfer anwenden. Damit läßt sich die Frage beantworten, ob es das Opfer noch in der Hand hat, das Umschlagen der Vermögensgefährdung in einen effektiven Schaden mit Hilfe der untersuchten Rechte zu verhindern, wenn es die Anfechtbarkeit oder die rechtliche Möglichkeit des Widerrufs oder Rücktritts nicht kennt.

Hat das Opfer in seiner laienhaften Vorstellung die Tatsache erkannt, daß es getäuscht wurde und der abgeschlossenen Vertrag für ihn nachteilig ist, kann von ihm eine „Parallelwertung in der Laiensphäre“ verlangt werden. Demnach kann man ihm die Obliegenheit auferlegen, sich rechtlich kundig zu machen und seine Rechte selbständig zu verfolgen. Es muß sich über die genaue Möglichkeit, sich von dem

Vertrag durch Anfechtung, Widerruf oder Rücktritt zu lösen, informieren und dementsprechend handeln. Der Getäuschte hat es noch in der Hand, den Eintritt eines endgültigen Vermögensschadens zu verhindern, auch wenn er über die genaue Rechtslage nicht informiert ist. Die Selbstschutzmöglichkeiten sind daher auch in diesem Fall vorrangig. Nimmt das Opfer nicht auf diese Weise die Selbstschutzmöglichkeiten wahr, dann fehlt es ihm an der Schutzbedürftigkeit. Der strafrechtliche Schutz wird ihm dann in diesem Stadium der Gefährdung versagt.

Diese Unterscheidung birgt sicher für die Rechtspraxis die Gefahr, daß anwaltlich beratene Angeklagte sich dahingehend einlassen, die Täuschung sei leicht erkennbar gewesen und das Opfer habe nur den falschen rechtlichen Schluß daraus gezogen. Dann ist es allerdings ist eine Beweisfrage, wie man diese Schutzbehauptung widerlegen kann, und noch kein Grund, diesen Gesichtspunkt zu verwerfen. Auch die Tatsache, daß dadurch dem Opferverhalten im Strafprozeß ein großer Raum eingeräumt werden müßte, stellt keinen triftigen Grund dar. Denn bei der Strafzumessung muß ja auch berücksichtigt werden, was im Opfer vorging. Es entsteht also kein zusätzlicher Ermittlungsaufwand, wenn man die Einschätzung des Opfers auf Tatbestandsseite auch berücksichtigt.

Damit läßt sich festhalten, daß es an der Beherrschbarkeit dann nicht fehlt, wenn das Betrugsopfer die Tatsache erkannt hat, daß es getäuscht wurde, es aber aufgrund von mangelnder Information über seine rechtlichen Möglichkeiten, sich von dem Vertrag zu lösen, untätig bleibt.

c) *Das Opfer wird über das Bestehen seiner Rechte hinweggetäuscht*

aa) Qualifizierte Täuschung

Wenn der Täter nicht nur über eine für den Vertragsschluß relevante Tatsache täuscht, sondern darüber hinaus in Form einer qualifizierten Täuschung gerade das Bestehen eines Anfechtungs-, Widerrufs-, Rücktritts- oder Gewährleistungsrechts leugnet, dann ist das Kriterium der Beherrschbarkeit nicht erfüllt. Wenn dem Getäuschten seine Selbstschutzmöglichkeiten gezielt verschleiert werden, dann hat es er nicht in der Hand, mit ihrer Hilfe sich selbst zu schützen. Der Täter zielt mit seinem Verhalten je gerade darauf ab, die Wahrnehmung des Selbstschutzes durch den Rechtsgutsträger zu verhindern.

bb) Exkurs: Stellt das Täuschen über die Rechtslage eine Täuschung über Tatsachen dar?

An dieser Stelle stellt sich die Frage, ob das Täuschen über die Rechtslage überhaupt ein betrugsrelevantes Verhalten darstellen kann. In den Fällen, in denen der

Täter nur über das Bestehen eines Widerrufsrechts hinwegtäuscht, wird es allerdings regelmäßig an einer kausalen Vermögensverfügung in Form eines Vertragsschlusses fehlen. Zweifelhaft ist jedoch schon, ob die Täuschung über das Bestehen eines Rechtes eine Täuschung über Tatsachen ist. Tatsachen sind konkrete Vorgänge oder Zustände der Vergangenheit oder Gegenwart, die dem Beweis zugänglich sind[52]. Weil der Sprachgebrauch auch Rechtssätze als Tatsache bezeichnet und ihr Bestehen auch nachprüfbar ist, vertritt *Graul* die Auffassung, daß auch Rechtssätze Tatsachen i.S.d. § 263 sein können[53]. Sie unterscheidet allerdings, ob konkrete Sachverhalte rechtlich bewertet werden oder ob die Existenz abstrakter Rechtssätze behauptet wird. Die rechtliche Beurteilung von Sachverhalten ordnet sie in Übereinstimmung mit der herrschenden Meinung[54], die vielfach nicht wie *Graul* differenziert, als Werturteil oder Meinungsäußerung ein[55]. Dagegen sieht sie die isoliert aufgestellte reine Rechtsbehauptung im Sinn der Behauptung der sachverhaltsunabhängigen Existenz als Tatsachenbehauptung an[56]. Die Behauptung, daß eine Rechtsnorm gewissen Inhalts existiere, könne auf ihre Richtigkeit hin überprüft werden. Demgegenüber hält *Graul* es für unangebracht, den prozessualen Begriff der gerichtlichen Beweisführung für die Frage der Beweisbarkeit heranzuziehen. Dieser hat zur Folge, daß es sich nicht um eine Tatsache handelt, weil über die Rechtslage keine Beweisaufnahme stattfindet.

Die von *Graul* vorgenommene Differenzierung läßt sich allerdings in der Praxis nicht immer leicht durchführen. *Graul* führt zur Bestätigung ihrer Differenzierung einen vom Reichsgericht entschiedenen Fall an[57]. Darin hatte der Angeklagte dem Geschädigten erklärt, die von ihm verlangte Wechselunterschrift bezwecke nur die Übertragung der Forderung von einem Dritten auf den Angeklagten, für den Unterzeichner selbst werde aber eine Wechselverbindlichkeit nicht begründet. Das Reichsgericht hatte hier eine Täuschung über eine Tatsache angenommen[58]. Dieser Fall zeigt aber gerade, daß die Grenzziehung zwischen der Behauptung abstrakter Rechtssätze und der rechtlichen Bewertung nicht exakt erfolgen kann. Auch in den Fällen, in denen der Täter das Opfer über das Bestehen eines Widerrufsrechts hinwegtäuscht, wird sich in der Regel nicht feststellen lassen, daß nur über das Bestehen eines abstrakten Rechtssatzes getäuscht wird. Daß das Recht zum Widerruf

---

52 RGSt 56, 227.

53 *Graul*, JZ 1995, 595 ff.

54 OLG Stuttgart, NJW 1979,2573; OLG Zweibrücken, JR 1989,390; *Bockelmann*, Strafrecht BT 1, S. 66; *Cramer*, in Schönke/Schröder, § 263, Rdnr. 9; *Lackner*, in LK, § 263, Rdnr. 14; *Welzel*, Lehrbuch, S. 369; zweifelnd *Tröndle*, § 263, Rdnr. 4.

55 *Graul*, JZ 1995, 595, 600.

56 *Graul*, JZ 1995, 595, 601 f.

57 RGRspr. 1, 196, 197.

58 RGRspr. 1, 196, 197.

besteht, wird ja anhand eines konkreten Vertragsschlusses behauptet und vom Getäuschten auch beabsichtigterweise auf diesen bezogen. In diesen Fällen fehlt es dann in Übereinstimmung mit der herrschenden Meinung an einer Täuschung über Tatsachen. Da schon das Tatbestandsmerkmal der Täuschung über Tatsachen nicht erfüllt ist, stellt sich die beim Schadensmerkmal des Betrugstatbestandes zu erörternde Frage der Beherrschbarkeit nicht.

d) Intellektuelle Defizite beim Opfer

Auch wenn das potentielle Betrugsopfer von seiner geistigen Veranlagung her gar nicht in der Lage ist zu erkennen, daß mit dem Vertrag etwas nicht stimmt und daß es sich dagegen zur Wehr setzen kann, kann der Selbstschutz durch Wahrnehmung der untersuchten Rechte nicht vorrangig sein. In diesem Fall kann das Opfer sich nicht selbst helfen, weil es die Abwendung des Schadens nicht in der Hand hat: Es bedarf dann des Schutzes durch das Strafrecht.

3. Das Opfer hält den Aufwand für die Rechtswahrnehmung für zu groß

Auch dieser Faktor wird dafür verantwortlich gemacht, daß der getäuschte Vertragspartner keinen Gebrauch von seinen Rechten macht[59]. Um die Entscheidung treffen zu können, daß sich für ihn der Aufwand der Rechtsverfolgung nicht lohne, muß der Getäuschte aber vorher erkannt haben, daß er hintergangen worden ist. Er verzichtet also bewußt auf die Wahrnehmung der Selbstschutzmöglichkeit, obwohl er die Möglichkeit hätte, diese auszuüben. Bei dieser Fallgestaltung fehlt es daher nicht an der Beherrschbarkeit, und der Getäuschte bedarf nicht des strafrechtlichen Schutzes. Der Aufwand für die Rechtsverfolgung stellt zudem keinen betrugsrelevanten Schaden dar, es fehlt insoweit an der erforderlichen Stoffgleichheit zwischen Schaden und erstrebtem Vermögensvorteil.

---

59 So von *Lackner*, in LK, § 263, Rdnr. 225.

B. Die Bedeutung von Anfechtungs-, Widerrufs-, Rücktritts- und Gewährleistungsrechten für das Schadensmerkmal des Betrugstatbestandes

I. Schadensermittlung beim Eingehungsbetrug

1. Schadensgruppen bei Betrug im Zusammenhang mit Verträgen

Beim Eingehungsbetrug sind die durch den Vertragsschluß begründeten Vertragspflichten miteinander zu vergleichen. Schon wenn man mit der ständigen Rechtsprechung[60] und herrschenden Literatur[61] das Schadensmerkmal nach objektiv-individuellen Kriterien ermittelt und Angriffe auf die Dispositionsfreiheit außer acht läßt, können die vom Getäuschten erworbenen Ansprüche aus verschiedenen Gründen minderwertig gegenüber der eingegangenen Verpflichtung sein.

a) Verträge mit objektivem Mißverhältnis

Es kann sich um einen Vertrag handeln, bei dem zwischen den sich gegenüberstehenden Verbindlichkeiten ein objektives Mißverhältnis besteht[62]. Diese als wirtschaftlich unausgeglichen bezeichneten Verträge[63] sind in der Regel dadurch gekennzeichnet, daß der Täuschende den Vertragsschluß durch falsche Angaben über die von ihm geschuldete Gegenleistung herbeiführt.

b) Individueller Schadenseinschlag

Ein objektiv ausgewogener Vertrag kann wegen der Berücksichtigung individueller Kriterien zu einem Negativsaldo führen. Der subjektive oder individuelle Schadenseinschlag wird von der Rechtsprechung seit der sogenannten „Melkmaschinen“-Entscheidung nach drei Kriterien beurteilt[64]. Ein Schaden liegt danach vor, wenn einer Leistung zwar eine gleichwertige Gegenleistung gegenübersteht, diese aber

---

60 BGHSt 16, 220, 222; 16, 321; 22, 88, 89, siehe dazu *Lackner*, in LK, § 263, Rdnr. 157 f.

61 Siehe dazu *Cramer*, in Schönke/Schröder, § 263, Rdnr. 108; *Lackner*, in LK, § 263, Rdnr. 149, 156 ff. m.w. N.

62 Zu dieser Unterscheidung: *Cramer*, in Schönke/Schröder, § 263, Rdnr. 129 ff.; ders., in Vermögensbegriff, S. 174 ff.; *Lackner*, in LK, § 263, Rdnr. 205 ff.; *Tenckhoff*, in FS für Lackner, S. 677, 681 ff.

63 *Cramer*, in Schönke/Schröder, § 263, Rdnr. 131.

64 BGHSt 16, 321; die ganz herrschende Meinung ist dem gefolgt: *Cramer*, in Schönke/Schröder, § 263, Rdnr. 123; *Haft*, Strafrecht BT, S. 216; *Krey*, BT 2, Rdnr. 459 ff.; *Kühl*, in Lackner, § 263, Rdnr. 48; *Lackner*, in LK, § 263, Rdnr. 163; *Maurach/Schroeder/Maiwald*, Strafrecht BT 1, § 41, Rdnr. 115; *Tröndle*, § 263, Rdnr. 35; *Wessels*, BT 2, Rdnr. 530 ff.

für den Betroffenen nicht oder nicht in vollem Umfang zu dem vertraglich vorausgesetzten Zweck oder in anderer zumutbarer Weise nutzbar ist[65]. Ein Schaden kann auch darin liegen, daß der Betroffene durch die eingegangene Verpflichtung zu vermögensschädigenden Maßnahmen genötigt wird oder er infolge der Verpflichtung nicht mehr über die Mittel verfügen kann, die zur ordnungsgemäßen Erfüllung seiner Verbindlichkeiten oder sonst für eine seinen persönlichen Verhältnissen angemessene Wirtschafts- oder Lebensführung unerläßlich sind[66].

Bei der konkreten Anwendung dieser Kriterien bereiten diese allerdings Schwierigkeiten, da sie recht weit gefaßt und auch nicht völlig unangefochten sind[67]. So ist nicht geklärt, unter welchen Voraussetzungen eine Gegenleistung in zumutbarer Weise verwendet werden kann[68].

c) *Fehlende Erfüllungsbereitschaft*

Es kann aber auch ein wirtschaftlich ausgeglichener Vertrag vorliegen, bei dem die Gegenleistung deshalb minderwertig ist, weil es an der Erfüllungsfähigkeit oder -bereitschaft des Vertragsgegners fehlt. Ein Schaden kann hier vorliegen, weil der Wert eines Anspruchs, wirtschaftlich betrachtet, nicht allein von seinem Bestand, seiner Verität, sondern auch von der Realisierbarkeit, der Bonität, abhängt[69].

Obwohl bei allen Fallgestaltungen die Aufhebung des nachteiligen Vertrages zur Beseitigung des Negativsaldos führt, ist die Situation des benachteiligten Vertragspartners jeweils unterschiedlich. Bei einem wirtschaftlich unausgeglichenen Vertrag und bei Vorliegen eines individuellen Schadenseinschlages geht sein Interesse dahin, seiner Verpflichtung nicht nachkommen zu müssen, er will also keine Erfüllung, sondern er will sich vom Vertrag lösen[70]. Sein Interesse am Erhalt der ihm geschuldeten, nach objektiv-individuellem Maßstab minderwertigen Leistung ist dagegen gar nicht oder nur zweitrangig vorhanden. Demgegenüber besteht das Interesse des Getäuschten bei wirtschaftlich ausgewogenen Verträgen mit mangelnder Erfüllungsbereitschaft darin, die Erfüllung des Vertrages zu erreichen, d.h. seine Primäransprüche durchzusetzen. Erst wenn diese nicht mehr durchsetzbar sind, erstrebt auch er das Loskommen vom Vertrag. Auf dem Weg zu diesen beiden konträren Zielen sind die zu untersuchenden Gegenrechte von unterschiedlichem Nutzen.

---

65 Ständige Rechtsprechung: BGHSt 16, 220, 222; 16, 321, 325; 22, 88, 89; BGH NJW 1953, 836; BB 1962, 198; RGSt 1, 7, 10; 23, 430, 434; 42, 49; 49, 21, 23; 68, 212, 214; 73, 382, 383; 76, 49, 51; RG GA 50, 392.

66 BGHSt 16, 321, 326.

67 *Tenckhoff*, in FS Lackner, S. 677, 682.

68 *Lackner*, in LK, § 263, Rdnr. 157.

69 *Tenckhoff*, in FS Lackner, S. 677, 684.

70 *Cramer*, Vermögensbegriff, S. 188.

d) Das Nichtbestehen einer zivilrechtlichen Lossagungsmöglichkeit

Schließlich könnte eine Vermögensbeschädigung darin zu sehen sein, daß jemand durch Täuschung darüber, er habe ein Rücktrittsrecht, mit dem er von dem Vertrag wieder Abstand nehmen könne, zu einem Vertragsschluß gebracht wird, den er sonst nicht abgeschlossen hätte[71]. Fraglich ist, ob eine Vermögensbeschädigung in dem Vertragsschluß auch dann gesehen werden kann, wenn der Vertrag objektiv ausgewogen und der Täuschende erfüllungsbereit ist sowie ein individueller Schadenseinschlag nicht vorliegt. Ein Schaden ließe sich dann nur damit begründen, daß der Getäuschte nicht zusätzlich zu seinem vertraglichen Anspruch ein Recht auf Abstandnahme von dem Vertrag erworben hat. Da beim Eingehungsbetrug jedoch zur Schadensermittlung Leistung und Gegenleistung verglichen werden, läßt sich in diesem Fall ein Negativsaldo nicht feststellen. Daß der Getäuschte einen Vertrag abgeschlossen hat, den er bei Fehlen einer Widerrufsmöglichkeit nicht abgeschlossen hätte, ist ein Angriff auf seine Dispositionsfreiheit, jedoch kein betrugsrelevantes Verhalten. Mit dem Fehlen eines Rechtes zur Lösung von dem Vertrag allein läßt sich somit eine Vermögensbeschädigung nicht begründen.

2. Schadensermittlung durch Kompensation

Das Tatbestandsmerkmal der Vermögensbeschädigung wurde schon vom Reichsgericht durch Betrachten des Wertverhältnisses von Verpflichtung und Gegenverpflichtung bzw. von Leistung und Gegenleistung ermittelt[72]. Daher ist unter Kompensation zu verstehen, daß ein Schaden nicht vorliegt, wenn Leistung und Gegenleistung sich entsprechen, d.h. wenn die in der eigenen Leistung liegende Vermögensminderung durch den erlangten Gegenwert ausgeglichen wird[73]. Der Bundesgerichtshof hat dies folgendermaßen formuliert:

> „nur wenn der Anspruch auf die Leistung des Täuschenden in seinem Wert hinter der Verpflichtung des Getäuschten zurückbleibt, ist dieser geschädigt. Entsprechen sich beide Werte, dann ist sein Vermögen nur in den Bestandteilen geändert, im Wert aber ausgeglichen“[74].

Kompensation, von lat. compensatio für Ausgleichung, meint nach der Definition des Reichsgerichts und des Bundesgerichtshofs in erster Linie den Ausgleich

---

71 Auch hier stellt sich wieder die Frage, ob eine solche Täuschung eine Täuschung über Tatsachen darstellt. Von der herrschenden Meinung wird dies verneint, während *Graul*, JZ 1995, 595 ff. differenziert, siehe dazu oben Teil 3, A. IV. 2. c) bb), S. 122.

72 RGSt 16, 1, 10.

73 *Cramer*, in Schönke/Schröder, § 263, Rdnr. 106.

74 BGHSt 16, 220, 221; ein Schaden kommt dann nur noch ausnahmsweise aufgrund eines individuellen Schadenseinschlages in Betracht.

durch den dem Getäuschten aufgrund des Vertragsschlusses zugeflossenen Anspruch auf Erfüllung, also den Primäranspruch. Da die beiden Vermögenslagen vor und nach der Vermögensverfügung zu vergleichen sind, kommen für die Kompensation prinzipiell aber alle Gegenwerte in Betracht, die aufgrund der Verfügung dem Vermögen des Getäuschten zufließen. Entscheidend für die Feststellung eines Vermögensschadens ist somit die Frage, welche dem Betroffenen zustehenden Ausgleichsansprüche und zufließenden Vermögenswerte zur Kompensation geeignet sind.

Allgemein unterscheidet die Judikatur zwischen solchen Positionen, die dem Getäuschten aufgrund des Vertragsschlusses zustehen, und solchen, die ihm aufgrund der Täuschung kraft Gesetzes erwachsen. Bei den gesetzlichen Ausgleichsansprüchen wird eine Kompensationsfähigkeit generell verneint, weil sie dem Getäuschten gerade aus der Täuschung erwachsen[75]. Dahinter steht der kriminalpolitische Gedanke, daß bei Annahme ihrer Kompensationsfähigkeit ein Eingehungsbetrug praktisch kaum denkbar wäre[76]. Daß das Anfechtungsrecht für die Schadensfeststellung beim Eingehungsbetrug ohne Bedeutung ist, begründet der Bundesgerichtshof u.a. mit dem kriminalpolitischen Gesichtspunkt, „sonst gäbe es diese Art von Betrug gar nicht“[77]. So werden von der ganz herrschenden Meinung gesetzliche Schadensersatz- und Bereicherungsansprüche in die Kompensation nicht miteinbezogen [78], denn der Schutz vor Betrug wäre sonst „aus den Angeln gehoben“[79]. Der Schadensersatzanspruch nach § 823 Abs. 2 BGB i.V.m. § 263 kann schon deswegen nicht herangezogen werden, weil er wiederum im Tatbestand das Vorliegen eines Schadens vorausssetzt, also nur bei eingetretenem Schaden entsteht[80].

Teilweise wird in der Literatur die Auffassung vertreten, gesetzliche Ausgleichsansprüche könnten dann als Kompensation in Betracht kommen, wenn der Täter fähig und willens ist, ihnen jederzeit nachzukommen[81]. Begründet wird dies mit der gleichgelagerten Problematik bei § 266 sowie damit, daß ein derartiger Ersatzanspruch einen wirtschaftlichen Wert verkörpern könne, den jeder Kaufmann

---

75 Ständige Rechtsprechung: RGSt 28, 63, 65; 41, 27; 29; BGHSt 21, 384, 386; 23, 300, 302; BGH MDR bei Dallinger 1970, 13; KG NJW 1965, 705.

76 *Tenckhoff*, in FS Lackner, S. 677, 682.

77 BGHSt 21, 384, 386.

78 RGSt 41, 27; 29; BGH MDR bei Dallinger 1970, 13; BayObLG JR 1977, 338; *Cramer*, in Schönke/Schröder, § 263, Rdnr. 120; *Haft*, BT, S. 214; *Krey*, BT 2, Rdnr. 458; *Kühl*, in Lackner, § 263, Rdnr. 36a; *Maurach/Schroeder/Maiwald*, Strafrecht BT 1, § 41, Rdnr. 110; *Otto*, Grundkurs Strafrecht BT, S. 226; *Preisendanz*, § 263, Anm. V 2; *Schmidhäuser*, Strafrecht BT § 11, Rdnr. 23; zweifelnd *Tröndle*, § 263, Rdnr. 36.

79 *Eser*, Strafrecht IV, 13/Rdnr. 19.

80 *Hefendehl*, S. 286; *Samson*, in SK, § 263, Rdnr. 136.

81 *Eser*, Strafrecht IV, 13/Rdnr. 22 ff.; *Lackner*, in LK, § 263, Rdnr. 188; *v. Ungern-Sternberg*, ZStW 88 (1976), 653, 687.

als Aktivum in seine Bilanz einstellen würde[82]. Die Rechtsprechung läßt bei § 266 auch bloße Rückgewähransprüche als kompensationsfähiges Äquivalent ausreichen, wenn der Täter zahlungswillig ist und eigene flüssige Mittel in entsprechender Höhe ständig bereithält[83].

Schröder hat es als einen Widerspruch zur wirtschaftlichen Betrachtungsweise und zur Saldotheorie angesehen, wenn man die auf Restitution gerichteten gesetzlichen und deliktischen Ersatzansprüche als bloße Wiedergutmachung des durch die Tat verursachten Schadens ansieht. Vielmehr müsse bei konsequenter wirtschaftlicher Betrachtungsweise berücksichtigt werden, ob der entstandene Ersatzanspruch sich als wirtschaftlich gleichwertig darstelle. In der großen Mehrzahl der Fälle werde allerdings das Ergebnis dadurch bestimmt, daß ein deliktischer Ersatzanspruch gegen einen Täter, der seine deliktischen Absichten durch die Tat bewiesen habe, wirtschaftlich kein Äquivalent darstellen[84].

Hefendehl hat auf den entscheidenden Grund, warum sich die Ersatzfähigkeit und -bereitschaft beim Betrugstatbestand in aller Regel nicht als Äquivalent darstellt, hingewiesen[85]. Erst durch das Moment der Kontrolle kann die Ausgleichsbereitschaft als wirtschaftlicher Faktor aktiviert werden. Daran fehlt es aber bei § 263 regelmäßig. *Bockelmann* weist auf das unterschiedliche Verhältnis von Betrug- und Untreuetätern zu ihren Opfern hin. Während Betrüger (und Erpresser) in der Regel darauf abzielten, die Ersatzansprüche zu vereiteln, trachte der Ungetreue normalerweise danach, den Abbruch der Beziehungen zu vermeiden[86].

In der Tat läßt es sich schwerlich mit der wirtschaftlichen Betrachtungsweise vereinbaren, den wirtschaftlichen Wert der gesetzlichen Ausgleichsansprüche völlig zu leugnen. So läßt denn auch die Rechtsprechung eine fundierte Begründung für die Differenzierung zwischen gesetzlichen und vertraglichen Ansprüchen vermissen. Konsequenter ist es, auch hier den in der Mehrzahl der Fälle vorliegenden wirtschaftlichen Minderwert konkret festzustellen, beispielsweise wenn der Inhaber der Sicherungsrecht diese nicht durchsetzen kann oder er gerade über ihr Vorhandensein getäuscht wird[87].

---

82 *Eser*, Strafrecht IV, 13/Rdnr. 23; *Schröder*, JR 1961, 268, 269.

83 BGHSt 15, 342; KG NJW 1972, 218; BayObLG NJW 1966, 116 und JR 1973, 338; so auch *Bokkelmann*, Strafrecht BT 1, S. 146; *Hübner*, in LK, § 266, Rdnr. 93; *Maurach/Schroeder/Maiwald*, Strafrecht BT 1, § 45, Rdnr. 45; *Kühl*, in Lackner, § 266, Rdnr. 5; *Tröndle*, § 263, Rdnr. 24; a.A. *Lenckner*, in Schönke/Schröder, § 266, Rdnr. 42.

84 *Schröder*, JR 1961, 268, 269.

85 *Hefendehl*, Vermögensgefährdung, S. 286.

86 *Bockelmann*, Strafrecht BT 1, S. 146.

87 *Lackner*, in LK, § 263, Rdnr. 188; *Tenckhoff*, in FS Lackner, S. 677, 683; *Schröder*, JR 1961, 268, 269.

Alle anderen Vermögenswerte, die dem Getäuschten aus der schädigenden Verfügung direkt zufließen, sind dagegen zur Kompensation geeignet, so insbesondere vertragliche Ansprüche und Leistungen, die zur Sicherung des Getäuschten vereinbart werden[88]. In Betracht kommen alle Ansprüche und Vermögenswerte, die nicht unmittelbar auf der Täuschung beruhen, so beispielsweise eine Kaution, die als Sicherheit zur Verfügung gestellt wird[89], ein durch Belastung des Kontos durchsetzbarer vertraglicher Rückzahlungsanspruch[90] oder andere Sicherheiten, die im Rahmen des betrügerischen Geschäfts zur Sicherung vereinbart werden[91]. Auch der Ausgleichsanspruch des Kreditkartenausgebers gegen den Karteninhaber kommt in Betracht[92].

Nach einer Entscheidung des Oberlandesgerichts Hamm kann auch die Entstehung eines Unternehmerpfandrechts nach § 647 BGB den Eintritt eines Vermögensschadens ausschließen; mit einem kurzen Hinweis auf dieses Pfandrecht wurde hier der Betrug abgelehnt[93]. Auch in der Literatur überwiegen die Stimmen, die das Werkunternehmerpfandrecht grundsätzlich für kompensationsfähig halten[94].

Nach Ansicht des Bayerischen Obersten Landesgerichts schließt dagegen das Unternehmerpfandrecht den Vermögensschaden beim Betrug nicht aus, denn es entstehe nicht mit Vertragsschluß, sondern erst später mit der Herstellung des Werkes[95]. Dazu komme, daß die Ausübung einer solchen Sicherheit nicht gewährleistet sei, weil der Unternehmer sie möglicherweise nicht kenne oder nicht ausüben wolle. Zudem können nur vertragliche, nicht jedoch gesetzliche Ansprüche des Getäuschten zur Kompensation gestellt werden[96].

Dem wurde entgegengehalten, daß die möglicherweise unterlassene Verwertung des Pfandrechts nicht erheblich sein kann, denn das Möglichkeitsmoment als ein Moment der Freiheit folge gerade aus dem Individualrechtsgut, dem Vermögen[97]. Die Differenzierung zwischen vertraglichen und gesetzlichen Sicherungsrechten kann beim Werkunternehmerpfandrecht, selbst wenn man sie grundsätzlich akzep-

---

88 *Lackner*, in LK, § 263, Rdnr. 189.

89 BGH GA 1972, 209; BayObLG JR 1973, 338.

90 BGH StV 1985, 186.

91 BGH wistra 1992, 142; 1993, 265; *Lackner*, in LK, § 263, Rdnr. 189, 203, 215.

92 OLG Düsseldorf, NJW 1993, 1872, 1873.

93 OLG Hamm, JMBl NRW 1969, 100, 101.

94 *Amelung*, NJW 1975, 624; *Arzt*, JuS 1974, 693, 698; *Cramer*, in Schönke/Schröder; § 263, Rdnr. 120; *Eser*, Strafrecht IV, 13/Rdnr. 21; *Kühl*, in Lackner, § 263, Rdnr. 36a; *Lackner*, in LK, § 263, Rdnr. 187; *Maurach/Schroeder/Maiwald*, Strafrecht BT 1, § 41, Rdnr. 110; *Meyer*, MDR 1975, 357; *Otto*, Grundkurs BT, S. 229; a.A. *Preisendanz*, § 263, Anm. V 2.

95 BayOBLG JR 1974, 336 f.

96 Gegen diese Differenzierung *Amelung*, NJW 1975, 624, 625; zweifelnd auch *Lenckner*, JR 1974, 337.

97 *Amelung*, NJW 1975, 624, 625.

tieren wollte, keine Begründung sein. Denn nach Ansicht des Bundesgerichtshofs sind diejenigen gesetzlichen Ausgleichsansprüche zur Kompensation ungeeignet, die dem Opfer gerade aufgrund seiner Täuschung erwachsen. Dies ist beim Werkunternehmerpfandrecht aber nicht der Fall. Es erwächst dem Getäuschten nicht aufgrund seiner Täuschung, sondern dadurch, daß er seine Werkleistung erbringt, wie das Bayerische Oberste Landesgericht selbst feststellt[98].

Prüft man nach, ob das Werkunternehmerpfandrecht ohne jede Einwirkungsmöglichkeit des Schuldners realisiert werden kann, wie dies der Bundesgerichtshof verlangt[99], dann ergibt sich, daß durchaus Fälle denkbar sind, in denen das Werkunternehmerpfandrecht nicht ausreicht, einen Vermögensschaden zu verhindern, wenn nämlich die Verwertung der Pfandsache den Werklohn nicht deckt, oder wenn die Verwertung nicht ohne Zutun des Schuldners möglich ist[100]. Daß zumindest bei der Reparatur von Kraftfahrzeugen die Entstehung eines Unternehmerpfandrechts nach § 647 BGB nicht ausreicht, um den Gläubiger genügend zu sichern, folgt also daraus, daß er ohne Mitwirkung des Gläubigers sein Pfandrecht an dem Werk nicht verwerten kann, denn er braucht dafür den Fahrzeugbrief, der gewöhnlich nicht mit ausgehändigt wird[101]. Der Entscheidung des Bayerischen Obersten Landesgerichts kann daher im Ergebnis zugestimmt werden. Eine ausschließliche Verfügbarkeit über die Sicherheit besteht in diesem Fall nicht[102].

3. Der Unterschied zwischen Schadensausgleich und -verhinderung

Bei der Kompensation geht es somit darum festzustellen, ob der aufgrund der Täuschung erfolgte Abfluß von Vermögenswerten auf der anderen Seite durch einen Zufluß ausgeglichen wird[103]. Beim Eingehungsbetrug werden dafür die vertraglichen Pflichten und alle weiteren aus dem Vertrag folgenden Vor- und Nachteile gegenübergestellt. Daß der Schadensausgleich durch Kompensation und die Vermeidung eines Schadenseintritts bei Vorliegen einer Gefährdung des Vermögens, nicht identisch sind, wird nur von manchen Stimmen in der Literatur deutlich gemacht. So vertritt *Cramer* einerseits die Ansicht, daß das Anfechtungsrecht nicht als Schadensausgleich berücksichtigt werden kann[104], hält es andererseits aber unter Umständen für geeignet, die in einem Eingehungsbetrug liegende Vermögens-

98 BayObLG JR 1974, 336 f.

99 BGHSt 15, 24, 27; siehe auch RGSt 74, 129, 130.

100 *Lackner*, in LK, § 263, Rdnr. 187

101 *Amelung*, NJW 1975, 624, 626; *Blei*, JA 1974, 323, 324; *Lenckner*, JR 1974, 337, 338.

102 *Lenckner*, JR 1974, 337, 338.

103 *Maurach/Schroeder/Maiwald*, Strafrecht BT 1, § 41, Rdnr. 108.

104 *Cramer*, in Schönke/Schröder, § 263, Rdnr. 120.

gefährdung auf ein Maß herabzumildern, bei dem keine konkrete, schadensgleiche Gefährdung gegeben ist[105].

Auch bei *Maurach/Schroeder/Maiwald* findet sich diese Unterscheidung[106]. Dies stellt deswegen keinen Widerspruch dar, weil es um verschiedene Stufen der Schadensverwirklichung geht.

Selbst wenn man annimmt, daß gesetzliche Gegenrechte und Rechtsbehelfe nicht zur Kompensation geeignet sind, muß weiter differenziert werden, ob es um Schadensabwehr oder um Schadenswiedergutmachung geht.

Legt man die Ansicht zugrunde, daß mit Vertragsschluß ein endgültiger Schadenseintritt vorliegt, können diese Rechte höchstens den Schaden wieder rückgängig machen, es handelt sich dann nur noch um eine Form der Schadenswiedergutmachung darstellen. Nimmt man aber an, daß bei Vertragsschluß noch kein endgültiger Schadenseintritt, sondern höchstens eine schadensgleiche Vermögensgefährdung vorliegt, weil noch gar kein Vermögensabfluß stattgefunden hat, dann geht es noch gar nicht um Kompensation, sondern um Schadensverhinderung.

Daß gesetzliche Gegenansprüche nicht bei der Gesamtsaldierung einbezogen werden können, heißt daher noch nicht, daß sie nicht auch im Stadium der Schadensabwehr relevant sein können[107]. Hier soll nicht ein schon eingetretener Schaden ausgeglichen, d.h. ein Vermögensabfluß durch einen Vermögenszufluß kompensiert werden, sondern ein drohender Vermögensabfluß soll verhindert werden. Daß gesetzliche Gegenrechte zur Kompensation nicht geeignet sind, sagt daher nichts darüber aus, ob sie die einem Vertragsschluß innewohnende Gefahr auf eine Gefährdungsstufe herabmildern können, die nicht mehr als schadensgleich bezeichnet werden kann.

Bei der Untersuchung der Gegenrechte, wie beispielsweise dem Widerrufsrecht, ist zu beachten, daß diese dazu dienen sollen, den Getäuschten von der eingegangenen Verbindlichkeit zu befreien. Sie können also bei dem Gesamtsaldierung genannten Vergleich der sich gegenüberstehenden Ansprüche auch deswegen nicht miteinbezogen werden, da sie gerade dazu führen, daß dieser Vergleich nicht mehr angestellt werden kann, weil der Vertrag zu Fall gebracht wurde. Es muß unter-

---

105 *Cramer*, in Schönke/Schröder, § 263, Rdnr. 131, 132; siehe auch *Marach/Schroeder/Maiwald*, Strafrecht BT 1, § 41, Rdnr. 109: Die Einräumung eines Rückrittsrechts ist nicht erst eine Frage der Kompensation.

106 So heißt es bei *Maurach/Schroeder/Maiwald*, Strafrecht BT 1, § 41, Rdnr. 109, die Einräumung eines Rücktrittsrechts sei nicht erst eine Frage der Kompensation. In § 41, Rdnr. 130 wird die Konkretheit der Vermögensgefährdung bei Eingreifen eines Anfechtungsrechts als fraglich angesehen. Dagegen habe ein Anfechtungsrecht bei der Frage der Kompensation stets außer Betracht zu bleiben, § 41, Rdnr. 110.

107 So auch *Müller-Christmann*, JuS 1988, 109, 113; *Winkler*, Vermögensbegriff, S. 131.

schieden werden, ob das Gegenrecht die Möglichkeit gibt, einen eingetretenen Schaden rückgängig zu machen, oder ob es geeignet ist, einen Vermögensabfluß zu vermeiden. Mit der Beantwortung der Frage, „kompensationsfähig oder nicht", ist diesbezüglich noch nichts festgestellt.

II. Die Bedeutung von Anfechtungsrechten für das Schadensmerkmal des Betrugstatbestandes

1. Zivilrechtliche und zivilprozessuale Situation

Das Anfechtungsrecht nach § 123 Abs.1 BGB besteht sowohl bei arglistiger Täuschung über die Minderwertigkeit des erworbenen Gegenanspruchs als auch bei Täuschung über die Leistungsfähigkeit und -willigkeit[108]. Die Anfechtung muß gemäß § 124 BGB innerhalb eines Jahres nach Entdecken der Täuschung ausgeübt werden. Diese Jahresfrist läuft ab Entdecken der Täuschung unabhängig davon, ob der Betroffene sein Anfechtungsrecht kennt oder nicht. Der Getäuschte erlangt im Zusammenhang mit dem Vertragsschluß keine Kenntnis vom Bestehen des Anfechtungsrechts. Er trägt die volle Beweislast für die Voraussetzungen des Anfechtungsrechts, für die Täuschung und die Arglist[109]. Auch das Vorliegen eines Irrtums ist vom Anfechtungsberechtigten zu beweisen[110]. Die Ursächlichkeit der Täuschung kann aber im Wege des prima facie-Beweises nachgewiesen werden, wenn die Täuschung nach der Lebenserfahrung geeignet ist, die Erklärung zu beeinflussen[111].

Zu beachten ist die Einschränkung des Anfechtungsrechts nach § 123 Abs. 2 S. 1 BGB. Hat ein Dritter die Täuschung verübt, so ist eine Erklärung nur dann anfechtbar, wenn der Empfänger der Erklärung die Täuschung kannte oder kennen mußte. Dritter ist allerdings nur der am Vertrag Unbeteiligte, nicht der Vertreter, Versicherungsagent oder Strohmann einer Partei[112].

Neben dem Anfechtungsrecht aus § 123 Abs.1 BGB kann zugleich ein Anfechtungsrecht wegen Irrtums nach § 119 BGB bestehen. Der Erklärende kann dann wählen, welches Anfechtungsrecht er ausüben will, die Anfechtung wegen arglistiger Täuschung kann die wegen Irrtums mitumfassen[113]. Die Anfechtung muß hier unverzüglich nach Kenntniserlangung vom Anfechtungsgrund erfolgen, § 121 Abs.1 BGB. Der Anfechtende trägt auch hier die volle Beweislast für das Vorliegen

---

108 *Heinrichs*, in Palandt, § 123, Rdnr. 3.

109 *Heinrichs*, in Palandt, § 123, Rdnr. 30.

110 *Baumgärtel-Laumen*, in Baumgärtel, Beweislast, § 119, Rdnr. 2.

111 BGH NJW 1958, 177; 1967, 1222.

112 *Heinrichs*, in Palandt, § 123, Rdnr. 13 f.

113 *Heinrichs*, in Palandt, § 123, Rdnr. 28.

des Irrtums, den ursächlichen Zusammenhang zwischen Irrtum und Erklärung und auch dafür, daß er die Erklärung bei verständiger Würdigung nicht abgegeben haben würde[114]. Bei Anfechtung nach § 119 BGB besteht die Pflicht zum Schadensersatz, des sog. negativen Interesses, nach § 122 BGB.

Hat der Getäuschte sein Gestaltungsrecht ausgeübt, dann kann er, wenn er von der gegnerischen Vertragspartei in Anspruch genommen wird, aus § 242 BGB in Form des „dolo agit qui petit quod statim redditurus est" seine Leistung verweigern. Nach erfolgter Anfechtung bestünde, wenn er leisten würde, die Verpflichtung der alsbaldigen Rückgewähr nach Bereicherungsrecht an den Anfechtenden. Die Geltendmachung einer Forderung, wenn der Gläubiger das Geleistete nach § 812 BGB zurückerstatten müßte, stellt einen Fall des Fehlens eines schutzwürdigen Eigeninteresses dar[115]. Somit kann der getäuschte Vertragspartner seine Leistung verweigern, auch wenn er eigentlich vorleistungspflichtig wäre. Wenn er jedoch die Täuschung nicht beweisen kann und vom Vertragsgegner in Anspruch genommen wird, schützt ihn auch § 242 BGB nicht. Die Gefahr, den Anfechtungsgrund nicht beweisen zu können, besteht unabhängig von seinem Leistungsverweigerungsrecht.

Zu beachten ist, daß nur aus der möglichen Anfechtbarkeit noch kein Leistungsverweigerungsrecht abgeleitet werden kann.

2. Die Rückwirkungsfiktion des § 142 BGB und ihre Bedeutung für das Strafrecht

Von den untersuchten Gegenrechten ist das Anfechtungsrecht das einzige, das mit einer ex tunc-Wirkung ausgestattet ist, § 142 BGB.

Die Rechtsprechung begründet die Rechtsauffassung, daß das Anfechtungsrecht für die Schadensfeststellung irrelevant ist, u.a. damit, daß die Rückwirkungsfiktion des § 142 BGB strafrechtlich ohne Bedeutung ist[116]. Die Anfechtung folgt dem Vertragsschluß zwingend zeitlich nach. Ob ein Vermögensschaden entstanden ist, richtet sich stets nach dem Zeitpunkt der Vermögensverfügung[117]. Die zivilrechtliche ex tunc-Wirkung des Anfechtungsrechts könne sich darauf nicht mehr auswirken.

Nach ganz herrschender Ansicht ist die Fiktion des § 142 BGB für die strafrechtliche Beurteilung bedeutungslos. Für die Anwendung zu Lasten des Angeklagten folgt dies schon daraus, daß das Strafrecht nur gegenwärtige Verhaltensweisen sank-

---

114 *Heinrichs*, in Palandt, § 119, Rdnr. 32.

115 BGHZ 56, 22, 25; 74, 293, 300; *Heinrichs*, in Palandt, § 242, Rdnr. 52.

116 RGSt 44, 230, 241; 48, 186, 188.

117 Ständige Rechtsprechung: RGSt 16, 1, 3; 39, 420, 427; 71, 303, 304, BGHSt 15, 242, 243; 16, 220, 221; BGH NJW 1964, 874; wistra 1993, 265; OLG Hamm, NJW 1969, 624; siehe auch *Lackner*, in LK, § 263, Rdnr. 144; a.A. *H. Schauer*, Vermögensgefährdung, S. 58.

tionieren, nicht aber nachträglich in der Vergangenheit liegende Ereignisse unter Strafe stellen kann[118]. Wenn nach erfolgter Anfechtung das Tatbestandsmerkmal der Vermögensbeschädigung rückwirkend entfallen würde, würde dies zwar eine Anwendung der Rückwirkungsfiktion zugunsten des Angeklagten bedeuten. Auch eine Anwendung der Rückwirkungsregel zu seinen Gunsten ist jedoch nach herrschender Meinung ausgeschlossen[119]. Auch dies wird damit begründet, daß allein der Zeitpunkt der Tat für die Strafbarkeit entscheidend sei[120]. Die „öffentlich-rechtliche Tatsache" des staatlichen Strafanspruchs könne durch keine Parteiwillkür mehr aus der Welt geschafft werden"[121], denn für das Strafrecht als Teil des öffentlichen Rechtes gelte der Grundsatz „ius publicum privatorum pactis mutari non potest"[122].

Dagegen hat *Brennenstuhl*, um unter dem Aspekt der Einheit der Rechtsordnung eine Harmonisierung von Zivil- und Strafrecht zu erreichen, den prinzipiellen Standpunkt vertreten, „daß zugunsten des Täters eine nach der Tat erklärte Anfechtung Berücksichtigung finden muß"[123]. Seine Ausführungen beziehen sich jedoch nur auf die Bedeutung der Rückwirkungsanordnung für das Merkmal der Fremdheit der Sache in §§ 242, 246 und lassen sich daher nicht ohne weiteres auf den Betrugstatbestand übertragen.

Zuerst ist zu ermitteln, für welche Zwecke das Zivilrecht die Rückwirkungsfiktion verwendet, dann kann man feststellen, ob dieser Zweck strafrechtliche Relevanz haben kann. Die Rückwirkungsfiktion des § 142 BGB dient dazu, die Position des Anfechtungsberechtigten dadurch zu verbessern, daß er die Möglichkeit erhält, über die Wirksamkeit des Geschäftes selbständig zu entscheiden[124]. Ursprünglich war bei Schaffung des BGB geplant, den Irrtum mit den anderen Nichtigkeitsfällen gleichzustellen. Aufgrund der liberalen Grundeinstellung des BGB wurde jedoch die Herbeiführung der Nichtigkeit in das Belieben des Anfechtungsberechtigten gestellt[125]. Durch die Rückwirkungsanordnung wird somit der Irrtums- und An-

---

118 *Brennenstuhl*, Rückwirkungsanordnungen, S. 2 f.; *Eser*, in Schönke/Schröder, § 246, Rdnr. 4; *Ruß*, in LK, § 246, Rdnr. 4; *Maurach/Schroeder/Maiwald*, Strafrecht BT I, § 34, Rdnr. 15; *Tröndle*, § 246, Rdnr. 3; KG JW 1930, 943.

119 *Dilcher*, in Staudinger, § 142, Rdnr. 12; *Ruß*, in LK, § 246, Rdnr. 4; *Schubert*, Ex tunc-Wirkung, S. 28.

120 *Ruß*, in LK, § 246, Rdnr. 4.

121 *Schubert*, Ex tunc-Wirkung, S. 28 (unter Verweis auf RGSt 25, 383), eine Ansicht allerdings, die voraussetzt, daß Schutzgut jeder strafrechtlichen Norm neben dem Rechtsgut auch das Interesse der Allgemeinheit an der öffentlichen Ordung sei.

122 *Schubert*, Ex tunc-Wirkung, S. 26: „das Öffentliche Recht kann durch private Verträge nicht geändert werden".

123 *Brennenstuhl*, Rückwirkungsanordnungen, S. 49, 56, 76.

124 *Brennenstuhl*, Rückwirkungsanordnungen, S. 39.

125 *Brennenstuhl*, Rückwirkungsanordnungen, S. 38.

fechtungsfall den anderen Nichtigkeitsfällen gleichgestellt, denn dadurch liegt in all diesen Fällen Nichtigkeit von Anfang an vor[126].

Der zivilrechtliche Zweck der Rückwirkungsanordnung ist es somit, die Parteiherrschaft des Anfechtungsberechtigten zu stärken, also ein Ausfluß der Parteiautonomie. Dies stellt aber letztendlich einen ideellen Vorteil dar, bedeutet jedoch für das Rechtsgut des Vermögens, für dessen Schutz das Strafrecht zuständig ist, überhaupt keine Besserstellung.

Für die strafrechtliche Betrachtung ist darüber hinaus von Bedeutung, daß der anfechtbare Vertrag bis zur Ausübung des Gestaltungsrechts nicht schwebend unwirksam, sondern wirksam ist, so daß allein dies schon eine wertvolle Rechtsposition darstellt. Beurteilt man die strafrechtliche Situation zum Zeitpunkt des Vertragsschlusses, dann muß man darüber, ob das Anfechtungsrecht ausgeübt werden wird, eine Prognose anstellen, die durch die Unsicherheit belastet ist, daß der Durchsetzung des Anfechtungsrechts das Hindernis der Beweislast entgegensteht. Entscheidendes Argument bleibt somit, daß für die strafrechtliche Beurteilung der Zeitpunkt der Tatbegehung[127] und für den Betrugstatbestand der der Vermögensverfügung entscheidend ist[128].

Die Rückwirkungsfiktion des § 142 BGB kann deshalb bei der Beurteilung des Betrugstatbestandes auch zugunsten des Täters keine Auswirkung haben.

3. Die Rechtsprechung des Reichsgerichts und des Bundesgerichtshofs

Die höchstrichterliche Rechtsprechung hat sich nur mit der Bedeutung des § 123 BGB auf den Vermögensschaden, nicht jedoch mit §§ 119, 120 BGB befaßt. Dies folgt schon daraus, daß die Anfechtbarkeit wegen arglistiger Täuschung nach § 123 BGB die zivilrechtliche Alternative zum Betrugstatbestand bildet[129].

In einem Fall, der dem Reichsgericht 1883 vorlag[130], war eine Witwe durch Täuschung zur Abgabe einer Verzichtserklärung bewegt worden. Sie hatte eine Quittung über eine tatsächlich erhaltene geringe Summe unterschreiben wollen und dabei, da sie die Urkunde nicht gelesen hatte, eine Verzichtserklärung bezüglich des ganzen Anspruchs unterzeichnet. Das Reichsgericht hat hier ausgeführt, daß ein

---

126 *Brennenstuhl*, Rückwirkungsanordnungen, S. 39.

127 Dies folgt aus §§ 1, 2 Abs. 1 und § 8.

128 Ständige Rechtsprechung: RGSt 16, 13; 39, 420, 427; 71, 303, 304; BGHSt 15, 342, 343; 16, 220, 221; BGH NJW 1964, 874; OLG Hamm, NJW 1969, 624; *Lackner*, in LK, § 263, Rdnr. 144 m.w.N.; a.A. *H. Schauer*, Vermögensgefährdung, S. 55 ff.

129 *Heinrichs*, in Palandt, § 123, Rdnr. 2: „die arglistige Täuschung setzt wie der strafrechtliche Betrug eine Täuschung zum Zwecke der Erregung oder Aufrechterhaltung eines Irrtums voraus".

130 RGSt 8, 164, 170.

vollendeter Betrug nicht deswegen ausscheide, weil der schriftliche Verzicht dolos herbeigeführt worden war oder weil die Getäuschte ihn nicht hatte abgeben wollen. Weil alle durch Betrug erschlichenen Erklärungen im Rechtswege anfechtbar sind, kann Betrug allein wegen der Anfechtbarkeit oder Rechtsunwirksamkeit der Erklärung nicht ausscheiden. Der Vermögensschaden wurde vielmehr damit begründet, daß ein schriftlich vorliegender, formell als Beweis gegen die Witwe aussagender Verzicht vorlag[131]. Eine schadensgleiche Vermögensgefährdung wird vom Reichsgericht nicht zur Begründung herangezogen.

In einem weiteren Urteil hat das Reichsgericht seinen Standpunkt damit begründet, durch die Anfechtung seitens des Betroffenen werde nur die Geltendmachung des geschehenen Unrechts in den freien Willen des Betrogenen gestellt[132]. Des weiteren hat es argumentiert, daß der Eintritt eines Vermögensschadens durch die Berechtigung zur Anfechtung „weder aufgehalten noch rückwärts wieder beseitigt“ wird[133].

An dieser Rechtsprechung des Reichsgerichts hat der Bundesgerichtshof festgehalten[134].

In dem Sachverhalt, der BGHSt 21,384 zugrunde lag, war der Vertrag anfechtbar, und der Angeklagte hatte auch fest mit der Anfechtung gerechnet. Dennoch hat der Bundesgerichtshof auch bei dieser Fallkonstellation eines Eingehungsbetruges den Vermögensschaden bejaht, weil es „sonst diese Art von Betrug gar nicht gebe“[135].

Wenig später hat der Bundesgerichtshof auf einen weiteren für ihn entscheidenden Gesichtspunkt hingewiesen: Es komme nicht darauf an, ob durch Täuschung ein anfechtbarer Vertrag oder nur durch eine erschlichene Vertragsurkunde der Schein eines Vertrages herbeigeführt wird[136]. Zwar habe der Getäuschte in beiden Fällen die Möglichkeit, sich vom anfechtbaren oder vermeintlichen Vertrag zu lösen. Aber da er die Voraussetzungen dafür beweisen müsse und Gefahr laufe, dies nicht zu können, sei seine Situation in beiden Fällen gleich. Die rechtliche Möglichkeit, sich von dem Vertrag zu lösen, die aber tatsächlich zweifelhaft sei, könne daher den Vermögensschaden und das Vorliegen eines vollendeten Betruges nicht beeinflussen[137]. Dies sei auch dann nicht anders, wenn später die Anfechtungstatsachen mitgeliefert werden[138].

---

131 RGSt 8, 164, 170.

132 RGSt 28, 63, 65.

133 RGSt 48, 186, 188.

134 BGHSt 21, 381; 22, 88, 89; BGH MDR 1971, 546; JR 1986, 345.

135 BGHSt 21, 384, 386; da immerhin die Möglichkeit bestanden habe, daß der eine oder andere Vertrag nicht erfolgreich angefochten würde, seien die Verträge auch nicht ganz wertlos, auch wenn sie durch Täuschung erlangt worden waren. Der BGH hat deswegen auch die Absicht stoffgleicher Bereicherung bejaht.

136 BGHSt 22, 88.

137 BGHSt 22, 88, 89.

138 BGH JR 1986, 345, 346.

Seither hat sich der Bundesgerichtshof in ständiger Rechtsprechung darauf beschränkt, in einschlägigen Entscheidungen kurz festzustellen, daß die Anfechtbarkeit unerheblich für die Feststellung des Vermögensschadens sei[139].

Die Argumente der Rechtsprechung für die Außerachtlassung des Anfechtungsrechts nach § 123 BGB bei der Ermittlung des Vermögensschadens können demnach wie folgt zusammengefaßt werden:

- Da alle durch Betrug erschlichenen Willenserklärungen anfechtbar sind, gäbe es keinen Betrug innerhalb von Vertragsbeziehungen und insbesondere die Begehungsform des Eingehungsbetruges nicht mehr, wenn durch die Anfechtung der Vermögensschaden beseitigt würde. Eine ganz typische strafwürdige Erscheinung des Betruges bliebe dann straffrei.
- Die Anfechtung folgt dem Vertragsschluß zwingend zeitlich nach. Daher stellt sie nur die Geltendmachung des erlittenen Unrechts und somit das Verlangen nach Schadenswiedergutmachung dar. Ob ein Vermögensschaden entstanden ist, richtet sich stets nach dem Zeitpunkt der Vermögensverfügung[140]. Entscheidend ist, wie sich die Vermögenslage in diesem Augenblick darstellt. Die zivilrechtliche ex tunc-Wirkung des Anfechtungsrechts nach § 142 BGB ist daher für die strafrechtliche Beurteilung unerheblich.
- Der Getäuschte muß bei der Geltendmachung des Anfechtungsrechts dessen Voraussetzungen beweisen. Das ist schon deswegen schwierig, weil es sich bei der Frage des Irrtums um eine innere Tatsache handelt. Er läuft Gefahr, diesen Beweis nicht führen zu können und am Vertrag festgehalten zu werden. Die Möglichkeit, sich vom Vertrag zu lösen, ist daher so gering, daß sie den Vermögensschaden nicht beeinflussen kann.

Gegen diese Begründung der Rechtsprechung läßt sich folgendes einwenden:

Das erste Argument ist ein rein kriminalpolitisches. Bei näherer Betrachtung ist es gar keines, denn der erforderliche argumentative Zwischenschritt, daß es diese Art von Betrug geben muß, fehlt, denn ein Grund dafür, daß es den Eingehungsbetrug zwingend geben muß, wird nicht angegeben[141].

Das zweite Argument setzt voraus, daß in dem Vertragsschluß schon ein endgültiger Schaden durch Abfluß einer Vermögenssubstanz gesehen wird. Dann kann es sich in der Tat nur noch um Schadenswiedergutmachung handeln. Sieht man im Vertragsschluß aber eine Gefährdungssituation, in der noch kein Vermögensabfluß,

---

139 BGHSt 23, 300, 302; BGH MDR 1971, 546; JR 1986, 345, 346; siehe auch OLG Stuttgart, NJW 1980, 1177, 1178.

140 Ständige Rechtsprechung: RGSt 16, 1, 3; 39, 420, 427; 71, 303, 304; BGHSt 15, 242, 243; 16, 220, 221; BGH NJW 1964, 874; wistra 1993, 265; OLG Hamm, NJW 1969, 624; siehe auch *Lackner*, in LK, § 263, Rdnr. 144; a.A. *H. Schauer*, Vermögensgefährdung, S. 58.

141 *Hefendehl*, Vermögensgefährdung, S. 294.

sondern nur die konkrete Gefahr eines solchen gegeben ist, dann handelt es sich um eine aufhaltbare Entwicklung, auf die sich das Anfechtungsrecht auswirken kann. Es kommt allein auf den Augenblick des Vertragsschlusses an, und zu diesem Zeitpunkt ist es möglich, daß die Vermögenswertminderung, die in der Eingehung einer Verbindlichkeit liegt, durch das Anfechtungsrecht auf ein Maß herabgemindert wird, das keine schadensgleiche Vermögensgefährdung darstellt.

Dagegen ist das dritte Argument nicht von der Hand zu weisen und wird von allen Ansichten zur Bedeutung des Anfechtungsrechts als problematisch angesehen. Daß der getäuschte Vertragspartner die Anfechtungsvoraussetzungen beweisen muß, läßt sich nicht bestreiten und mindert den Wert des Anfechtungsrechts erheblich. Fraglich ist allerdings, ob schon wegen des abstrakten Prozeßrisikos die strafrechtliche Relevanz verneint werden muß, wie dies die Rechtsprechung tut.

4. Meinungsstand in der Literatur

In der Literatur wird die Frage, ob die in einem anfechtbaren Vertragsschluß liegende Gefährdung ausreicht, um einer Vermögensminderung gleichgestellt werden zu können, nicht einheitlich beurteilt.

a) *Literaturstimmen, die das Anfechtungsrecht für geeignet halten, einen vollendeten Betrug auszuschließen*

aa) Die Ansicht *Cramers* und *Winklers*

Cramer hebt hervor, daß eine anfechtbare Forderung unter wirtschaftlichen Gesichtspunkten niemals ihren Nominalwert erreicht[142]. Da ein Anfechtungsrecht dem Berechtigten die Möglichkeit gebe, über das rechtliche Schicksal des Schuldverhältnisses willkürlich zu bestimmen, könne es keinem vernünftigen Zweifel unterliegen, „daß ein so weitgehendes Gestaltungsrecht bei der wirtschaftlichen Beurteilung von Anspruch und Leistungsverpflichtung eine Rolle spielen muß"[143]. Dieses Recht könne daher ein Umstand sein, der

> „den wirtschaftlichen Wert einer Forderung reduzieren und die sich aus der Verbindlichkeit ergebende Belastung so weit zusammenschrumpfen lasse, daß von einer zur Vollendung ausreichenden Vermögensgefährdung nicht mehr gesprochen werden könne"[144].

Da auch das Anfechtungsrecht wirtschaftlich beurteilt werden müsse, komme es allerdings darauf an, ob es dem Schuldner gelingen wird, die Anfechtungsvoraus-

---

142 *Cramer*, Vermögensbegriff, S. 125.

143 *Cramer*, Vermögensbegriff, S, 146.

144 *Cramer*, Vermögensbegriff, S. 146.

setzungen zu beweisen[145]. Es müsse die zur Zeit des Vertragsschlusses bestehende Wahrscheinlichkeit einer erfolgreichen Ausübung dieses Rechtes bestimmt werden[146].

Cramer nimmt daher mit Vertragsschluß regelmäßig eine schadensgleiche Vermögensgefährdung an, da der Getäuschte die Anfechtungsvoraussetzungen beweisen muß. Kann er das nicht, dann realisiert sich die mit dem Abschluß des Vertrages verbundene Gefährdung in einem endgültigen Schaden[147]. Ein effektiver Schaden liege auch vor, wenn das Schuldverhältnis nicht angefochten werden kann, weil nach § 123 Abs. 2 S. 1 BGB die Täuschung ohne Kenntnis oder fahrlässige Unkenntnis des Erklärungsgegners von einem Dritten verübt wurde[148]. Die Anfechtbarkeit des Vertrages könne den Vermögensschaden dann nicht entfallen lassen, wenn von der Rechtsordnung an den Tatbestand der ursprünglichen Erklärung gewisse Rechtsfolgen geknüpft werden, so beispielsweise bei einem durch Täuschung veranlaßten Beitritt in eine Gesellschaft[149].

Dagegen bleibe der Vertragsschluß ohne wirtschaftliche Belastung, wenn das Anfechtungsrecht ohne Schwierigkeiten ausgeübt werden kann und wenn die Anfechtungsvoraussetzungen klar zutage liegen, z.B. weil der Täuschende eine Leistung versprochen hat, deren Erbringung ersichtlich unmöglich ist. Eine andere Beurteilung laufe auf eine Entmaterialisierung des Betrugstatbestandes hinaus[150].

Auch *Winkler* betrachtet § 123 BGB als zu berücksichtigenden Faktor. Er hält es ökonomisch nicht für vertretbar, bei einem durch Täuschung erschlichenen Vertragsschluß den vollen Wert einzusetzen und betrachtet dies als Bruch mit dem wirtschaftlichen Vermögensbegriff[151]. Da eine anfechtbare Forderung mit an Sicherheit grenzender Wahrscheinlichkeit nicht realisiert werden könne, sei umgekehrt auch eine solchermaßen anfechtbare Verbindlichkeit nicht belastend[152]. Weil eine konkrete Vermögensgefährdung erforderlich sei, dürfe aus der abstrakten Tatsache, daß der Getäuschte das Risiko der erfolgreichen Geltendmachung trage, nicht der Schluß gezogen werden, daß das Recht deswegen wertlos sei[153].

---

145 *Cramer*, Vermögensbegriff, S. 146 f.

146 *Winkler*, Vermögensbegriff, S. 128.

147 *Cramer*, Vermögensbegriff, S. 176, für den Fall der fehlenden Erfüllungsbereitschaft: *Cramer*, in Schönke/Schröder, § 263, Rdnr. 132.

148 *Cramer*, Vermögensbegriff, S. 175, 176.

149 *Cramer*, Vermögensbegriff, S. 176, eine Anfechtung beseitigt in diesem Fall die Haftung nicht, weil die in Vollzug gesetzte Gesellschaft Dritten gegenüber als rechtsgültig behandelt wird, RGZ 89, 97; 93, 227; 142, 98.

150 *Cramer*, Vermögensbegriff, S. 177.

151 *Winkler*, Vermögensbegriff, S. 130 f.

152 *Winkler*, Vermögensbegriff, S. 131.

153 *Winkler*, Vermögensbegriff, S. 131.

bb) Andere Literaturstimmen, die dem Anfechtungsrecht Bedeutung zumessen

Auch andere Autoren halten das Anfechtungsrecht für relevant bei der Schadensermittlung[154]. Während *Cramer* auf den Wert der anfechtbaren Forderung für den Vertragspartner des Getäuschten abstellt, halten sie das Anfechtungsrecht für geeignet, den Grad der Vermögensgefährdung so weit zu verringern, daß keine konkrete schadensgleiche Vermögensgefährdung vorliegt. Allerdings werden auch hier verschiedene Einschränkungen gemacht[155]. Voraussetzung ist nach dieser Ansicht, daß das Anfechtungsrecht ohne Beweisschwierigkeiten und in zumutbarer Weise geltend gemacht werden kann[156] und daß die Anfechtungsmöglichkeit von Anfang an bekannt ist[157].

Eine konkrete Einzelfallbetrachtung aller Umstände, die es dem Getäuschten möglich bzw. unmöglich machen, dem Leistungsverlangen des Täters erfolgreich zu begegnen, ist nach dieser Ansicht unumgänglich. Genauso wie eine abstrakte Vermögensgefährdung für die Vollendung des § 263 nicht ausreiche, könne umgekehrt auch die abstrakte Möglichkeit der Anfechtbarkeit des Vertrages nicht ausreichen, um den Schaden abzuwenden[158]. So soll die Anfechtung einem böswilligen Täter gegenüber den Schadenseintritt nicht verhindern können, denn der Getäuschte gerate hier schon mit dem Abschluß in eine ausweglose Situation: Zumindest, wenn der Täter selbst Vertragspartei ist, ist davon auszugehen, daß er später die Täuschung bestreiten wird[159]. In diesem Fall entspreche die Vertragsvernichtung gerade nicht dem Willen des Täuschenden[160].

Lenckner stellt des weiteren darauf ab, ob der Getäuschte die Möglichkeit hat, die Täuschung rechtzeitig zu erkennen und dem Täter Hindernisse bei der Durchsetzung entgegenzusetzen oder ob bei Vertragsschluß feststeht, daß der Getäuschte die Täuschung auch später nicht entdecken kann und darum erfüllen wird[161]. Dies ist die konsequente Fortführung seines Ausgangspunktes, ob es der Getäuschte noch in der Hand hat, den endgültigen Schadenseintritt abzuwenden. Wenn allerdings eine er-

---

154 *Eser*, Strafrecht IV, 13/Rdnr. 39; *Hefendehl*, Vermögensgefährdung, S. 302, 340; *Lenckner*, JZ 1971, 320, 323; *Maurach/Schroeder/Maiwald*, BT 1, § 41, Rdnr. 130; *Meyer*, MDR 1971, 718, 719, 1975, 357, 358; *Otto*, Vermögensschutz, S. 278; *Samson*, in SK, § 263, Rdnr. 167; *Tenckhoff*, in FS Lackner, S. 677, 683; für den Unterfall des Kreditbetruges: *Lampe*, Kreditbetrug, S. 26 f.

155 Nur *Meyer*, MDR 1971, 718, 719, hält ohne Einschränkung wegen des Anfechtungsrechts den Betrug nicht für vollendet.

156 *Eser*, Strafrecht IV, 13/Rdnr. 39; *Samson*, in SK, § 263, Rdnr. 167; *Tenckhoff*, in FS Lackner, S. 677, 683; sowie *Hefendehl*, Vermögensgefährdung, S. 340, bei „unzweifelhafter Durchsetzbarkeit".

157 *Otto*, Vermögensschutz, S. 278; *Tenckhoff*, in FS Lackner, S. 677, 683.

158 *Lenckner*, JZ 1971, 320, 323.

159 *Lenckner*, JZ 1971, 320, 323.

160 *Hefendehl*, Vermögensgefährdung, S. 340.

161 *Lenckner*, JZ 1971, 320, 323.

folgreiche Geltendmachung des Anfechtungsrechts nicht möglich ist, dann ist nach dieser Ansicht das Anfechtungsrecht nicht geeignet, einen vollendeten Betrug auszuschließen, und die Vermögensgefährdung ist dann einem Schaden gleichzuerachten. In der Regel liegt somit trotz Anfechtbarkeit ein vollendeter Betrug vor.

Im Ergebnis unterscheidet sich diese Ansicht daher nicht von der *Cramers*.

cc) Der Vorschlag *Seelmanns*

Seelmann erwägt demgegenüber, ein Anfechtungsrecht des Opfers bei Vorleistungspflicht des Täters als wirtschaftliche bedeutsame Position zu berücksichtigen und eine möglicherweise gleichwohl verbleibende geringe Vermögensdifferenz „viktimo-dogmatisch" als hinnehmbares Opferrisiko für unbeachtlich zu erklären[162].

b) Ansichten, die § 123 nicht berücksichtigen

aa) Der Rechtsprechung folgende Literaturstimmen

In der Literatur wird überwiegend unter Zustimmung zu den Argumenten der Rechtsprechung das Anfechtungsrecht für ungeeignet gehalten, einen Schaden auszuschließen[163]. So vermerkt etwa *Krey*, die Anfechtbarkeit des Vertrages bleibe außer Betracht, denn es sei nicht Sinn des § 123 BGB, den Betrug in seinem Geltungsbereich „aus den Angeln zu heben"[164]. Vielmehr stelle die wirksame Anfechtung nur eine „reparatio damni" dar, die den Eingehungsbetrug nicht mehr rückwirkend entfallen lassen könne[165].

Gegen die Einbeziehung des Anfechtungsrechts bei der Schadensermittlung wird insbesondere vorgebracht, daß man dann ermitteln müsse, ob die Anfechtung ohne weiteres realisierbar sei und dies verwebe auf bedenkliche Art und Weise zwei verschiedene, voneinander zu trennende Gesichtspunkte[166]. Ob eine Gefährdung vorliege, beurteile sich aus der Sicht ex ante, während sich erst aus der Sicht ex post feststellen lasse, ob die Anfechtung leicht realisierbar gewesen sei[167]. Bei der

---

162 *Seelmann*, JR 1986, 346, 347.

163 *Arzt*, in Arzt/Weber, LH 3, Rdnr. 451; *Baumann*, Sicherungsrechte, S. 42; *Berz*, NJW 1973, 1337; *Blei*, Strafrecht II, S. 235; *Bohnenberger*, Vertragserschleichung, S. 49; *Bottke*, JR 1987, 428, 430; *Hirsch*, ZStW 81 (1969), 917, 948; *Knappmann*, NJW 1965, 1931, 1932; *Krey*, BT 2, Rdnr. 449; *Kühl*, in Lackner, § 263, Rdnr. 36a; *Lackner*, in LK, § 263, Rdnr. 188, 223; *Ranft*, Jura 1992, 66, 76; *Schlüchter*, MDR 1974, 617; *Schmidhäuser*, Strafrecht BT, § 11, Rdnr. 23; *Tröndle*, § 2263, Rdnr. 32; *Wessels*, BT 2, Rdnr. 529.

164 *Krey*, BT 2, Rdnr. 449.

165 *Krey*, BT 2, Rdnr. 449.

166 *Hirsch*, ZStW 81 (1969), 917, 949.

167 *Hirsch*, ZStW 81 (1969), 917, 948.

strafrechtlichen Beurteilung, ob eine schadensgleiche Vermögensgefährdung vorliege, müsse dann nicht nur zivilrechtlich geprüft werden, ob die Voraussetzungen des Anfechtungsrechts vorlagen, sondern auch, ob es zivilprozeßrechtlich durchsetzbar gewesen sei, was auch eine Beweiswürdigung erforderlich mache[168].

Für die Vertreter der Ansicht, daß der Eingehungsbetrug keine schadensgleiche Vermögensgefährdung, sondern einen endgültigen Schaden darstelle[169], folgt die Unbeachtlichkeit des Anfechtungsrechts konsequenterweise daraus, daß seine Ausübung nur noch die Wiedergutmachung eines vollendeten Schadens darstellen kann.

bb) Die Ansicht *Riemanns*

Riemann, der im Stadium des Vertragsschlusses nur einen versuchten Betrug annimmt[170], hält das Anfechtungsrecht nicht für relevant bei der Schadensfeststellung[171]. Da er es nicht für angebracht hält, bei der Untersuchung des Eingehungsbetruges zu differenzieren, welcher der Vertragspartner vorleistungspflichtig ist oder welche Gegenrechte ihm zustehen[172], mißt er auch dem Anfechtungsrecht keine Relevanz bei. Weil eine fiktive zivilrechtliche und zivilprozessuale Prüfung der Anfechtbarkeit erforderlich sei, könne das Anfechtungsrecht zudem kein geeignetes Kriterium für die Abgrenzung von schadensgleicher Gefährdung und Nichtschaden sein[173].

5. Stellungnahme und Lösungsvorschlag

a) Kritik

Gegen die teilweise vertretene Ansicht, beim Eingehungsbetrug handele es sich um einen endgültigen Schadenseintritt[174], so daß das Anfechtungsrecht höchstens eine nachträgliche Schadenswiedergutmachung darstellen könne, ist einzuwenden, daß das Anfechtungsrecht hier mit Hilfe einer Zirkelargumentation für irrelevant erklärt wird. Denn es soll ja gerade erst geprüft werden, ob tatsächlich schon ein endgültiger Schaden vorliegt. Vielmehr stellt das Anfechtungsrecht, zu dem Zeitpunkt, zu dem noch keinerlei Vermögensverschiebung stattgefunden hat, keine Wiedergut-

---

168 *Riemann*, Vermögensgefährdung, S. 86; *Schmidt*, Vermögensschaden, S. 73.
169 *Arzt*, in Arzt/Weber, LH 3, Rdnr. 453; *Ranft*, JR 1994, 523, 524; *Wessels*, BT 2, Rdnr. 522.
170 *Riemann*, Vermögensgefährdung, S. 91 ff.; so auch *Schmidt*, Vermögensschaden, S. 73.
171 *Riemann*, Vermögensgefährdung, S. 85, so auch *Schmidt*, Vermögensschaden, S. 73.
172 *Riemann*, Vermögensgefährdung, S. 91.
173 *Riemann*, Vermögensgefährdung, S. 86.
174 Siehe oben Teil 2, B. II. 2. a), S. 97.

machung dar, weil es schon zu keiner Zeit einen größeren Vermögensabfluß als den der mit § 123 BGB belasteten Verbindlichkeit gegeben hat[175].

Gegen *Riemanns* Ansicht[176], nach der keinerlei Differenzierung notwendig ist, spricht, daß man damit den verschiedenen Fallgestaltungen, die sich aus der zivilrechtlichen Prägung des Einzelfalles ergeben, nicht gerecht werden kann.

Die Anregung *Seelmanns*[177], eine verbleibende Vermögensminderung als von dem Opfer hinnehmbar zu erklären, läßt sich allein mit einem Hinweis auf nicht näher dargelegte „viktimo-dogmatische" Überlegungen nicht rechtfertigen. Es läßt sich nämlich nicht mit Sicherheit feststellen, wie groß bzw. gering diese „u.U. verbleibende Vermögensdifferenz" im Einzelfall ist. Dies würde zudem bedeuten, den Rechtsgüterschutz mit Hilfe viktimodogmatischer Begründungen aus den Angeln zu heben.

b) Lösungsvorschlag

Auch bei der Untersuchung der Relevanz des Anfechtungsrechts kommt es darauf an, ob der getäuschte Vertragspartner es noch in der Hand hat, die Weiterentwicklung der Gefährdung in einen effektiven Schaden abzuwenden. Daher muß hier in der Tat, wie von den oben unter 4. a) dargestellten Literaturstimmen gefordert, entscheidend sein, ob das Opfer das Anfechtungsrecht leicht beweisen und ungehindert durchsetzen kann und ob es die Täuschung vor Erbringung der eigenen Leistung erkennen kann. Steht schon bei Vertragsschluß fest, daß das Opfer die Täuschung nicht rechtzeitig erkennen können wird, dann liegt schon bei Abschluß dieses Vertrages eine schadensgleiche Vermögensgefährdung vor. Hat das Opfer dagegen keine Rechtskenntnis von dem Anfechtungsrecht, dann läßt dies allein das Kriterium des „In-der Hand-Habens" nicht entfallen. Hat das Opfer erkannt, daß es übervorteilt worden ist, muß es sich über sein Recht, sich vom Vertrag durch Anfechtung zu lösen, erkundigen und dementsprechend handeln. Nur wenn schon bei Vertragsschluß die Prognose möglich ist, daß das Opfer die Täuschung nicht erkennen können wird oder wenn es von seiner geistigen Veranlagung her nicht in der Lage ist, seine Rechte effektiv wahrzunehmen, fehlt es an diesem Kriterium[178].

Bei der Erörterung des Eingehungsbetruges wurde schon festgestellt, daß es sich dabei grundsätzlich um eine schadensgleiche Gefährdung und damit um einen vollendeten Betrug handelt[179]. In der Regel ist nämlich das Opfer mit dem Ver-

---

175 *Winkler*, Vermögensbegriff, S. 131

176 Siehe oben Teil 3, B. II. 4. b) bb), S. 143.

177 Siehe oben Teil 3, B. II. 4. a) cc), S. 142.

178 Siehe zu dieser Anforderung schon oben Teil 3, A. IV., S. 118 ff.

179 Siehe oben Teil 2, B. II. 3., S. 104.

tragsschluß in eine Lage geraten, in der der Täter seine Forderung ohne Schwierigkeiten realisieren kann. Nur ausnahmsweise kann das Anfechtungsrecht dagegen etwas bewirken, wenn nämlich der Anfechtungsgrund offensichtlich und auch für das Opfer erkennbar ist und die Anfechtungsvoraussetzungen leicht beweisbar und durchsetzbar sind. Insbesondere kann dem Opfer nicht zugemutet werden, zum Schutz seines Vermögens den Zivilrechtsweg zu beschreiten, in dem er neben dem Kosten- auch das Beweisrisiko zu tragen hätte. Dies alles muß aber im Einzelfall konkret festgestellt werden, denn da es um die Ermittlung einer konkreten Vermögensgefährdung geht, muß auch das Mittel, mit dem das Umschlagen der Gefährdung in eine Schaden möglich ist, konkret festgestellt werden. Konkretheit der Gefährdung wird von den Gerichten ja so verstanden, daß die Möglichkeit des Verlustes nach den Umständen des Einzelfalles naheliegen muß[180]. Es stellt daher einen Widerspruch dar, bei dieser erforderlichen Untersuchung des Einzelfalles das Anfechtungsrecht von vornherein als irrelevant zu bezeichnen.

Die im Vertragsschluß liegende Vermögensverfügung führt nicht zu einer schadensgleichen Vermögensgefährdung, wenn im Einzelfall das Anfechtungsrecht sich wegen Vorliegens der genannten Voraussetzungen als effektive Selbstschutzmöglichkeit erweist. Wegen des Vorrangs der Selbstschutzmöglichkeit fehlt es in diesem Fall an der Schutzwürdigkeit des potentiellen Opfers. Wenn dann später dennoch eine Leistung erfolgt, obwohl die Täuschung erkannt wurde, fehlt es bei dieser dann schädigenden Vermögensverfügung an der objektiven Zurechenbarkeit. Der Betrug kann dann nicht mehr vollendet werden, so daß eine Bestrafung wegen versuchten Betruges in Betracht kommt, wenn der Täter es billigend in Kauf genommen hatte, daß der Getäuschte die Täuschung nicht erkennen und nicht anfechten werde, sondern seine Leistung aufgrund der Täuschung erbringen werde.

Daß bei dieser Ermittlung des Einzelfalles, wie *Riemann* einwendet[181], eine fiktive zivilrechtliche und zivilprozessuale Prüfung erforderlich ist, spricht nicht dagegen. Zum einen wird sich im Einzelfall recht schnell feststellen lassen, ob das Anfechtungsrecht einem böswilligen Vertragspartner gegenüber besteht oder nicht, und da das Anfechtungsrecht ungehindert durchsetzbar und die Täuschung auch für das Opfer erkennbar sein muß, dürfte dies auch für den Strafrichter ohne Schwierigkeiten feststellbar sein. An ihn werden keine höheren Anforderungen gestellt als an das Opfer selbst.

Insbesondere hat hier die Tatsache Bedeutung, daß zum Zeitpunkt des Vertragsschlusses noch kein Vermögensabfluß stattgefunden hat, es daher auch in diesem Stadium nicht um Wiedergutmachung des Schadens geht. Etwas anderes als eine

---

180 BGH NJW 1966, 1975; BGHSt 23, 300; BayObLG NJW 1988, 2550.

181 *Riemann*, Vermögensgefährdung, S. 91.

Verbindlichkeit, die mit der Anfechtungsmöglichkeit des § 123 BGB belastet ist, hat es von Anfang an nicht gegeben.

Dem Rechtsprechungsargument, daß die ex tunc-Wirkung des § 142 BGB für die strafrechtliche Beurteilung unerheblich ist, kann zwar nichts entgegnet werden, es wirkt sich an dieser Stelle jedoch gar nicht aus. Denn wenn man beachtet, daß von Anfang an nur eine mit der Anfechtungsmöglichkeit behaftete Verbindlichkeit zu Lasten des Getäuschten bestand, dann kann das leicht und zumutbar durchsetzbare Anfechtungsrecht von vornherein die durch den Vertragsschluß entstandene Gefährdung auf ein Maß mindern, das unterhalb der Schwelle der schadensgleichen konkreten Vermögensgefährdung liegt. Es wird ja nur der Zeitpunkt des Vertragsschlusses betrachtet und auf die tatsächliche weitere Entwicklung des Sachverhalts, ob das Anfechtungsrecht dann auch tatsächlich ausgeübt wird, kommt es nicht mehr an. Zu diesem Zeitpunkt ist die Gefahr aber noch zu gering, um als schadensgleich eingestuft werden zu können.

Der Unterschied zu der Ansicht, die das Anfechtungsrecht von vornherein als irrelevant einstuft, ist in der Praxis so groß jedoch nicht. Denn in den meisten Fällen wird, wer jemanden getäuscht hat, um einen Vertragsschluß zu erreichen, an diesem Vertragsschluß auch festhalten wollen und daher die Täuschung bestreiten. Schon in diesem Fall kann das Anfechtungsrecht den Vermögensschaden nicht mehr ausschließen, weil der Getäuschte dann dieses Recht mit gerichtlicher Hilfe durchsetzen muß, was bedeutet, daß er die Voraussetzungen des § 123 BGB beweisen muß und das Prozeßrisiko trägt.

aa) Rechnerisch ungleiche Verträge

Bei Verträgen, bei denen sich die Ungleichheit der korrespondierenden Ansprüche aus der Minderwertigkeit der vom Täter zu erbringenden Leistung ergibt, ist zwar im Gegensatz zu den Fällen der fehlenden Erfüllungsbereitschaft die zukünftige Erfüllungssituation nicht entscheidend. Eine Differenzierung danach, welche der beiden Vertragsparteien vorleistungspflichtig ist, muß daher nicht zwingend erfolgen. Hier kommt es entscheidend auf die Durchsetzbarkeit des Anfechtungsrechts im Einzelfall an, wie sie soeben dargestellt wurde. Für die Geltendmachung dieses Rechtes ist demnach u.a. Voraussetzung, daß der Getäuschte die tatsächlichen Voraussetzungen des Anfechtungsrechts in Form der Täuschung vor Erbringung seiner Leistung erkennen kann.

Aus diesem Grund gewinnt nun die Vorleistungspflicht des Täters doch entscheidende Bedeutung. In den Fällen, in denen der Täter eine Sachleistung zu erbringen bat, kann der Getäuschte die Übervorteilung und Täuschung erst erkennen, wenn er die geschuldete Leistung erhalten hat und er die Sache untersuchen kann[182]. Vorher ist sein Anfechtungsrecht nicht ungehindert durchsetzbar, weil die Anfechtungsvoraussetzungen dann nicht klar zutage liegen.

Ist der Getäuschte also vorleistungspflichtig und der Täuschende Schuldner einer Sachleistung, kann das Anfechtungsrecht den Schadenseintritt in der Regel nicht verhindern[183]. Ist dagegen der Täter vorleistungspflichtig, dann kann der Getäuschte die Sache untersuchen. Es kommt dann weiter darauf an, ob der Mangel erkennbar ist. Das gleiche gilt, wenn der Getäuschte aufgrund des Vertrages eine Sachleistung zu einem zu niedrigen Preis erbringen muß, auch dann kann er vor Leistungserbringung die Täuschung entdecken.

bb) Subjektiver Schadenseinschlag

Für die Fallkonstellationen, bei denen sich ein Vermögensschaden nur mit Hilfe des subjektiven Schadenseinschlages begründen läßt, ergibt sich keine unterschiedliche Beurteilung als in der vorgenannten Fallgruppe. Auch hier ist entscheidend, ob der Getäuschte die Täuschung und somit die Unbrauchbarkeit der ihm geschuldeten Leistung für seine Zwecke erkennen kann und ob sich das Anfechtungsrecht durchsetzen und leicht beweisen läßt.

cc) Fehlende Leistungsbereitschaft

Da das Anfechtungsrecht des § 123 BGB auch bei Vortäuschung nur vermeintlich gegebener Leistungsfähigkeit bzw. -willigkeit gegeben ist[184], besteht insoweit kein Unterschied zu den Fällen der rechnerisch ungleichen Verträge. Allerdings ist die Leistungsunfähigkeit und insbesondere die Leistungsunwilligkeit als inneres Merkmal ein Faktor, der für den Getäuschten nur schwer zu erkennen und beweisen ist. Die Bedeutung des Anfechtungsrechts allein ist daher bei dieser Fallgruppe zwangsläufig gering.

Weil sich hier der Negativsaldo aber daraus ergibt, daß der Täuschende nicht vertragsgemäß erfüllen will oder kann, muß hier zusätzlich auch die zukünftige Erfüllungssituation mit berücksichtigt werden. Es muß daher unterschieden werden, welche Vertragspartei vorleistungspflichtig ist.

Bei dieser Fallgestaltung ist zu beachten, daß nach der Rechtsprechung[185] und nach der ganz herrschenden Ansicht in der Literatur[186] eine in dem Vertragsschluß

---

182 *Lenckner*, JZ 1971, 320, 323.

183 So auch *Hefendehl*, Vermögensgefährdung, S. 329; und *Lenckner*, JZ 1971, 320, 323.

184 BGH, in LM, BGB § 123 Nr. 12; *Heinrichs*, in Palandt, § 123, Rdnr. 3.

185 BGH MDR bei Dallinger 1973, 370 und 1975, 196; BGH StV 1983, 330; 1988, 386; 1995, 245; 1995, 255; wistra 1992, 101; BGHR § 263 Abs. 1, Eingehungsbetrug Nr. 1 v. 26.2.1987;

liegende Vermögensgefährdung dann nicht vorliegt, wenn der Vertrag Zug um Zug zu erfüllen ist. Die Gefahr, daß der Getäuschte entgegen seiner Verpflichtung leistet, reicht nicht aus. Der Erfüllung Zug um Zug ist es gleichzuerachten, daß der Getäuschte Vorleistung verlangen kann.

Auf ein Anfechtungsrecht kommt es bei dieser Fallgestaltung dann nicht entscheidend an. Es kann allenfalls flankierenden Schutz bieten. Das Recht, auf einer Vorleistung der anderen Vertragspartei zu bestehen oder Erfüllung Zug um Zug zu verlangen, kann zwar den Wert der vom Getäuschten geschuldeten Leistung nicht erhöhen[187], aber er kann sich viel wirkungsvoller als mit einer Anfechtung und viel einfacher vor der mangelnden Leistungsbereitschaft des Täuschenden schützen, indem er abwartet, bis dieser seinerseits geleistet hat. Dazu kommt, daß der über die Leistungsfähigkeit des anderen getäuschte Vertragspartner vorrangiges Interesse an der Erfüllung des Vertrages hat, allerdings würde eine Vernichtung des Vertragsschlusses durch eine Anfechtung die Gefährdung seines Vermögens auch beseitigen.

Ist der Getäuschte dagegen vorleistungspflichtig, kommt es auf das Anfechtungsrecht an, das im Einzelfall die Vermögensgefährdung auf ein nicht mehr konkretes Maß herabmildern kann. Um es effektiv ausüben zu können, muß der Getäuschte die Täuschung über die Leistungswilligkeit erkennen können, bevor er seine Leistung erbringt. Dies wird sicher in praxi nicht oft der Fall sein, weil sich die fehlende Erfüllungsbereitschaft meist erst offenbart, wenn die geschuldete Leistung ausbleibt. Ganz auszuschließen ist diese Möglichkeit aber nicht. Nach erfolgter Ausübung des Anfechtungsrechts kann der Getäuschte dann seinerseits die Leistung verweigern.

In den Fällen, in denen die mangelnde Erfüllungsbereitschaft oder -fähigkeit für den Getäuschten sowohl erkennbar als auch beweisbar ist, hat er es dann mit Hilfe des Anfechtungsrechts in der Hand, den endgültigen Schadenseintritt abzuwenden. Diese Fälle mögen im Rechtsalltag selten sein, weil dieser Täuschungsinhalt schwer erkennbar ist, jedoch ist es nicht angebracht, dem Anfechtungsrecht von vornherein jede Relevanz zu versagen.

Vermögensschaden Nr. 32 v. 22.5.1991; Vermögensschaden Nr. 34 v. 24.7.1991; OLG Düsseldorf, NJW 1993, 2694.

186 *Cramer*, in Schönke/Schröder, § 263, Rdnr. 131, ders., in Vermögensbegriff, S. 178 ff.; *Eser*, Strafrecht IV, 13/Rdnr. 39; *Hirsch*, ZStW 81 (1969), 917, 948; *Lackner*, in LK, § 263, Rdnr. 223; *Maurach/Schroeder/Maiwald*, § 41, Rdnr. 130, S. 464; *Meyer*, MDR 1975, 357, 358; *Otto*, Vermögensschutz, S. 277; *Pfeiffer/Maul/Schulte*, § 263, Rdnr. 23; *Tenckhoff*, in FS Lackner, S. 677, 684.

187 *Winkler*, Vermögensbegriff, S. 134.

III. Gesetzliche Widerrufsrechte

1. Zivilrechtliche und zivilprozessuale Situation

a) Das Widerrufsrecht nach dem Abzahlungsgesetz

1974 wurde das nicht zum Nachteil des Abzahlungskäufers abdingbare Widerrufsrecht nach § 1b Abs. 1 AbzG eingeführt, wonach die Willenserklärung des Abzahlungskäufers erst wirksam wurde, wenn er sie nicht binnen einer Woche schriftlich widerrufen hatte. Damit war das Widerrufsrecht als Wirksamkeitshindernis ausgestaltet. In der Zeit bis die Widerrufsfrist verstrichen war, ohne daß ein Widerruf erfolgt war, war die Erklärung schwebend unwirksam[188]. Es entstand ein dem § 177 BGB entsprechender Schwebezustand[189]. Zur Fristwahrung reichte es aus, den Widerruf rechtzeitig abzusenden[190]. Die Angabe von Gründen war bei der Ausübung nicht erforderlich. Die Widerrufsfrist begann erst zu laufen, wenn der Abzahlungsverkäufer dem Widerrufsberechtigten eine Abschrift von dessen Erklärung aushändigt, die in drucktechnisch deutlich gestalteter Weise eine schriftliche Belehrung über das Widerrufsrecht enthielt. Fehlte es an der Belehrung oder an der Unterschrift des Abzahlungskäufers, dann erlosch das Widerrufsrecht erst, wenn beide Seiten vollständig geleistet hatten[191]. Umstritten war in Rechtsprechung und Literatur, ob über den Beginn des Laufs der Widerrufsfrist belehrt werden mußte[192].

Für die Ausübung des Widerrufs war zwar Schriftform vorgeschrieben, da dies aber nur die Beweissicherung bezweckte, ließ man auch andere, § 126 BGB nicht entsprechende Erklärungen zu, so daß keine eigenhändige Unterschrift erforderlich war[193]. Durch den Widerruf wurde die Erklärung endgültig unwirksam, so daß jeder Teil die schon empfangenen Leistungen zurückgeben mußte. Untergang oder Verschlechterung der Kaufsache schlossen den Widerruf nicht aus, allerdings mußte der Käufer Schadensersatz leisten, wenn er den Untergang oder die Verschlechterung verschuldet hatte, § 1d Abs. 1 AbzG. Darüber war er allerdings in der schriftlichen Belehrung nicht aufzuklären.

Der Anwendungsbereich war persönlich streng abgegrenzt, es kam nur darauf an, daß der Käufer nicht als Kaufmann im Handelsregister eingetragen war, § 8 AbzG. In

188 *Putzo*, in Palandt, 50. Aufl., § 1b AbzG, Rdnr. 3.

189 *Münstermann*, in Emmerich/Münstermann/Wagner-Wieduwilt, Verbraucherkreditgesetz, S. 58.

190 Vgl. § 1b Abs. 2 AbzG.

191 Vgl. § 1b Abs. 2 AbzG.

192 Siehe dazu *Teske*, NJW 1991, 2793, 2798; für § 7 VerbrKrG hat der BGH NJW 1994, 1800, 1801; 1993, 1013 entschieden, daß auch über den Fristbeginn belehrt werden muß.

193 BGHZ 94, 226, 230; *Putzo*, in Palandt, 50. Aufl., § 1b AbzG, Rdnr. 11; *Teske*, NJW 1991, 2793, 2796.

sachlicher Hinsicht mußte ein Kaufvertrag über bewegliche Sachen vorliegen, deren Kaufpreis in Teilzahlungen beglichen werden sollte, § 1 Abs. 1 AbzG.

Der Abzahlungskäufer trug die Beweislast für die rechtzeitige Absendung und den Zugang des Widerrufs, der Verkäufer für die Aushändigung der Belehrung[194].

b) Das Widerrufsrecht nach dem Verbraucherkreditgesetz

Bei der Schaffung des am 1.1.1991 in Kraft getretenen Verbraucherkreditgesetzes blieben die Konstruktion des Widerrufsrechts als Wirksamkeitshindernis sowie Ausgestaltung und Rechtsfolgen weitgehend erhalten. Der Verbraucher muß wie bisher drucktechnisch deutlich belehrt werden. Daher darf die Widerrufsbelehrung nicht im Text versteckt werden, sondern muß durch Fett- oder Farbdruck oder Einrahmung hervorgehoben werden. Wenn andere Vertragsinhalte ähnlich gestaltet sind, muß sich die Belehrung deutlich hiervon abheben[195].

Während nach § 1b Abs. 2 S. 2 AbzG die schriftliche Belehrung in der Vertragsurkunde enthalten sein mußte, ist nach dem VerbrKrG auch die Belehrung in einem gesonderten Schriftstück möglich[196]. Name und Anschrift des Widerrufsempfängers müssen in der Belehrung angegeben werden. Auch darüber, wann die Widerrufsfrist zu laufen beginnt, und daß sie durch rechtzeitige Absendung des Widerrufs gewahrt ist, muß aufgeklärt werden[197].

Fehlt es an einer Widerrufsbelehrung, dann erlischt das Widerrufsrecht, wenn beide Parteien ihre Leistung vollständig erbracht haben oder spätestens ein Jahr, nachdem der Verbraucher seine Willenserklärung abgegeben hat, § 7 Abs. 2 S. 3 VerbrKrG. Einer Begründung des Widerrufs bedarf es auch hier nicht, genausowenig muß der Begriff „Widerruf" ausdrücklich gebraucht werden[198]. Es genügt eine schriftliche Widerrufserklärung, aus der sich der widerrufene Kreditvertrag ergibt, schlüssiges Verhalten oder ein mündlicher Widerruf genügen nicht[199]. Nach § 7 Abs. 3 VerbrKrG ist das Widerrufsrecht an die Darlehensrückzahlung gekoppelt, wenn der Verbraucher das Darlehen erhalten hat.

Erfaßt werden im Gegensatz zum Abzahlungsgesetz nicht mehr nur Kaufverträge, sondern alle Verträge, bei denen ein Kreditgeber dem Verbraucher einen entgeltlichen Kredit in Form eines Darlehens, eines Zahlungsaufschubs oder einer sonstigen Finanzierungshilfe gewährt oder zu gewähren verspricht, vgl. § 1 Abs. 2 VerbrKrG.

---

194 *Putzo*, in Palandt, 50. Aufl., § 1b AbzG, Rdnr. 15, vgl. auch § 1b Abs. 2 S. 4 AbzG.

195 *Münstermann*, in Emmerich/Münstermann/Wagner-Wieduwilt, Verbraucherkreditgesetz, S. 58.

196 *Münstermann*, in Emmerich/Münstermann/Wagner-Wieduwilt, Verbraucherkreditgesetz, S. 58.

197 BGH NJW 1994, 1800, 1801; 1993, 1013.

198 *Bruchner*, in Bruchner/Ott/Wagner-Wieduwilt, § 7 VerbrKrG, Rdnr. 19.

199 *Bruchner*, in Bruchner/Ott/Wagner-Wieduwilt, § 7 VerbrKrG, Rdnr. 19.

Auch Kauf- und andere Verträge, die mit einem Kreditvertrag ein verbundenes Geschäft bilden, werden von dem Widerrufsrecht erfaßt, § 9 VerbrKrG.

Die wichtigsten Ausnahmen sind Bagatellkredite, bei denen der auszuzahlende Kreditbetrag oder Barzahlungspreis 400 DM nicht übersteigt, sowie Überziehungskredite. Auch wenn nur ein Zahlungsaufschub von nicht mehr als drei Monaten Dauer eingeräumt wird, besteht kein Widerrufsrecht, § 3 Abs. 1 Nr. 3 VerbrKrG. In persönlicher Hinsicht wurden alle unternehmerischen Tätigkeiten außer der Existenzgründung aus dem Geltungsbereich herausgenommen.

Der Kreditgeber trägt die Beweislast dafür, daß und zu welchem Zeitpunkt dem Verbraucher die Widerrufsbelehrung ausgehändigt worden ist[200]. Dagegen muß der Verbraucher beweisen, daß die tatsächlichen Voraussetzungen des Widerrufsrechts vorliegen und daß er es ausgeübt und der Vertragspartner die Erklärung erhalten hat[201].

c) Das Widerrufsrecht nach dem Haustürwiderrufsgesetz

Das Widerrufsrecht setzt einen entgeltlichen Vertrag voraus, ohne daß es auf einen bestimmten Vertragstyp ankommt[202]. Erforderlich ist eine der in § 1 Abs. 1 HWiG aufgezählten Überrumpelungssituationen. Das Widerrufsrecht erlischt einen Monat nach vollständiger Erbringung der vertraglichen Leistungen durch beide Parteien, wenn der Verbraucher nicht über sein Widerrufsrecht belehrt worden ist, § 2 Abs. 1 S. 4 HWiG. Im übrigen ist das Widerrufsrecht wie das des Verbraucherkreditgesetzes ausgestaltet. Es wird auch durch die Unmöglichkeit der Herausgabe des erlangten Gegenstandes nicht ausgeschlossen, § 3 S. 2 HWiG.

Vom Anwendungsbereich ausgenommen sind Verträge, bei denen sich der Kunde nur zu einer Gegenleistung von höchstens 80 DM verpflichtet und kumulativ die beiderseitigen Leistungen sofort erbracht werden, § 1 Abs. 2 Nr. 3 HWiG. Auch wenn die Vertragsverhandlung aufgrund der vorhergehenden Bestellung des Kunden geführt wurde, besteht kein Widerrufsrecht. Dieser Passus wurde verschiedentlich zu Umgehungsversuchen benutzt[203].

Der Kunde trägt die Beweislast für den Widerruf, die Absendung und den Zugang an den in der Belehrung genannten Empfänger, die andere Vertragspartei für die Belehrung, ihren Zeitpunkt und Inhalt, für die Aushändigung und Unterschrift[204].

---

200 *Bruchner*, in Bruchner/Ott/Wagner-Wieduwilt, § 7 VerbrKrG, Rdnr. 35; siehe auch die amtliche Begründung, BT-Drucks. 11/5462.

201 *Teske*, NJW 1991, 2793, 2801.

202 Wobei nach BGH NJW 1993, 1594 auch Bürgschaften und Garantieerklärungen entgeltliche Verträge sind.

203 Siehe oben Teil 3, A. III. 2., S. 114.

204 *Putzo*, in Palandt, § 2 HWiG, Rdnr. 10.

2. Darstellung der Rechtsprechung zur Bedeutung der Widerrufsrechte

Weil der Vertrag bei Eingreifen der Widerrufsrechte erst wirksam wird, wenn der getäuschte Vertragspartner nicht innerhalb einer Woche nach erfolgter Widerrufsbelehrung seine Willenserklärung widerruft, ist fraglich, ob mit dem Vertragsschluß schon eine konkrete schadensgleiche Vermögensgefährdung gegeben ist.

Der Bundesgerichtshof hat sich zu der Frage, ob die genannten Widerrufsrechte bei der Beurteilung von Vermögensgefährdung und Vermögensschaden relevant sind, noch nicht geäußert.

Das Bayerische Oberste Landesgericht hat in einem Fall, in dem das Abzahlungsgesetz einschlägig war[205], das Widerrufsrecht des Getäuschten als entscheidend bei der Schadensfeststellung angesehen. Es hat gerügt, daß die Vorinstanz den „Rücktritt" der Käuferin nicht näher untersucht hatte und nicht darauf eingegangen war, ob eine Belehrung über den „Rücktritt" erteilt worden und ob dieser fristgerecht erfolgt war.

Es sei jedoch entscheidend, ob einen dem § 1b Abs. 2 S. 2 AbzG entsprechende Belehrung erteilt und dadurch die Widerrufsfrist in Lauf gesetzt wurde. Schließlich komme es darauf an, ob die vom Landgericht als „Rücktritt" bezeichnete Willenserklärung innerhalb dieser Frist abgesandt worden ist. Wenn dies der Fall sei, habe eine Einwirkung auf das Vermögen in aller Regel noch nicht stattgefunden. Wenn die Vorschriften des Abzahlungsgesetzes Platz griffen, könne in der innerhalb der Wochenfrist frei widerrufbaren Willenserklärung des Getäuschten eine zu einer Vermögensminderung führende Willenserklärung dann nicht gesehen werden, wenn die getäuschte Person die Widerrufsmöglichkeit kenne[206]. Davon, daß der Getäuschte Kenntnis von der Widerrufsmöglichkeit habe, sei in der Regel auszugehen, weil die Frist nach § 1b Abs. 2 S. 2 AbzG erst zu laufen beginne, wenn dem Käufer die Abschrift des Auftrages ausgehändigt worden sei, in welcher in drucktechnisch eindeutiger Weise eine schriftliche Belehrung über sein Recht zum Widerruf einschließlich des Namens und der Anschrift des Widerrufsempfängers enthalten ist[207]. Weil darüber hinaus auf das Widerrufsrecht sowie die Frist dafür und den verzögerten Vertragsschluß hingewiesen werde und der Käufer diese Belehrung gesondert unterschreiben müsse, werde die Rechtsstellung des Käufers gesichert. Ein Vermögensschaden liege daher in der Regel auch nicht in der Form einer Vermögensgefährdung vor, wenn vom Widerrufsrecht rechtzeitig Gebrauch gemacht wird.

---

205 BayObLG MDR 1986, 1046.

206 BayObLG MDR 1986, 1046, 1047.

207 BayObLG MDR 1986, 1046, 1047.

Zur Untersuchung, ob die auf den Vertragsschluß gerichtete Willenserklärung durch rechtzeitigen Widerruf beseitigt wurde, und ob eine Belehrung erteilt worden war, wurde daher zurückverwiesen.

Das Bayerische Oberste Landesgericht stützt sich in seinem Urteil u.a. auf eine Entscheidung des Oberlandesgerichts Köln[208], die „in noch viel höherem Maße" für Fälle gelte, in denen das Abzahlungsgesetz eingreife[209]. Das Oberlandesgericht Köln hatte die Auffassung vertreten, daß das vertraglich eingeräumte, befristete, an keine Voraussetzungen gebundene Rücktrittsrecht einen vollwertigen Ausgleich für die Pflichten aus dem Vertrag darstelle. Allerdings ist der Bundesgerichtshof zum einen dieser Rechtsprechung in der Entscheidung BGHSt 34,199 insofern entgegengetreten, als er die Vermögensminderung um den Kaufpreis durch das Rücktrittsrecht nicht für wirtschaftlich vollwertig ausgeglichen angesehen hat[210]. Zum anderen ist der Fall des Bayerischen Obersten Landesgerichts nicht mit dem des Oberlandesgerichts Köln vergleichbar. Im Fall des Oberlandesgerichts Köln, wie auch in BGHSt 34,199, ging es darum, ob das Rücktrittsrecht einen Ausgleich für die schon weggegebene Leistung des Getäuschten darstellen kann, während im Fall des Bayerischen Obersten Landesgerichts bisher nur der Vertragsschluß vorlag. Einer Bezugnahme auf diese Entscheidung des Oberlandesgerichts Köln hätte es wegen der Verschiedenartigkeit der Fallgestaltungen nicht bedurft.

Vom Bundesgerichtshof liegt keine Entscheidung zu den gesetzlichen Widerrufsrechten nach AbzG, HWiG und VerbrKrG vor, jedoch hat er betont, daß die Frage, „welchen Einfluß ein Rücktrittsrecht auf die Entstehung eines Vermögensschadens beim Betrug hat, nicht generell beantwortet werden kann"[211].

Zieht man die von Reichsgericht und Bundesgerichtshof bei der Bedeutung des Anfechtungsrechts gebrauchten Argumente heran, so ergibt sich, daß diese bei den Widerrufsrechten nicht in gleicher Weise zutreffen.

Das (Schein-)argument, daß es bei Relevanz des Anfechtungsrechts keinen Eingehungsbetrug mehr gäbe[212], trifft hier nicht zu, weil nicht alle durch Täuschung erlangten Willenserklärungen nach den genannten Gesetzen widerrufen werden können.

Der Zeitpunkt der Abgabe der auf den Vertragsschluß gerichteten Willenserklärung durch den Getäuschten ist der entscheidende Zeitpunkt, denn darin liegt die Vermögensverfügung. Zu diesem Zeitpunkt liegt eine nachteilige vertragliche Bindung vor, die nur durch Anfechtung rückwärts wieder beseitigt wird, was eine Form der Scha-

---

208 OLG Köln, MDR 1975, 244.

209 BayObLG MDR 1986, 1046, 1047.

210 BGHSt 34, 199, 203.

211 BGHSt 34, 199, 202.

212 RGSt 8, 164, 170; BGHSt 21, 384, 386.

denswiedergutmachung darstellt[213]. Auch dieses Argument ist bei den gesetzlichen Widerrufsrechten nicht einschlägig, weil zu diesem Zeitpunkt noch keine vertragliche Bindung vorliegt, sondern nur ein schwebend unwirksamer Vertrag. Allerdings kann nach der Rechtsprechung auch der Abschluß eines schwebend unwirksamen Vertrages einen vollendeten Eingehungsbetrug begründen[214].

Schließlich muß der Getäuschte auch nicht die Voraussetzungen des Widerrufsrechts beweisen, wie dies beim Anfechtungsrecht der Fall ist, weil die Widerrufsrechte an keinerlei Voraussetzungen bei der Ausübung geknüpft sind.

Eine Voraussage, wie der Bundesgerichtshof einen Fall, in dem es auf ein Widerrufsrecht ankommt, entscheiden würde, läßt sich nicht machen und soll auch hier nicht versucht werden. Denn selbst wenn die zum Anfechtungsrecht vorgebrachten Gründe hier nicht einschlägig sind, könnte doch auch hier eine Argumentation wie bei der Bedeutung der Stornierungsbereitschaft[215], die entscheidend auf die Vergeßlichkeit und Nachlässigkeit des Vertragspartners abhebt, vorgenommen werden.

3. Literatur

a) Literaturstimmen, die die Widerrufsrechte für relevant halten

Teilweise wird in der Literatur dem Urteil des Bayerischen Obersten Landesgerichts ohne weitere Begründung gefolgt[216].

Weil sich die Widerrufsrechte nach AbzG, HWiG und VerbrKrG dadurch auszeichnen, daß kraft gesetzlicher Ausgestaltung Kenntnis von der Lossagungsmöglichkeit besteht, und weil diese an keine weiteren Voraussetzungen als deren Ausübung geknüpft sind, verneint *Hefendehl* einen Vermögensschaden bei ihrem Eingreifen[217]. Voraussetzung sei allerdings, daß der Grund für den Widerruf offensichtlich, die Täuschung also erkennbar ist. Nur in dem Fall, daß aufgrund der offensichtlichen Täuschung widerrufen werde, könne dem Täter dies zugute kommen. Nicht jedoch könne die Widerrufsregelung in eine den Täuschenden sichernde Vorschrift dadurch umfunktioniert werden, daß vollendeter Betrug auch dann entfalle, wenn das potentielle Betrugsopfer aufgrund anderer finanzieller Disposition widerrufe[218].

---

213 RGSt 28, 63, 65; 48, 186, 188.

214 RGSt 36, 205; 40, 21, 29; BayObLG NJW 1973, 633.

215 BGHSt 23, 300 ff.

216 *Kühl*, in Lackner, § 263, Rdnr. 44; *Sonnen/Hansen-Siedler*, JA 1988, 17, 26 f.; *Tröndle*, § 263, Rdnr. 32.

217 *Hefendehl*, Vermögensgefährdung, S. 338 ff.

218 *Hefendehl*, Vermögensgefährdung, S. 339.

Cramer hält die Widerrufsrechte nur ausnahmsweise für geeignet, den Schaden auszuschließen[219]. Weil auch der Abschluß schwebend unwirksamer Verträge eine schadensgleiche Vermögensgefährdung darstelle, schließe das Widerrufsrecht nach § 1b AbzG oder HWiG die Vollendung des Betruges nicht aus[220]. Es komme aber für die Feststellung der Vermögensgefährdung darauf an, ob die konkrete Prognose möglich sei, daß der Getäuschte nicht imstande sein werde, seine Rechte wahrzunehmen[221]. Nur bei eindeutiger Beweissituation sei diese Prognose möglich und könne ein Widerrufsrecht die Vermögensgefährdung ausschließen[222].

Während für *Hefendehl* die Erkennbarkeit des Widerrufsgrundes und für *Cramer* die Beweissituation entscheidend ist, stellt *Lackner* streng auf den Einzelfall ab[223]. Es komme darauf an, ob infolge von Geschäftsungewandtheit oder Zweifeln an den Erfolgsaussichten, oder weil der Aufwand einer Rechtsverfolgung im Hinblick auf den geringen Preis unverhältnismäßig erscheint, eine konkrete Schadensgefahr begründet werden kann[224].

b) Literaturstimmen, die die Widerrufsrechte nicht für relevant halten

Arzt nimmt trotz des Widerrufsrechts eine einem Vermögensschaden gleichkommende Gefährdung[225] schon im Zeitpunkt des Vertragsschlusses an. Ein Widerruf durch den Vertragspartner sei von so unsicheren Faktoren wie Trägheit, Vergeßlichkeit, Überschattung durch außergewöhnliche Ereignisse und Arbeitsüberlastung abhängig, die bei keinem potentiellen Opfer ausgeschlossen werden könnten und die der Betrugstäter in sein Kalkül aufnehme[226].

Auch *Bohnenberger*, der in seiner Monographie über die Vertragserschleichung zu dem Ergebnis kommt, daß der strafrechtliche und zivilrechtliche Schutz auf diesem Gebiet nicht ausreichend sei, nimmt bei Widerrufbarkeit nach AbzG/VerbrKrG oder HWiG eine schadensgleiche Vermögensgefährdung an und hält den Betrug auch dann bereits im Zeitpunkt des Vertragsschlusses für vollendet[227].

---

219 *Cramer*, in Schönke/Schröder, § 263, Rdnr. 131.

220 *Cramer*, in Schönke/Schröder, § 263, Rdnr. 131.

221 Daher kann aus dem vorgenannten Satz *Cramers* allein nicht geschlossen werden, er halte ein Widerrufsrecht von vornherein für irrelevant, wie dies *Bohnenberger*, Vertragserschleichung, S. 52, tut.

222 Auch *Samson*, in SK, § 263, Rdnr. 167, und *Eser*, Strafrecht IV, 13/Rdnr. 39, stellen darauf ab, ob sich der Getäuschte ohne Beweisschwierigkeiten vom Vertrag lösen kann.

223 *Lackner*, in LK, § 263, Rdnr. 225 a.E.

224 *Lackner*, in LK, § 263, Rdnr. 225.

225 Dagegen nimmt *Arzt*, in Arzt/Weber, LH 3, Rdnr. 453, bei Abschluß eines wirksamen Vertrages einen endgültigen Schadenseintritt an.

226 *Arzt*, in Arzt/Weber, LH 3, S. 171, Fn. 56.

227 *Bohnenberger*, Vertragserschleichung, S. 55.

Er differenziert zwar zunächst danach, ob eine ordnungsgemäße Widerrufsbelehrung erteilt wurde. Sowohl bei deren Fehlen als auch wenn sie erteilt wird, hält er allerdings die Ausübung des Widerrufsrechts für zweifelhaft. Es müsse die Prognose aufgestellt werden, ob der getäuschte Vertragspartner unter lebensnahen Umständen der Gefahr ausgesetzt sei, in Anspruch genommen zu werden[228]. Er führt die auch von *Arzt* aufgezählten Faktoren der Unsicherheit an, die die Ausübung des Rechtes verhindern können. Wegen der Komplexität der Widerrufsbestimmungen sei ungewiß, ob der Besteller Kenntnis davon habe, daß er zur Bewirkung der Leistung nicht verpflichtet sei. Auch bestehe die konkrete Gefahr, daß der Getäuschte seine Leistung bewirken werde, weil er die Rechtslage nicht kennt oder Scheu vor rechtlichen Auseinandersetzungen hat. Eine schadensgleiche Vermögensgefährdung sei daher mit dem Vertragsschluß zu bejahen.

Zudem hält er es auch bei Erteilen einer solchen Belehrung für fraglich, ob der Besteller innerhalb der Wochenfrist von dem Recht Gebrauch machen werde. Die Unterschrift unter die Belehrung sei nicht mit der Kenntnis des Rechtes gleichzusetzen[229].

Auf die Erkennbarkeit der Täuschung und der Unbrauchbarkeit für die vertraglichen Zwecke stellt *Endriß* ab. Er hält für den Fall der Vertragserschleichung die Widerrufsrechte nicht für geeignet, den Eintritt des Vermögensschadens zu verhindern. Selbst wenn der Käufer eine ordnungsgemäße Widerrufsbelehrung in Händen halte, könne er in der Regel die Täuschung und die für die Vertragserschleichung typische soziale Zweckverfehlung nicht erkennen[230].

Nach *Krey* lassen Widerrufsmöglichkeiten den Eingehungsbetrug jedenfalls dann unberührt, wenn die getäuschten Käufer die Widerrufsmöglichkeit nicht kennen, denn diese Vorschriften sollten den Zivilrechtsschutz des Bürgers ausdehnen und nicht seinen Strafrechtsschutz verkürzen[231].

4. Stellungnahme und Lösungsvorschlag

a) Kritik

Cramer, der auf die Beweissituation abstellt, ist zu entgegnen, daß bei der Wahrnehmung des Widerrufsrechts regelmäßig keine Beweisschwierigkeiten auftreten, weil die Ausübung des Widerrufsrechts an keinerlei Voraussetzungen geknüpft ist, die bewiesen werden müßten.

---

228 *Bohnenberger*, Vertragserschleichung, S. 54.

229 *Bohnenberger*, Vertragserschleichung, S. 53 ff.

230 *Endriß*, wistra 1990, 335, 337.

231 *Krey*, BT 2, Rdnr. 452.

Das Abstellen *Lackners* auf den konkreten Einzelfall, in dem unter Ermittlung der Geschäftsungewandtheit und Zweifeln an der Erfolgsaussicht des Widerrufs auf der Opferseite eine konkrete Vermögensgefährdung festgestellt wird, entfernt sich zu weit von dem Erfordernis der Rechtssicherheit und übersieht zudem, daß die von ihm genannten Faktoren strafrechtlich nicht relevant sind. Zu Recht weist *Bottke* darauf hin, daß diese Faktoren der Vermögensdeliktsnatur des § 263 fern sind und der Notwendigkeit, einen Vermögensschaden wirtschaftlich bewertend zu belegen, nicht gerecht werden[232]. Zudem spielen dann für die Schadensfeststellung nur noch subjektive Faktoren auf der Opferseite eine Rolle. Daß allein die Persönlichkeitsstruktur des Opfers über die Strafbarkeit des Täters entscheidet, kann jedoch nicht richtig sein.

Die Gründe, wegen derer *Bohnenberger* die Widerrufsrechte nicht für geeignet hält, einen Vermögensschaden zu verhindern, sind dieselben, die bei der Erörterung der Frage, warum so wenige Verbraucher von den ihnen zustehenden Rechten Gebrauch machen, genannt wurden. Dabei konnte festgestellt werden, daß es für das Beherrschbarkeitskriterium unerheblich ist, ob die Getäuschten zu träge oder faul oder arbeitsüberlastet oder geschäftsungewandt sind, um ihre Rechte wahrzunehmen. Der Vorrang der Selbstschutzmöglichkeiten, wie er oben erörtert wurde, fordert gerade in diesem Stadium der Vermögensgefährdung, in dem noch kein endgültiger Schadenseintritt gegeben ist, daß die dem Opfer zustehenden Selbstschutzmöglichkeiten von ihm auch wahrgenommen werden. Die von *Bohnenberger* aufgeführten Faktoren der Vergeßlichkeit oder Unkenntnis des Rechtes trotz erhaltener Widerrufsbelehrung heben daher die Beherrschbarkeit der Schadensabwehr nicht auf[233]. Wegen des Selbstverantwortungsgedankens, der jedem Menschen, auch den potentiellen Opfern einer Straftat, in erster Linie selbst die Wahrnehmung seiner Rechte und Pflichten auferlegt, sowie wegen des aus dem Subsidiaritätsprinzip folgenden Vorrangs der zumutbaren Selbstschutzmöglichkeiten, sind diese Faktoren für die strafrechtliche Beurteilung irrelevant. Daß der Getäuschte trotz Belehrung möglicherweise keine Kenntnis von dem Rechte hat und daß Zweifel bestehen, ob er es trotz Kenntnis durchsetzen wird, reicht nicht aus, um eine konkrete Vermögensgefährdung zu bejahen. Selbst wenn es also Fälle geben mag, in denen trotz eigener Unterschrift vom Widerrufsrecht keine Kenntnis besteht, ist dieses Recht gleichwohl zu berücksichtigen, es sei denn, dieses Manko ist täuschungsbedingt[234]. Wenn der Besteller seine Rechte nicht durchsetzen möchte, verzichtet er auf ihren Schutz.

232 *Bottke*, JR 1987, 428, 430.

233 So auch *Hefendehl*, Vermögensgefährdung, S. 339.

234 *Hefendehl*, Vermögensgefährdung, S. 339.

b) *Lösungsvorschlag*

Das Widerrufsrecht nach den verbraucherschützenden Vorschriften erleichtert dem Betrugsopfer die Rechtswahrnehmung gegenüber den Anfechtungsrechten erheblich. Das Widerrufsrecht ist an keine Voraussetzungen geknüpft, es kann ohne Angabe von Gründen ausgeübt werden. Durch die Widerrufsbelehrung hat das Opfer sichere Kenntnis von seinem Recht. Hinzu kommt im Unterschied zur Rechtslage beim Anfechtungsrecht, daß durch die Abgabe der auf den Vertragsschluß gerichteten Willenserklärung kein wirksamer Vertrag, sondern ein schwebend unwirksamer zustandekommt. Im Zeitpunkt des Vertragsschlusses hat beim Eingehungsbetrug noch kein Vermögensabfluß stattgefunden. Dies gilt um so mehr, wenn noch gar kein Vertragsschluß zustandekam, sondern nur ein schwebend unwirksames Geschäft vorliegt. Zwar wird von der Rechtsprechung wegen der Gefahr, aus dem schwebend unwirksamen Vertrag in Anspruch genommen zu werden, eine schadensgleiche Vermögensgefährdung auch bei dieser Fallgestaltung bejaht[235]. Die Gefahr, aus dem schwebend unwirksamen Geschäft in Anspruch genommen zu werden, wird hier aber durch die Möglichkeit, die aufgrund der Täuschung abgegebene Willenserklärung durch einfache schriftliche Erklärung zu widerrufen, auf ein Maß herabgemildert, das keine konkrete schadengleiche Vermögensgefährdung mehr darstellt.

Verlangt man daher hier von dem Opfer, sein Rechtsgut Vermögen in diesem Stadium durch Wahrnehmung seines Rechtes zu schützen, legt man ihm keine unzumutbare Aufgabe auf. Wenn das Opfer zu faul, träge, arbeitsüberlastet ist oder trotz geschäftlicher Unerfahrenheit keinen Rat einholt, oder wenn es zum Schluß kommt, daß sich der Aufwand für die Rechtswahrnehmung nicht lohne, verzichtet es bewußt auf den Schutz für das Rechtsgut. In dieser Situation kann man dem Opfer entgegenhalten, es sei noch nicht geschädigt, weil es die Möglichkeit habe, den Schaden selbst abzuwenden. *Lenckner* stellt zu Recht fest, daß kein Anlaß besteht, den Satz des „vigilantibus iura sunt scripta“ dort preiszugeben, wo es sich um „relativ einfache Rechtsbeziehungen des Alltags handelt und dem einzelnen mit der Bejahung seiner Eigenverantwortlichkeit nichts Unbilliges zugemutet wird“[236]. Dagegen kann vom Opfer nicht verlangt werden, zur Wahrung seiner Rechte den Zivilrechtsweg zu beschreiten.

An der Beherrschbarkeit durch das Opfer fehlt es dann nicht, wenn dieses eine ordnungsgemäße Widerrufsbelehrung erhalten hat und wenn die Täuschung erkennbar ist, es sich also nicht um einen versteckten Mangel handelt. Sind diese Voraussetzungen gegeben, dann hat es das Opfer in der Hand, mit Hilfe des Widerrufsrechts den Eintritt des effektiven Vermögensschadens abzuwenden. Weil es die Möglichkeit hat, sein Rechtsgut selbst effektiv zu schützen, fehlt es an der Schutz-

---

235 BayOBLG NJW 1973, 633; KG JR 1972, 28.

236 *Lenckner*, JZ 1973, 320, 324.

bedürftigkeit, so daß ihm strafrechtlicher Schutz in diesem Stadium der Rechtsgutsgefährdung versagt werden muß.

Wurde dagegen dem Opfer keine ordnungsgemäße Widerrufsbelehrung erteilt, dann ist entscheidend, ob es erkennen kann, daß es übervorteilt worden ist. Hat es das erkannt, dann wird von ihm verlangt, sich über seine Rechte zu informieren und sie dementsprechend auszuüben. Allein der Irrtum über die Rechtslage, d.h. die Unkenntnis oder falsche Kenntnis vom Bestehen des Widerrufsrechts, nehmen dem Opfer nicht die Möglichkeit aus der Hand, den Vermögensabfluß zu vermeiden. Dies ergibt sich, wie oben dargestellt, aus der getroffenen Unterscheidung in Tatsachen- und Rechtsirrtümer und dem daraus gewonnenen und hier angewandten Maßstab[237]. Bei mangelnder Rechtskenntnis wird vom Opfer verlangt, daß es sich über seine Rechte kundig macht, genauso wie bei § 17 dem Täter eine Erkundigungspflicht auferlegt wird.

Wenn das Opfer dagegen über seine Handlungsmöglichkeiten gezielt getäuscht wird, dann fehlt es an der Beherrschbarkeit, denn dies Handeln zielt ja gerade darauf, dem Opfer die Wahrnehmung seiner Selbstschutzmöglichkeiten durch Verschleierung seiner Rechte zu erschweren. In diesem Fall hat es das potentielle Betrugsopfer nicht in der Hand, den Schadenseintritt abzuwenden.

aa) Das Widerrufsrecht bei unausgewogenen Verträgen

Zu prüfen ist zuerst, ob der Getäuschte die Täuschung erkennen kann. Nur wenn schon bei Vertragsschluß feststeht, daß er sie nicht rechtzeitig erkennen können wird, kommt eine schadensgleiche Vermögensgefährdung und damit ein vollendeter Betrug in Betracht. Für diese Frage kommt es in den Fällen, in denen das Opfer die Täuschung erst nach Erhalt der vertraglichen Leistung feststellen kann, darauf an, ob das Opfer vorleistungspflichtig ist oder nicht. Ist der Getäuschte nämlich vorleistungspflichtig, dann muß er seine eigene Leistung erbringen, um dann die Gegenleistung zu erhalten. In diesen Fällen kann er die Täuschung erst dann erkennen, wenn es zu spät ist, weil er seine Leistung weggegeben hat. Das Widerrufsrecht stellt in diesem Fall keine effektive Möglichkeit des Rechtsgüterschutzes dar.

Kann der Getäuschte die Täuschung rechtzeitig erkennen, so ist ihm aufgegeben, sein Widerrufsrecht als vorrangige Selbstschutzmöglichkeit wahrzunehmen. Hat er darüber keine Rechtsbehelfsbelehrung erhalten, muß er sich Kenntnis darüber verschaffen.

---

237 Siehe oben Teil 3, A. IV. 2., S. 119 ff.

bb) Individueller Schadenseinschlag

Auch bei den Fallgestaltungen, bei denen sich eine Vermögensbeschädigung nur aufgrund eines individuellen Schadenseinschlages begründen läßt, ist erforderlich, daß das potentielle Betrugsopfer rechtzeitig merken kann, daß es getäuscht wurde. Nur wenn sich die ausschließen läßt, liegt schon in dem Vertragsschluß eine schadensgleiche Vermögensgefährdung.

cc) Mangelnde Erfüllungsbereitschaft

Da das Widerrufsrecht nach AbzG, HWiG und VerbrKrG ohne besondere Voraussetzungen geltend gemacht werden kann, besteht es gleichermaßen auch bei mangelnder Erfüllungsbereitschaft des potentiellen Betrugstäters. Jedoch wird bei dieser Fallgestaltung wie bei den Anfechtungsrechten die Rechtswahrnehmung dadurch erschwert, daß die fehlende Erfüllungsfähigkeit oder der fehlende Erfüllungswille als innere Tatsachen für den Getäuschten oftmals erst feststellbar sind, wenn dieser seine Leistung erbracht hat.

Zudem ist auch hier wieder zu beachten, daß eine in dem Vertragsschluß liegende Vermögensgefährdung dann nicht vorliegt, wenn der Vertrag Zug um Zug zu erfüllen ist. Die Gefahr, daß der Getäuschte entgegen seiner Verpflichtung leistet, reicht nicht aus. Der Erfüllung Zug um Zug ist es gleich zu erachten, daß der Getäuschte Vorleistung verlangen kann. Ist dagegen der Getäuschte vorleistungspflichtig, so kommt es darauf an, ob er vor der Erbringung seiner Leistung fehlende Erfüllungsbereitschaft der anderen Vertragspartei erkennen kann.

Als Ergebnis läßt sich daher festhalten, daß die Widerrufsrechte bei Erkennbarkeit der Täuschung für das Opfer geeignet sind, den Schadenseintritt zu verhindern. In dem Stadium, in dem das Opfer noch nicht geleistet hat, sondern es bisher nur zum Abschluß des schwebend unwirksamen Vertrages kam, liegt daher noch keine Vermögensbeschädigung vor und es kommt allenfalls ein Versuch des Betruges in Betracht.

IV. Vertragliche Rücktrittsrechte

1. Zivilrechtliche Situation

Vertraglich vereinbarte Rücktrittsrechte erlauben die Rückgängigmachung eines wirksam zustandegekommenen Vertrages durch einseitige Erklärung einer Partei gemäß §§ 346 ff. BGB. Durch den Rücktritt wird der Vertrag in ein Rückabwicklungsverhältnis umgestaltet. Das ursprüngliche Vertragsverhältnis wird nicht aufgehoben, sondern ändert sich[238]. Die Rücktrittsmöglichkeit kann durch die Formulierung „Rücktritt vorbehalten“ vereinbart werden, aber auch der Passus „bei Nichtgefallen Geld zurück“ ist als Rücktrittsvorbehalt zu verstehen.

Der Rücktritt ist grundsätzlich auch dann wirksam, wenn der Berechtigte zur Rückgewähr der empfangenen Leistung außerstande ist, § 350 BGB, nur soweit die §§ 351–353 BGB vorliegen, ist der Rücktritt ausgeschlossen[239].

Für die Vereinbarung des Rücktrittsrechts ist nach allgemeinen Grundsätzen derjenige beweispflichtig, der sich darauf beruft[240]. Dies ist somit der getäuschte Vertragspartner, wenn er vom Vertrag zurücktreten möchte.

2. Darstellung der Rechtsprechung

Dem Bundesgerichtshof lag 1971 ein Fall zur Entscheidung vor, in dem dem getäuschten Vertragspartner ein Rücktrittsrecht gewährt worden war[241]. Der Bundesgerichtshof hat hier ausgeführt, daß zwar eine schadensgleiche Vermögensgefährdung darin gesehen werden könne, daß die Vertragspartner nach dem Vertragsschluß den Ansprüchen des Angeklagten ausgesetzt seien und die Anfechtbarkeit grundsätzlich außer Betracht zu bleiben habe. Jedoch sei die Rechtslage anders bei einem Vertragspartner, dem ein Rücktrittsrecht eingeräumt worden ist, denn er könne durch einseitige Erklärung den Vertrag zu Fall bringen, ohne den ungewissen Weg der Anfechtung beschreiten zu müssen. Es fehle daher in diesem Fall an einer schadensgleichen Vermögensgefährdung, so daß nur versuchter Betrug vorliege.

In der bekannten „Wunder-Haarverdicker“-Entscheidung aus dem Jahr 1986 hat der Bundesgerichtshof betont, daß die „Frage, welchen Einfluß ein Rücktrittsrecht auf die Entstehung eines Vermögensschadens beim Betrug hat, nicht generell beantwortet werden kann“[242]. Er verweist auf die obengenannte Entscheidung und verneint für den Fall, daß ein wirtschaftlicher Wert aus dem Vermögen des getäuschten Vertragspartners noch nicht herausgegeben worden ist, er somit nur den Vertragsansprüchen des Täters ausgesetzt ist, das Vorliegen einer schadensgleichen Vermögensgefährdung. In dem der Entscheidung zugrundeliegenden Fall hatte allerdings der getäuschte Vertragspartner den durch Täuschung erlangten Vertrag zugleich erfüllt, weshalb der Bundesgerichtshof das Rücktrittsrecht als für den Getäuschten nutzlos eingestuft hat[243].

---

238 *Heinrichs*, in Palandt, Einf. v. § 346, Rdnr. 2.

239 *Heinrichs*, in Palandt, § 346, Rdnr. 2.

240 *Strieder*, in Baumgärtel, Beweislast, § 346, Rdnr. 1.

241 BGH MDR bei Dallinger 1971, 546.

242 BGHSt 34, 199, 202.

243 BGHSt 34, 199, 203.

3. Darstellung der Literatur

a) *Zustimmung zur Rechtsprechung*

In der Literatur wird ganz überwiegend der Entscheidung des Bundesgerichtshofs zu den Rücktrittsrechten gefolgt. Eine schadensgleiche Vermögensgefährdung wird dann verneint, wenn sich der getäuschte Vertragspartner ein Rücktrittsrecht vorbehalten hat, bzw. ein solches vertraglich vereinbart wurde[244].

b) *Einschränkende Literaturstimmen*

Cramer möchte bei den Rücktrittsrechten wie bei den Anfechtungsrechten darauf abstellen, ob diese Recht ohne Schwierigkeiten realisiert werden kann[245]. Ein Vermögensschaden liege dann vor, wenn die Ausübung des Rücktrittsrechts in ihrer Realisierung gefährdet sei.

Lackner hält es wie bei den gesetzlichen Widerrufsrechten für entscheidend, ob der Getäuschte im Einzelfall sein Recht wahrnehmen wird oder ob er nicht infolge Geschäftsungewandtheit, bzw. weil er den Aufwand für die Rechtsverfolgung für zu groß hält, von der Rechtswahrnehmung absehen wird. Er zieht hier die gleichen Gründe heran, die für den Bundesgerichtshof in BGHSt 23, 300 entscheidend sind, möchte aber einzelfallbezogen untersuchen, ob ihretwegen das Vermögen des Getäuschten schon konkret gefährdet ist[246]. Seine Kritik setzt daran an, daß aus der abstrakten Möglichkeit, was in Fällen solcher Art geschehen könne, die konkrete Vermögensgefährdung hergeleitet werde. Die abstrakte Möglichkeit, daß der getäuschte Vertragspartner keinen Gebrauch von seinen Rechten mache, reiche nicht aus. Es komme nicht darauf an, ob das Rücktrittsrecht vereinbart wurde oder die Firma vorbehaltlos stornierungsbereit ist, sondern entscheidend sei allein, ob im Einzelfall Gründe in der Person des Getäuschten vorliegen, die eine Rechtswahrnehmung unwahrscheinlich machen[247].

Auch *Müller-Christmann* stellt streng auf den Einzelfall ab und mißt den Gesichtspunkten der Unerfahrenheit und Geschäftsungewandtheit der Besteller sowie der Scheu vor Auseinandersetzungen Bedeutung bei[248]. Falls dann ohne Beweisschwierigkeiten und ohne ins Gewicht fallenden Aufwand die Möglichkeit bestehe, sich von dem Vertrag loszusagen, liege eine schadensgleiche Vermögensgefähr-

---

244 *Krey*, BT 2, Rdnr. 451a; *Kühl*, in Lackner, § 263, Rdnr. 44; *Lackner*, in LK, § 263, Rdnr. 223; *Maurach/Schroeder/Maiwald*, BT 1, § 41, Rdnr. 109 und 130; *Otto*, JZ 1993, 652, 657; *Tröndle*, § 263, Rdnr. 32; *Wessels*, BT 2, Rdnr. 529; im Ergebnis auch *Eser*, Strafrecht IV, 13/Rdnr. 39.

245 *Cramer*, in Schönke/Schröder, § 263, Rdnr. 131.

246 *Lackner*, in LK, § 263, Rdnr. 225.

247 *Lackner*, in LK, § 263, Rdnr. 225.

248 *Müller-Christmann*, JuS 1988, 108, 113.

dung durch den bloßen Vertragsabschluß nicht vor. Dann habe es der Getäuschte noch in der Hand, sich vor einem endgültigen Substanzverlust zu bewahren.

Hefendehl möchte die von *Bohnenberger* und anderen aufgeführten Faktoren der Vergeßlichkeit oder Arbeitsüberlastung durch eine „viktimodogmatische Korrektur für irrelevant erklären“[249]. Weil das Rücktrittsrecht eine Lossagungmöglichkeit biete, die an keine Voraussetzungen als an ihre Ausübung geknüpft sei, könne es zur Schadensvermeidung herangezogen werden. Allerdings sei einschränkend zu berücksichtigen, ob der Grund für den Rücktritt offensichtlich sei, weil nur dann der Getäuschte die ihm gegenüber bestehende Forderungen neutralisieren werde[250].

c) *Ablehnende Literaturstimmen*

Dagegen lehnt *Endriß* eine Auswirkung des Rücktrittsrechts auf das Schadensmerkmal ab. Er begründet dies mit dem Hinweis, in Fällen dieser Art liege ein Eingehungsbetrug vor, der mit Vertragsschluß vollendet sei[251].

Bottke wendet sich gegen den Versuch der „Selbstschutzideologen“, mit Hilfe des Rücktrittsrechts den Bereich des Vermögensschadens einzudämmen[252]. Es sei nicht geeignet, die Annahme eines Vermögensschadens zu verhindern, weil es im wesentlichen das „vertraglich-werbend vorformuliere“, was ohnehin nach §§ 123, 142, 812 BGB gelte[253]. Durch diesen Vertragstext werde das Anfechtungsrecht selbst und die gesetzliche, längere Anfechtungsfrist verschleiert. Das werde auch nicht durch die Befreiung von der Darlegungs- und Beweislast, die einen Anfechtungsberechtigten treffe, ausgeglichen. Das Anfechtungsrecht könne den Betrug nicht verhindern, daher könne dies erst recht nicht das Anfechtungsrecht verdunkelnde Rücktrittsrecht. Andererseits gesteht auch *Bottke* zu, daß ein bedingungsloses Rücktrittsrecht vor Leistungserbringung durch den Getäuschten im Einzelfall eine konkrete Vermögensgefährdung ausschließen könne[254].

4. Kritik und Lösungsvorschlag

a) *Kritik*

Daß allein mit dem Vorliegen eines Eingehungsbetruges das Rücktrittsrecht nicht für bedeutungslos erklärt werden kann, wie *Endriß* dies tut, folgt daraus, daß der

249 *Hefendehl*, Vermögensgefährdung, S. 339.
250 *Hefendehl*, Vermögensgefährdung, S. 339.
251 *Endriß*, wistra 1990, 335, 337.
252 *Bottke*, JR 1987, 428,429, die Anführungszeichen stammen von *Bottke* selbst.
253 *Bottke*, JR 1987, 428, 430.
254 *Bottke*, JR 1987, 428, 430.

Begriff „Eingehungsbetrug“ selbst kein Argument darstellt. Er bezeichnet vielmehr nur eine bestimmte Fallkonstellation und Art der Schadensberechnung.

Bottke ist die Frage entgegenzuhalten, ob er bei fehlender Aufklärung über das Rücktrittsrecht eher dazu tendieren würde, das Rücktrittsrecht für relevant zu halten. Daß eine Belehrung über das Rücktrittsrecht vorliegt, die die gesetzlichen Rechte in anderen Worten wiedergibt, reicht nicht dafür aus, das Rücktrittsrecht selbst für irrelevant zu erklären. Mutet man dem potentiellen Opfer nämlich zu, sich nach Erkennen der Täuschung über die ihm zu Gebote stehenden Rechte zu informieren, dann wird die Position des Getäuschten durch ein solchermaßen vertraglich vereinbartes Rücktrittsrecht nur verbessert, selbst wenn es von der gesetzlichen Rechtslage gar nicht abweicht.

Die Ansicht *Lackners* führt zu einer zu starken Subjektivierung des Vermögensschadens. Allein ob der getäuschte Vertragspartner sich von der Persönlichkeitsstruktur her gegen den Vertragsschluß wehren wird oder nicht, kann jedoch nicht entscheidend sein. Die Persönlichkeitsstruktur des Opfers kann nicht das ausschlaggebende Kriterium für die Feststellung der Strafbarkeit des Täters sein.

b) Lösungsvorschlag

Bei den vertraglich vereinbarten Rücktrittsrechten ist zu beachten, daß der getäuschte Vertragspartner Kenntnis von der Möglichkeit hat, sich von dem Vertrag zu lösen, weil er am Vertragsschluß beteiligt war. Daher ist es in der Regel auch problemlos durchsetzbar. Es stellt eine für das potentielle Betrugsopfer zumutbare Möglichkeit der Schadensverhinderung dar.

Allenfalls wenn das Rücktrittsrecht nur mündlich vereinbart war und der getäuschte Vertragspartner bei seiner Durchsetzung in Beweisschwierigkeiten kommt, kann im Einzelfall das Rücktrittsrecht bei der endgültigen Schadensvermeidung wirkungslos sein. Ist das Opfer gezwungen, zur Durchsetzung seines Rücktrittsrechts den Rechtsweg zu beschreiten, dann stellt es keine vorrangige Selbstschutzmöglichkeit dar.

Allerdings kommt es auch hier wieder darauf an, ob dem Opfer die Täuschung erkennbar ist. Nur dann, wenn es diese erkennen kann, kann es das Rücktrittsrecht wirksam wahrnehmen. In vielen Fällen kann allerdings der getäuschte Vertragspartner erst erkennen, daß er übervorteilt wurde, wenn er die ihm geschuldete Leistung erhalten hat und sie überprüfen kann. Eine sofortige Straffheit und Schlankheit versprechende Wunderbürste[255] wird sich erst beim Betrachten als normale Körperbürste entpuppen.

---

255 Wie in BGHSt 34, 199 ff.

Für die Erkennbarkeit der Täuschung ist dann entscheidend, ob der Getäuschte vorleistungspflichtig ist oder nicht. Ist er vorleistungspflichtig, dann kommt es im Einzelfall darauf an, ob er, bevor er seine Leistung erbringt, erkennen kann, daß er übervorteilt worden ist.

aa) Fehlende Erfüllungsbereitschaft oder -fähigkeit

Für diese Fallgruppe gilt das gleiche wie bei den gesetzlichen Widerrufsrechten, so daß insoweit nach oben verwiesen werden kann[256]. Auch das vertragliche Rücktrittsrecht, das an keine Voraussetzungen gebunden ist, kann genausogut bei Verträgen ausgeübt werden, bei denen der Vertragspartner nicht erfüllungsbereit ist. Da insoweit auch keine Voraussetzungen bewiesen werden müssen, wird die Rechtswahrnehmung nicht dadurch weiter erschwert, daß die mangelnde Erfüllungsbereitschaft als eine innere Tatsache möglicherweise schwerer beweisbar ist. Jedoch kann dieser Aspekt für den Getäuschten schwer zu erkennen sein.

Auch hier gilt, daß eine in dem Vertragsschluß liegende Vermögensgefährdung dann nicht vorliegt, wenn der Vertrag Zug um Zug zu erfüllen ist oder der Getäuschte Vorleistung verlangen kann.

Im Zusammenspiel mit dieser Schutzmöglichkeit kann das Rücktrittsrecht daher Bedeutung erlangen. So kann der getäuschte Vertragspartner auf die Lieferung durch den Kontrahenten warten, auf ihr bestehen und von seinem Rücktrittsrecht Gebrauch machen, wenn die Leistung ausbleibt. Bei dieser Schadensgruppe ist daher von Bedeutung, welche der Vertragsparteien vorleistungspflichtig ist.

bb) Individueller Schadenseinschlag

Für die Fallgestaltungen, bei denen sich eine Vermögensbeschädigung nur aufgrund eines individuellen Schadenseinschlages begründen läßt, ergibt sich hier keine Besonderheit. Auch hier liegt in dem Vertrag nur dann eine schadensgleiche Vermögensgefährdung, wenn feststeht, daß das potentielle Betrugsopfer nicht rechtzeitig merken kann, daß es übervorteilt wurde.

Festzuhalten ist, daß ein vertraglich vereinbartes, bedingungsloses Rücktrittsrecht in der Situation des Eingehungsbetruges einen Vermögensschaden in Form einer schadensgleichen Vermögensgefährdung ausschließen kann. Auf den Einzelfall kommt es bei der Untersuchung insofern an, als festgestellt werden muß, ob das Rücktrittsrecht durchsetzbar, d.h. seine Vereinbarung beweisbar ist, und ob der getäuschte Vertragspartner erkennen kann, daß er übervorteilt worden ist. Dann hat er es selbst in der Hand, sich vor einem endgültigen Substanzverlust zu bewahren. Dagegen sind bei dieser Ein-

---

256 Siehe oben Teil 3, B. III. 4. b) aa), S. 159.

zelfalluntersuchung die Faktoren wie Geschäftsungewandtheit etc. irrelevant. Durch das vertragliche Rücktrittsrecht hat das Opfer die Möglichkeit, sein Rechtsgut selbst zu schützen. Es fehlt daher an der Schutzbedürftigkeit des Rechtsguts, so daß strafrechtlicher Schutz in diesem Stadium der Gefährdung versagt werden muß.

V. Stornierungsbereitschaft

1. Zivilrechtliche Situation

Unter Stornierungsbereitschaft ist, zivilrechtlich betrachtet, die Bereitschaft des Vertragspartners, bzw. der hinter dem täuschenden Vertreter stehenden Firma, zu verstehen, den getäuschten Vertragspartner aus dem Vertrag zu entlassen. Dies kann dadurch geschehen, daß ihm auf seine Beanstandung hin ein bedingungsloses Rücktrittsrecht gewährt wird. Dahinter kann sich aber auch die zivilrechtliche Konstruktion verbergen, daß die Beanstandung konkludent die Anfechtungserklärung enthält und der Vertragspartner deren Voraussetzungen nicht bestreitet, sondern sofort bereitwillig einräumt und daraufhin mit ex tunc-Wirkung der Vertrag entfällt.

Auch eine einverständliche Vertragsaufhebung läßt sich in der Stornierungsbereitschaft erblicken. Das Gesetz stellt für das Aufheben einer einzelnen Forderung in § 397 BGB den Erlaßvertrag und das negative Schuldanerkenntnis zur Verfügung; die Aufhebung des gesamten Schuldverhältnisses durch Vertrag ist den Parteien nach § 305 BGB durch sog. contrarius consensus möglich[257]. In der Regel beendet der Aufhebungsvertrag das Schuldverhältnis mit Wirkung für die Zukunft, es kann aber auch eine rückwirkende Beseitigung vereinbart werden[258]. Das Vorliegen eines Aufhebungsvertrages muß besonders genau geprüft werden, weil durch ihn Schutzvorschriften umgangen werden können[259]. Ein contrarius consensus ist erforderlich, soweit gesetzlich nichts anderes bestimmt ist, was z.B. dann der Fall ist, wenn ein vertraglich vorbehaltener oder gesetzlich zugelassener Rücktritt gegeben ist, der auch dann Rücktritt bleibt, wenn er von beiden Seiten erfolgt[260]. Für einen Aufhebungsvertrag ist dann kein Raum.

Die Beweislast für den Aufhebungsvertrag trägt, wer seine Wirkung für sich in Anspruch nimmt[261].

Möglich ist demnach, daß der Getäuschte die zivilrechtliche Möglichkeit hat, sich durch Anfechtung, Rücktritt oder Widerruf seiner Willenserklärung von dem Vertrag zu lösen und ihm die Wahrnehmung dieser Möglichkeit erleichtert wird,

---

257 *Thode*, in MK, § 305, Rdnr. 26.
258 *Thode*, in MK, § 305, Rdnr. 27.
259 *Thode*, in MK, § 305, Rdnr. 26.
260 *Battes*, in Erman, § 305, Rdnr. 19.
261 *Wolf*, in MK, § 305, Rdnr. 56.

indem deren Voraussetzungen anstandslos anerkannt werden. Möglich ist aber auch, daß diese zivilrechtliche Lossagungsmöglichkeit nicht besteht, beispielsweise weil die Anfechtbarkeit nach § 123 Abs. 2 BGB ausscheidet, der Vertragspartner des Getäuschten aber, obwohl er dazu nicht verpflichtet wäre, den geschlossenen Vertrag durch einen Aufhebungsvertrag wieder beseitigt. Dazu muß dann ein konkludenter Vertragsschluß konstruiert werden.

2. Darstellung der Rechtsprechung zur Stornierungsbereitschaft

Anders als die Fälle, in denen ein vertraglich vereinbartes Rücktrittsrecht besteht, beurteilt die Rechtsprechung die Fälle, in denen auf die Beanstandung der getäuschten Vertragspartner hin die durch Täuschung erlangten Verträge storniert werden.

1962 hatte der Bundesgerichtshof noch die Gefahr, daß der getäuschte Vertragspartner aufgrund eines unterzeichneten Bestellscheins in Anspruch genommen und verklagt wird, als nicht für einen Schadenseintritt ausreichende Vermögensgefährdung angesehen, wenn der Vertreter bei allen Beanstandungen die Vertragsschlüsse ohne weiteres storniert[262]. Auch in anderen obergerichtlichen Entscheidungen wurde besonderer Wert darauf gelegt, ob diese Stornierungen grundsätzlich ohne Einwendungen vorgenommen wurden[263]. Vom Kammergericht wurde dagegen die Tatsache, daß die hinter dem Vertreter stehende Lieferfirma die getäuschten Vertragspartner auf ihre Gegenvorstellung hin aus den Verträgen entlassen hat, als für die Beurteilung des Eingehungsschadens unerheblich angesehen[264].

Von seiner Entscheidung ist der Bundesgerichtshof jedoch in BGHSt 23, 300 ausdrücklich abgerückt. In dem dem Beschluß zugrundeliegenden Sachverhalt hatte ein Zeitschriftenwerber durch unwahre Vorspiegelungen eine Hausfrau dazu veranlaßt, eine Zeitschrift zu abonnieren. Bevor die Bestellerin Zahlungen leistete, stellte sie fest, daß die Zeitschrift für sie völlig unbrauchbar war. Sie sandte daraufhin das Heft mit einem Schreiben an die Verlagsfirma zurück, die den Auftrag ohne weiteres stornierte[265].

Da es sich um einen Fall des Eingehungsbetruges handelte, hat der Bundesgerichtshof zunächst die Vertragspflichten miteinander verglichen und einen Negativsaldo zu Lasten der Bestellerin festgestellt. Die Besonderheit des Sachverhalts bestand hier jedoch darin, daß der Inhaber der Lieferfirma den Vertrag auf Beanstandung hin ohne weiteres als nicht zustandegekommen behandelte. Daher gehe der

---

262 BGH GA 1962, 213.

263 OLG Celle, MDR 1969, 158, 159; OLG Hamm, NJW 1965, 702, 703; 1969, 624, 625; 1969, 1778.

264 KG JR 1966, 391, 392.

265 BGHSt 23, 300, 301.

Besteller hier rein objektiv kein Risiko ein. Wenn er nach Erhalt der Kaufsache die Unbrauchbarkeit des Gegenstandes erkenne, ehe er selbst den Vertrag ganz oder teilweise erfüllt habe, dies dem Lieferanten gegenüber geltend mache und dieser den Vertrag storniere, trete ein über eine Vermögensgefährdung hinausgehender Vermögensschaden nicht ein[266].

Obwohl objektiv kein Risiko bestehe, müsse dennoch angenommen werden, daß durch den Abschluß des Bestellungsvertrages das Vermögen des Bestellers in einer Weise gefährdet sei, die einer Schädigung gleichkomme.

Begründet wird diese Behauptung mit einer „lebensnahen und daher nicht einseitig dogmatisch-zivilrechtlichen, sondern weitgehend wirtschaftlichen Betrachtungsweise“[267]. Es sei unsicher, ob der getäuschte Besteller die Unbrauchbarkeit für seine Zwecke erkenne. Die Bereitschaft des Firmeninhabers zur Stornierung sei ihm nicht bekannt, insoweit sei ungewiß, ob der Besteller von der Beanstandung absehe. Dies hänge von verschiedenen Faktoren ab, wie der Geschäftsgewandtheit oder Unerfahrenheit des Bestellers, seiner Neigung zu Bequemlichkeit, sowie von seinem Willen, sich keine unlauteren Methoden gefallen zu lassen und von der Bedeutung des Kaufpreises für seine Vermögensverhältnisse[268]. Für den Täter jedoch stelle all dies einen Zufall dar. Er habe den Besteller der naheliegenden Gefahr ausgesetzt, den Vertrag zu erfüllen, was einer Schädigung des Vermögens gleichkomme.

Unter Berufung auf diese Entscheidung des Bundesgerichtshofs hat das Kammergericht verallgemeinernd festgestellt, die Fragen der Rechtsbeständigkeit des Vertrages und der zivilrechtlichen Abwehrmöglichkeiten gegen die Inanspruchnahme blieben bei der Schadensermittlung außer Betracht[269].

3. Meinungen in der Literatur zur Bedeutung der Stornierungsbereitschaft

a) Kritik an der Rechtsprechung

Die Kritik der Literatur an der Entscheidung des Bundesgerichtshofs setzt zum einen daran an, daß das Erfordernis einer konkreten Vermögensgefährdung preisgegeben worden sei[270]. Der Bundesgerichtshof stelle sich die Frage, wann wohl eine Beanstandung des Vertrages durch den Getäuschten erfolgen werde, nur in bezug auf die wahrscheinliche Reaktion eines normalen Bürgers. Er scheine daher der Auffassung zu sein,

---

266 BGHSt 23, 300, 303.
267 BGHSt 23, 300, 303.
268 BGHSt 23, 300, 304.
269 KG JR 1972, 28, 29.
270 *Bohnenberger*, Vertragserschleichung, S. 51; *Lenckner*, JZ 1971, 320, 321; *Meyer*, MDR 1971, 718 f.; *Samson*, in SK, § 263, Rdnr. 166; *Schröder*, JR 1971, 74 f.

daß es sich bei § 263 um einen Gefährdungstatbestand handele, bei dem von den Gegebenheiten des konkreten Falles abgesehen werden könne[271]. Es sei jedoch unzulässig, aus der rein abstrakten Möglichkeit, was in solchermaßen gelagerten Fällen geschehen bzw. nicht geschehen könnte, den konkreten Schaden herzuleiten[272].

Zum anderen wenden sich Stimmen in der Literatur gegen die Berücksichtigung der Unsicherheitsfaktoren auf Getäuschtenseite, wie z.B. seiner geschäftlichen Unerfahrenheit etc.[273]. Zwar sei bei der Schadensfeststellung eine gewisse Individualisierung geboten, jedoch könne diese nicht soweit gehen, daß „die Unfähigkeit, die eigenen Interessen zu wahren, berücksichtigt wird"[274]. Da es nicht Aufgabe des Strafrechts sei, „sorglose Menschen gegen die Folgen ihrer eigenen Sorglosigkeit zu schützen", sei demjenigen, der erkannt hat, daß er getäuscht wurde, zuzumuten, den Vertragsgegner zu benachrichtigen und dadurch einen Vermögensschaden zu verhindern[275].

Bei Stornierungsbereitschaft wird daher von Teilen der Literatur der Eintritt eines Vermögensschadens in Form der Vermögensgefährdung verneint, da das potentielle Betrugsopfer von dem Vertrag dann ohne Schwierigkeiten wieder loskommen könne[276]. Voraussetzung sei allerdings, daß der Getäuschte die Täuschung erkennt[277].

Hefendehl verneint einen Schaden, wenn die Lossagungsmöglichkeit wirtschaftlich werthaltig ist[278]. Jede Nachfrage beim Vertragspartner mache das Recht zu stornieren offenbar, so daß diesem Recht auch ein bilanzierungsfähiger Wert zuerkannt werden könne. Aus diesem Grund sei die Lossagungsmöglichkeit im Fall der Stornierungsbereitschaft auch für den Getäuschten erkennbar. Wer es daher unterlasse, um einen Ausgleich zu ersuchen, sei aus viktimodogmatischen Erwägungen heraus nicht als geschädigt anzusehen. Die Rückfrage beim Vertragspartner stelle sich vielmehr bei erkannter Fehlerhaftigkeit als Obliegenheit des Opfers dar[279].

Teilweise wird darüber hinaus vorausgesetzt, daß dem getäuschten Vertragspartner die Stornierungsbereitschaft bekannt ist[280]. Daß der Vertragsgegner Beanstandungen der Verträge ohne weiteres zu akzeptieren pflege, reiche alleine nicht aus, um einen Scha-

---

271 *Schröder*, JR 1971, 74.

272 *Lenckner*, JZ 1971, 320, 321.

273 *Lenckner*, JZ 1971, 320, 324; *Meyer*, MDR 1971, 718, 720.

274 *Lenckner*, JZ 1971, 320, 324.

275 *Meyer*, MDR 1971, 718, 720.

276 *Hefendehl*, Vermögensgefährdung, S. 340; *Kühl*, in Lackner, § 263, Rdnr. 44; *Meyer*, MDR 1971, 718, 719; im Ergebnis auch *Eser*, Strafrecht IV, 13/Rdnr. 39, 41 und *Samson*, in SK, § 263, Rdnr. 167.

277 *Hefendehl*, Vermögensgefährdung, S. 340.

278 *Hefendehl*, Vermögensgefährdung, S. 341.

279 *Hefendehl*, Vermögensgefährdung, S. 340.

280 *Krey*, BT 2, Rdnr. 451a; *Lenckner*, JR 1971, 320, 323; *Schröder*, JR 1971, 74; *Seelmann*, JR 1986, 346, 347.

denseintritt mit Vertragsschluß zu verneinen. Denn der Getäuschte mache seine Rechte möglicherweise nicht geltend, wenn er sie nicht beweisen könne und wenn er von der Stornierungsbereitschaft nichts wisse, gehe er eben von der Nichtbeweisbarkeit aus[281].

b) Zustimmung zur Rechtsprechung

Die Entscheidung des Bundesgerichtshofs zur Stornierungsbereitschaft hat jedoch nicht nur Kritik, sondern auch Zustimmung erfahren. Diese Stimmen in der Literatur sehen den Schadenseintritt in der Eingehung der Verbindlichkeit, der nicht dadurch entfällt, daß es zu keiner Zahlung durch den getäuschten Vertragspartner kommt, weil auf dessen Beanstandung hin der Vertrag sofort storniert wird[282].

Graba stimmt der Entscheidung des Bundesgerichtshofs insbesondere aus kriminalpolitischen Gründen zu[283]. Die Bedeutung des Beschlusses liege darin, daß nunmehr ein Vorgehen gegen Vertreter ermöglicht werde, die sich in ihrem Vorgehen auf die bisherige Rechtsprechung eingerichtet hatten. Sie konnten bis zu dieser Entscheidung risikolos Verträge erschleichen, wenn sie zur Stornierung bereit waren, was die Firmeninhaber schon aus eigenem Interesse zum Schutz gegen Provisionsbetrug erklärten. Weil das in Gang gesetzte Handlungsgeschehen wie von selbst den Schaden des Bestellers herbeiführe, werde die Annahme vollendeten Betruges der Sachlage besser gerecht.

Arzt setzt die Stornierungsbereitschaft mit der Bereitschaft des Betrügers, den Schaden sofort anstandslos zu ersetzen, gleich und betrachtet diese Bereitschaft, da ein Schaden vorausgesetzt werde, als tatbestandsirrelevanten Schadensersatz[284].

Bohnenberger führt praktische Erwägungen für die abstrakte Betrachtungsweise ins Feld: „Bei Einzelfallbetrachtung müßte der Strafrichter eine 'Persönlichkeitsanalyse' der Getäuschten und eine Einteilung in Reklamationswillige und -unwillige vornehmen.“[285]

4. Kritik und Lösungsvorschlag

a) Kritik

Sowohl der Bundesgerichtshof als auch das Kammergericht haben in ihren Entscheidungen auf die Feststellung der Konkretheit der Vermögensgefährdung ver-

---

281 *Lenckner*, JR 1971, 320, 323.

282 *Arzt*, in Arzt/Weber, LH 3, Rdnr. 453; *Cramer*, in Schönke/Schröder, § 263, Rdnr. 131; *Endriß*, wistra 1990, 355, 357; *Graba*, NJW 1970, 2221; *Ranft*, Jura 1992, 66, 74; *Tröndle*, § 263, Rdnr. 32.

283 *Graba*, NJW 1970, 2221.

284 *Arzt*, in Arzt/Weber, LH 3, Rdnr. 453.

285 *Bohnenberger*, Vertragserschleichung, S. 51.

zichtet, das von der Rechtsprechung entwickelt wurde, um der Ausuferung des Betrugstatbestandes durch eine zu großzügige Gleichsetzung von Vermögensgefährdung und -schaden zu begegnen. Der Schaden in Form der Vermögensgefährdung wird hier allein aufgrund abstrakter Kriterien ohne Untersuchung des Einzelfalles bejaht. Unter anderem wird die Gefährdung damit begründet, daß die Bestellerin die Unbrauchbarkeit der Zeitschrift für ihre Zwecke möglicherweise nicht erkennen werde[286]. Andererseits heißt es in den Urteilsgründen, daß die Zeitschrift für die Bestellerin und ihren Mann „völlig ungeeignet und unbrauchbar" sei[287]. Dann hätte es aber nahegelegen, konkret festzustellen, ob sie dies erkennen konnten, anstatt abstrakt daraus eine Gefährdungslage herzuleiten.

Es fragt sich auch, ob mit dem kriminalpolitischen Anliegen, das hinter der Argumentation des Bundesgerichtshofs vermutet werden kann und das von *Graba* als Vorteil hervorgehoben wird, viel gewonnen ist. Zwar kann so dem Betrugstäter von vornherein die Behauptung abgeschnitten werden, er hätte den Vertrag bei einer Beanstandung storniert. Hält man die Stornierungsbereitschaft dagegen für geeignet, einen endgültigen Schadenseintritt zu verhindern, dann kann der Täter in der Regel wegen Versuchs bestraft werden[288], da er billigend in Kauf nimmt, daß der Getäuschte von einer Beanstandung absieht.

Des weiteren sind, wie schon mehrfach betont wurde, die vom Bundesgerichtshof angeführten Gründe, weshalb möglicherweise die Beanstandung des Vertrages unterbleibe, strafrechtlich unerheblich. Da auf zumutbare Weise wahrnehmbare Selbstschutzmöglichkeiten Vorrang haben vor dem Eingreifen des Strafrechtsschutzes, ist es den Opfern hier zuzumuten, ihre Scheu vor Rechtsangelegenheiten, ihre Bequemlichkeit oder Nachlässigkeit zu überwinden, und die Wahrnehmung der ihnen zustehenden Rechte selbst zu besorgen.

Die Ansicht des Kammergerichts, daß die Fragen der Rechtsbeständigkeit des Vertrages und der zivilrechtlichen Abwehrmöglichkeiten gegen die Inanspruchnahme bei der Schadensermittlung außer Betracht zu bleiben haben, übersieht den engen Zusammenhang zwischen der vertraglichen Zivilrechtslage und der Gefährdung durch einen solchen Vertrag. Auch der wirtschaftliche Vermögensbegriff beurteilt Vermögenswerte nur dann als solche, wenn sie eine wirtschaftliche Macht verkörpern. Wirtschaftliche Macht hat der Vermögensinhaber über sein Vermögen, wenn ihm zivilrechtliche Durchsetzungsmöglichkeiten zur Verfügung stehen[289]. Umgekehrt hat der Betrugstäter noch keine wirtschaftliche Macht über das Vermögen des Getäuschten, wenn er die Erfüllung des durch Täuschung erlangten Vertra-

---

286 BGHSt 23, 300, 303.
287 BGHSt 23, 300, 301.
288 *Lenckner*, JZ 1971, 320.
289 *Hefendehl*, Vermögensgefährdung, S. 117; *Lampe*, Kreditbetrug, S. 26.

ges nicht erreichen kann. Zudem wird dadurch, daß man die Zivilrechtslage von vornherein als irrelevant bezeichnet, unnötig das Merkmal der Konkretheit der Vermögensgefährdung preisgegeben. Eine Einzelfallbetrachtung erfolgt nicht mehr, wenn die bei jeder Fallgestaltung anders liegenden zivilrechtlichen Grundlagen des Vertrages von vornherein als bedeutungslos bezeichnet werden.

b) Lösungsvorschlag

Die Stornierungsbereitschaft wird in der Literatur oft als eigene Selbstschutzmöglichkeit untersucht. Jedoch verbergen sich dahinter immer auch zivilrechtliche Rechtsbeziehungen, die mit den bisher erörterten Gegenrechten übereinstimmen können.

aa) Die Täuschung ist nicht erkennbar

Zuerst muß danach unterschieden werden, ob der getäuschte Vertragspartner rechtzeitig vor seiner eigenen Leistungserbringung erkennen kann, daß er übervorteilt wurde. Wenn schon bei Vertragsschluß feststeht, daß er beispielsweise wegen versteckter Mängel die Täuschung nicht erkennen kann, dann kann er seiner Inanspruchnahme nichts entgegensetzen, und die Gefahr, daß er aufgrund des Vertrages in Anspruch genommen wird, ist schon bei Vertragsschluß so konkret, daß sie eine schadensgleiche Vermögensgefährdung darstellt[290].

bb) Die Täuschung ist erkennbar

Wenn dagegen die Täuschung für das potentielle Betrugsopfer rechtzeitig erkennbar ist, ist eine erste Voraussetzung für eine erfolgreiche Wahrnehmung der Selbstschutzmöglichkeit gegeben. Dann kann weiter danach differenziert werden, ob ihm auch die Bereitschaft des Vertragsgegners, den Vertrag auf sein Verlangen hin umgehend zu stornieren, bekannt ist.

(1) Wurde die Stornierungsbereitschaft schon bei Vertragsschluß offenbart, dann stellt sich dies als Vereinbarung eines bedingungslosen Rücktrittsrechts für den getäuschten Vertragspartner dar[291]. Für die Beurteilung dieser Fälle kann daher auf die Ausführungen zu den vertraglichen Rücktrittsrechten verwiesen werden.

(2) Problematisch sind dagegen die Fälle, in denen der Getäuschte keine Kenntnis von der Stornierungsbereitschaft des Vertragsgegners hat. Auch der Bundesge-

---

290 *Lenckner*, JZ 1971, 320, 323.

291 *Krey*, BT 2, Rdnr. 451a.

richtshof hat in seiner Urteilsbegründung zu BGHSt 23, 300 darauf abgestellt, daß die getäuschten Opfer nichts von der Stornierungsbereitschaft wußten[292].

Bei dieser Fallgestaltung fragt es sich, ob es das Opfer in der Hand hat, den endgültigen Schadenseintritt abzuwenden, wenn es die Täuschung erkannt hat, aber nichts von der Stornierungsbereitschaft des Vertragsgegners weiß.

Weil auch den Sachverhalten, die unter der Überschrift „Stornierungsbereitschaft" abgehandelt werden, zivilrechtliche Rechtsbeziehungen zugrunde liegen, muß untersucht werden, ob die Stornierungsbereitschaft mit dem Vorliegen eines Anfechtungsrechts (oder auch eines gesetzlichen Widerrufsrechts, über das nicht belehrt wurde) zusammentrifft.

(a) Ein bestehendes Anfechtungsrecht kann sich schadenshemmend auswirken, wenn es durchsetzbar und die Täuschung beweisbar ist. Bei hinzutretender Stornierungsbereitschaft kann der Schadenseintritt durch den Getäuschten erst recht gehemmt werden. Denn bei der Untersuchung des Anfechtungsrechts wurde festgestellt, daß Voraussetzung für seine schadenshemmende Relevanz die ungehinderte, zumutbare Durchsetzbarkeit ist. Ist der Vertragspartner stornierungsbereit, dann liegt diese Voraussetzung klar zutage. In diesem Fall ist die Stornierungsbereitschaft nichts anderes als die Bereitschaft, die Erklärung der Anfechtung gegen sich gelten zu lassen, also keine Beweise für die Täuschung zu verlangen und dem Getäuschten die Anfechtungsvoraussetzungen zuzugestehen. Der Vertragspartner bestreitet nur die Voraussetzungen nicht, sondern erklärt sich, anstatt auf den Rechtsweg zu verweisen, mit der Anfechtung einverstanden. Bei den Anfechtungsrechten wird nicht verlangt, daß der Getäuschte Kenntnis davon hat, daß der Täter keine Schwierigkeiten bei der Durchsetzung des Anfechtungsrechts machen wird, sondern es reicht aus, daß dieses objektiv beweisbar und durchsetzbar ist. Demzufolge muß dies auch ausreichen, wenn die Fallgestaltung unter der Überschrift „Stornierungsbereitschaft" beurteilt wird.

(b) In Ausnahmefällen ist es denkbar, daß trotz Vorliegens der Täuschung i.S.d. § 263 keine Anfechtungsmöglichkeit und auch kein gesetzliches Widerrufsrecht gegeben sind. Dann stellt die Stornierung eine Vertragsaufhebung aus Kulanz dar.

Bei den Anfechtungs- und Widerrufsrechten wird dem Opfer zugemutet, nach Erkennen der Täuschung über seine Rechte Informationen einzuholen und diese dementsprechend gegenüber dem Vertragspartner geltend zu machen. Hat das Opfer diese Möglichkeit, fehlt es ihm an der Schutzbe-

292 BGHSt 23, 300, 303.

dürftigkeit und man kann ihm entgegenhalten, es sei nicht geschädigt, weil es den Schaden noch verhindern könne.

Fraglich ist nun, wieviel an Aktivität dem potentiellen Opfer hier zugemutet werden kann, um ihm entgegenhalten zu können, es sei noch nicht geschädigt, weil es den Schaden noch verhindern könne. Es muß sich um eine zumutbare und leicht wahrnehmbare Selbstschutzmöglichkeit handeln, damit diese Vorrang vor dem strafrechtlichen Rechtsgüterschutz genießt. Auch bei dieser Fallgestaltung besteht für den Getäuschten die Möglichkeit, sich über die Rechtslage kundig zu machen. Wenn aber keine rechtliche Möglichkeit der Loslösung von dem Vertrag besteht, dann hilft ihm die Einholung von Rechtsrat, der ihm nur aufzeigen kann, daß es keine Lossagungsmöglichkeit gibt, nicht weiter. Es stellt sich dann die Frage, ob man ihm dennoch zumuten kann, daß es sich an den Vertragsgegner wendet und von ihm die Stornierung verlangt.

Auch hier muß konsequenterweise zwischen der Unkenntnis bezüglich Tatsachen und der bezüglich der Rechtslage unterschieden werden. Die Stornierungsbereitschaft ist in diesem Fall eine innere Tatsache. Nach dem Maßstab, der der Unterscheidung in Tatsachen- und Rechtsirrtümer zugrundeliegt, darf die Unkenntnis von dieser Tatsache dem Getäuschten nicht zum Nachteil gereichen. Da es sich hierbei, wenn keine Rechtspflicht zur Entlassung des Getäuschten aus dem Vertrag besteht, um das tatsächliche Problem der Erkundung seines Willens handelt, kann nach dieser Wertung die nicht verlautbarte Stornierungsbereitschaft allein eine konkrete Vermögensgefährdung nicht ausschließen. Vielmehr ist das Opfer wegen dieser Unkenntnis schutzbedürftig.

VI. Gewährleistungsrechte

1. Zivilrechtliche Situation

a) Kaufvertragliche Gewährleistungsrechte

Nicht in jedem Fall einer durch Täuschung erzielten Vermögensverfügung in Form eines Vertragsschlusses besteht zugunsten des getäuschten Käufers oder Bestellers ein Gewährleistungsrecht. Der von den §§ 459 ff. BGB vorausgesetzte Mangel besteht nicht schon bei Vorliegen einer Täuschung. Ein Fehler im Sinn des Gewährleistungsrechts liegt vor, wenn der tatsächliche Zustand der Kaufsache von dem gewöhnlichen oder dem Zustand abweicht, den die Vertragsparteien bei Abschluß des Kaufvertrages gemeinsam vorausgesetzt haben und diese Abweichung den

Wert der Kaufsache oder ihre Eignung zum vertraglich vorausgesetzten Zweck oder gewöhnlichen Gebrauch herabsetzt oder mindert[293]. Nach der Rechtsprechung muß es sich darüber hinaus um Eigenschaften handeln, die der Sache selbst anhaften, denn nur dann liege ein Beschaffenheitsmerkmal vor und nur dessen Fehlen begründe einen Fehler[294]. Des weiteren bestehen die Gewährleistungsrechte nach § 459 Abs. 2 BGB bei Fehlen einer zugesicherten Eigenschaft. Eigenschaft ist jedes der Kaufsache auf Dauer anhaftende Merkmal, das für ihren Wert, ihren vertraglich vorausgesetzten Zweck oder aus sonstigen Gründen für den Käufer erheblich ist[295]. Zugesichert ist eine Eigenschaft, wenn der Verkäufer durch eine ausdrückliche oder stillschweigende Erklärung, die Vertragsinhalt geworden ist, für sie unbedingt einstehen will[296].

Grundsätzlich gelten zwar die kaufrechtlichen Gewährleistungsrechte der Wandlung, Minderung und des Schadensersatzes erst ab Gefahrübergang. Jedoch können sie auch vorher geltend gemacht werden, wenn der schon vor Gefahrübergang erkennbare Sachmangel unbehebbar ist, die zugesicherte Eigenschaft nicht verschafft werden kann oder der Verkäufer die Behebung oder Verschaffung endgültig abgelehnt hat[297]. Diese Vorverlegung wirkt zugunsten des Käufers und schließt die allgemeinen Rechte nicht aus[298].

Eine Anfechtung nach § 123 BGB ist grundsätzlich neben den Gewährleistungsansprüchen möglich, da jedoch diese einen gültigen Kaufvertrag voraussetzen, sind sie ausgeschlossen, wenn der Vertrag wirksam angefochten ist. Die Gewährleistungsansprüche sind nach § 460 BGB ausgeschlossen, wenn der Käufer den Mangel bei Abschluß des Kaufvertrages kennt, § 460 S. 1 BGB. Diese rechtsvernichtende Tatsache muß der Verkäufer beweisen[299]. Dann wird es allerdings auch an einem Irrtum i.S.d. § 263 fehlen. Beruht die Unkenntnis des Mangels auf grober Fahrlässigkeit, haftet der Verkäufer, wenn er den Fehler arglistig verschwiegen hat, was aber bei einem durch Täuschung erlangten Vertragsschluß der Fall ist. Wenn der Verkäufer die grobe Fahrlässigkeit bewiesen hat, muß der Käufer seinerseits den Beweis einer Arglist führen[300].

---

293 Sog. subjektiver Fehlerbegriff, BGHZ 90, 198, 202; BGH NJW 1983, 2242; *Putzo*, in Palandt, § 459, Rdnr. 8; *Jauernig*, in Vollkommer, § 459, Anm. II 1; *Huber*, in Soergel, § 459, Rdnr. 20 ff.

294 RGZ 66, 86, 87; BGH WM 1982, 696, 697; NJW 1980, 1456, 1458; *Vollkommer*, in Jauernig, § 459, Anm. II 6 a.

295 BGHZ 87, 302, 307.

296 BGHZ 59, 158, 160; 87, 302, 305; *H.P. Westermann*, in MK, § 459, Rdnr. 55; *Putzo*, in Palandt, § 459, Rdnr. 15.

297 BGHZ 34, 32, 34; *Grunewald*, in Erman, § 459, Rdnr. 25; *Westermann*, in MK, § 459, Rdnr. 4,5; *Vollkommer*, in Jauernig, § 459 IV 1.

298 *Vollkommer*, in Jauernig, § 459 IV 1.

299 RGZ 102, 394 ff.; *Baumgärtel*, Beweislast, § 460, Rdnr. 1; *Westermann*, in MK, § 459, Rdnr. 4.

300 *Baumgärtel*, Beweislast, § 460, Rdnr. 3; *Westermann*, in MK, § 460, Rdnr. 8.

Bis zum Gefahrübergang trägt der Verkäufer die Beweislast für die Mangelfreiheit[301]. Denn weil sich die Sache in seinem Herrschaftsbereich befindet, hat er die größere Einwirkungsmöglichkeit. Diese Beweislastverteilung gilt auch, wenn der Käufer schon vor Gefahrübergang behauptet, die Sache sei mangelhaft und die Annahme verweigert[302]. Auch wenn der Verkäufer vor Gefahrübergang den Käufer auf Kaufpreiszahlung in Anspruch nimmt, muß der Käufer nicht die Voraussetzungen seines Leistungsverweigerungsrechts wegen der Wandlung vor Abnahme beweisen[303]. Wenn aber der Käufer vorleistungspflichtig ist, trägt er die Beweislast, wenn er die angebotene Ware nicht als Erfüllung annehmen will[304].

Verlangt der Käufer Schadensersatz nach § 463 BGB, ist dafür entweder das Fehlen einer zugesicherten Eigenschaft oder eine arglistige Täuschung erforderlich. Ist streitig, ob der Verkäufer eine Eigenschaft zugesichert hat, so muß der Käufer die Zusicherung beweisen[305]. Der Käufer trägt auch die Beweislast bezüglich der arglistigen Täuschung, d.h. für den gesamten Inhalt der Erklärung des Verkäufers, aus der die Arglist zu entnehmen ist[306].

aa) Die Fälle des subjektiven Schadenseinschlags

Die Frage, ob in den Fällen ein Gewährleistungsrecht besteht, in denen sich eine Vermögensbeschädigung durch den Vertragsschluß unter Zugrundelegung eines subjektiven Schadenseinschlages ergibt, ist differenzierend zu beantworten. Da die Berücksichtigung des subjektiven Schadenseinschlages von der Rechtsprechung nach drei Kriterien beurteilt wird[307], sind diese gesondert zu untersuchen.

Daß der Kaufvertrag den Käufer zu weiteren vermögensschädigenden Maßnahmen zwingt, stellt genausowenig eine der Kaufsache anhaftende Eigenschaft dar wie die Tatsache, daß er aufgrund des Vertragsschlusses nicht mehr die Mittel für eine angemessene Lebens- und Wirtschaftsführung hat. In diesen beiden Fällen des subjektiven Schadenseinschlages gewinnen damit die Gewährleistungsrechte keine Relevanz für die Beurteilung des Eingehungsbetruges.

---

301 BGH NJW 1981, 2403, 2404; KG CR 1989, 379; *Baumgärtel*, Beweislast, § 459, Rdnr. 3; *Huber*, in Soergel, § 459, Rdnr. 91, f.; *Putzo*, in Palandt. § 459, Rdnr. 50; *Vollkommer*, in Jauernig, § 459, Anm. II 7.

302 RGZ 57, 399, 66, 279, 281; *Baumgärtel*, Beweislast, § 459, Rdnr. 3; *Grunewald*, in Erman, § 459, Rdnr. 28.

303 *Baumgärtel*, Beweislast, § 459, Rdnr. 3.

304 BGH NJW 1965, 1270; KG CR 1989, 397; *Baumgärtel*, Beweislast, § 459, Rdnr. 9; *Westermann*, in MK, § 459, Rdnr. 90.

305 *Baumgärtel*, Beweislast, § 459, Rdnr. 24.

306 RGZ 102, 394, 394.

307 Siehe dazu oben 3. Teil, B. I. 1. c), S. 126.

Die dritte Fallgruppe des subjektiven Schadenseinschlages betrifft den Fall, daß der Käufer die Kaufsache nicht zu dem vertraglich vorausgesetzten Zweck oder in anderer zumutbarer Weise gebrauchen kann. Das bedeutet, daß diese Fallgruppe nur eingreift, wenn eine solche Sache verkauft wird, die dem vereinbarten Vertragszweck entspricht, der Käufer diese aber zu diesem vertraglich vorausgesetzten Zweck und auch in anderer zumutbarer Weise gar nicht gebrauchen kann. Auch bei dieser Fallgruppe des subjektiven Schadenseinschlages können daher die §§ 459 ff. BGB keine Bedeutung erlangen. Ein Mangel i.S.d. §§ 459 ff. BGB liegt dann nicht vor, wenn die Kaufsache dem vertraglich vereinbarten oder vorausgesetzten Zweck entspricht. Was Vertragszweck geworden ist, ist durch Auslegung zu ermitteln. Vom Verkäufer wird nach den §§ 459 ff. BGB verlangt, daß er die Sache mit den Eigenschaften liefert, daß sie dem vertraglich vorausgesetzten Zweck gerecht wird. Daß der Käufer dann wider Erwarten mit der Kaufsache nichts anfangen kann, weder zu dem im Vertrag zugrundegelegten Zweck noch in sonstiger Weise, berührt die kaufrechtliche Situation nicht.

bb) Die Fälle der fehlenden Erfüllungsbereitschaft

Genauso ist es gewährleistungsrechtlich unerheblich, daß der Verkäufer von vornherein gar nicht liefern will oder kann. Die fehlende Erfüllungsbereitschaft des Verkäufers stellt keinen Sachmangel dar, weil sie nicht der Kaufsache anhaftet, sondern in der Person des Verkäufers begründet ist.

cc) Unausgewogene Verträge

Ergibt sich dagegen die Vermögensbeschädigung daraus, daß der Käufer aufgrund des Vertragsschlusses gezwungen ist, für eine minderwertige Sache einen hohen Preis zu bezahlen, also bei objektiv unausgewogenen Verträgen, so muß zwischen Stück- und Gattungskauf differenziert werden.

Handelt es sich um einen Spezieskauf, dann kann in diesem Negativsaldo auch ein Mangel liegen. Kauft jemand aufgrund einer Täuschung beispielsweise ein unechtes Bild als ein echtes und verpflichtet sich, den Preis zu bezahlen, der für ein echtes Bild angemessen wäre, dann liegt ein Fehler i.S.v. § 459 Abs. 1 BGB vor und er hat die Möglichkeit, Wandlung oder Minderung zu verlangen.

Bei Gattungskäufen i.S.v. § 480 BGB stellt sich die Lage anders dar, weil hier eine nur der Gattung nach bestimmte Sache verkauft wird und über die Abgrenzung dieser Gattung der Wille der Parteien entscheidet. Es ist denktheoretisch ausgeschlossen, daß der Käufer gleichzeitig durch den Vertragsschluß allein wegen der Unausgewogenheit des Vertrages geschädigt ist und ihm Gewährleistungsrechte wegen eines Mangels zustehen. Bei unausgewogenen Verträgen kommt durch Täuschung ein Vertragsschluß zustande, in dem sich der Getäuschte verpflichtet, für eine Sache aus einer minderwertigen Gattung einen überhöhten Kaufpreis zu bezahlen. Wegen dieser Unausgewogenheit ergibt sich für den Käufer ein Negativsaldo, er kann durch den Vertragsschluß wegen Vorliegens einer konkreten Vermögensgefährdung geschädigt sein. Ihm stehen aber aufgrund dieses Vertrages keine Gewährleistungsrechte zu. Denn der Verkäufer muß ja nur mit Waren mittlerer Art und Güte aus dieser vereinbarten minderwertigen Gattung liefern. Solange er das tut, stehen dem Käufer keine Rechte auf Wandlung oder Minderung zu.

Wenn der Verkäufer später Waren liefert, die der vereinbarten Gattung nicht entsprechen, dann kann der Käufer Gewährleistungsrechte geltend machen. Dieses Stadium der Erfüllung ist aber für die Beurteilung des Vertragsschlusses selbst noch nicht entscheidend. Daß die Möglichkeit besteht, daß der Verkäufer Waren liefert, die der vereinbarten Gattung nicht entsprechen, kann bei der Beurteilung des Vertragsschlusses unter dem Aspekt des Eingehungsbetruges keine Rolle spielen, weil hier nur Leistung und Gegenleistung zu vergleichen sind.

Für den Eingehungsbetrug läßt sich damit festhalten, daß die Gewährleistungsrechte schon kraft Natur der Sache nur bei einer Fallgestaltung eine Rolle spielen können. Nur bei einem Spezieskauf, bei dem sich der Negativsaldo aus einem objektiven Mißverhältnis zwischen Kaufsache und Preis ergibt, können sie relevant sein.

b) Werkvertragliche Gewährleistungsrechte

Da der Mangelbegriff des Werkvertragsrechts grundsätzlich dem des Kaufrechts entspricht, können auch hier diejenigen Fallgestaltungen ausgeschieden werden, in denen sich ein Vermögensschaden mit der Zugrundelegung des subjektiven Schadenseinschlages oder mit der fehlenden Erfüllungsbereitschaft begründen läßt.

Auch beim Werkvertrag stellt sich die Frage, ob sich durch Abschluß des Vertrages allein ein Negativsaldo ergeben kann und im gleichen Fall Gewährleistungsrechte bestehen können. Im Werkvertragsrecht ist zunächst festzustellen, welche Eigenschaften das Werk nach dem Inhalt des Vertrages haben sollte. Weicht das Werk davon ungünstig ab und wird dadurch die Gebrauchstauglichkeit beeinträchtigt, so ist das Werk fehlerhaft. Das Bestehen des Gewährleistungsrechts hängt also von der vertraglichen Vereinbarung ab. Hat der Getäuschte einen Vertrag abgeschlossen, der ihn verpflichtet, einen überhöhten Preis für ein minderwertiges Werk zu bezahlen, dann kann er aus dieser für ihn ungünstigen vertraglichen Vereinbarung kein Gewährleistungsrecht herleiten. Der Vertrag weist dann zwar zu seinen Ungunsten ein Negativsaldo aus, aber es ihm stehen keine Gewährleistungsrechte zu, denn nur eben diesen geringen vertraglichen Voraussetzungen muß die Leistung ja gerecht werden. Somit können die werkvertraglichen Gewährleistungsrechte beim Eingehungsbetrug keine Bedeutung erlangen.

2. Die Rechtsprechung zur Bedeutung der Gewährleistungsrechte

In der Rechtsprechung wird die Bedeutung der Gewährleistungsrechte für den Eingehungsbetrug nach den gleichen Grundsätzen beurteilt, nach denen die Relevanz des Anfechtungsrechts verneint wird. Gesetzliche Ausgleichsansprüche, die dem Berechtigten gerade aus der Täuschung erwachsen, können danach nicht als Ausgleich in Betracht kommen[308]. Der Ausschluß dieser Ansprüche sei schon deshalb geboten, weil es sonst diese Art von Betrug gar nicht gäbe[309]. Das Reichsgericht hat zu den Gewährleistungsrechten die Ansicht vertreten, ein aus einem Vertrag hergeleiteter Anspruch auf Lieferung fehlerfreier Ware könne nur dazu dienen, den bereits mit der nicht vertragsgemäßen Lieferung eingetretenen Schaden wieder zu ersetzen und komme deshalb für den Betrugstatbestand genausowenig in Betracht wie nachträglich geleisteter Ersatz[310]. Auch der Anspruch des Käufers aus der vom Verkäufer beim Kaufabschluß vertragsmäßig übernommenen Garantie für Mängel wurde vom Reichsgericht als Schadensersatz angesehen und deshalb als für die Frage der Vermögensbeschädigung bedeutungslos eingeordnet[311].

Bei Abschluß eines Vertrages über einen Forderungskauf hat das Reichsgericht den Vermögensschaden, der darin bestand, daß die Forderung schon anderweitig verkauft war, nicht als durch § 437 BGB ausgeglichen angesehen. Der Gewährleistungsanspruch wegen Rechtsmängelhaftung sei ein reiner Schadensersatzanspruch, der zwar aus dem Vertrag entspringe, aber sich in seinem Wesen nicht von dem Anspruch aus § 823 Abs. 2 BGB i.V.m. § 263 unterscheide[312]. Genausowenig wie der Schadensersatzanspruch die Vermögensbeschädigung verhindere, schließe der vertragliche Anspruch auf das Erfüllungsinteresse die Entstehung des Vermögensschadens aus. Weil der Ersatzanspruch nach § 437 BGB auch die durch den Betrug entstandenen Vermögensnachteile umfasse, sei der Vermögensschaden gerade auch Teil des Anspruches[313].

Bei der Erörterung der Gewährleistungsrechte beruft sich die Rechtsprechung auf den Grundsatz, daß eine spätere Ausgleichung des Schadens für die Schadensfeststellung irrelevant ist, weil der Betrug mit Schadenseintritt vollendet wird und eine Ausgleichung sich darauf später nicht mehr auswirken kann[314].

---

308 RGSt 25, 182, 185; 41, 27, 29; RG GA 1960, 1913, 427; BGH b. Dallinger, MDR 1970, 13; KG NJW 1965, 703, 705.

309 BGHSt 21, 384, 386 für die Anfechtbarkeit.

310 RGSt 25, 182, 185.

311 RG GA 1960, 1913, 427.

312 RGSt 41, 27, 29.

313 RGSt 41, 27, 29.

314 RGSt 2, 89, 90.

In der Rechtsprechung wird nicht danach differenziert, ob durch die Täuschung bislang nur die Eingehung des Vertrages erlangt wurde, oder ob der Getäuschte schon Teile seines Vermögens weggegeben hat. In den Fällen des Eingehungsbetruges erörtert die Judikatur die Bedeutung der Gewährleistungsrechte regelmäßig gar nicht. Sie werden allenfalls in den Fällen erwähnt, in denen sie nach der Gesetzessystematik der §§ 459 ff. BGB bestehen, d.h. wenn ein Leistungsaustausch schon stattgefunden hat[315]. Folgerichtig wird argumentiert, daß die Rechte auf Wandlung oder Minderung nur eine Form der Schadenswiedergutmachung darstellen können. Dadurch benimmt sich die Judikatur aber der Möglichkeit, die Auswirkungen der Gewährleistungsrechte auf den Vermögensschaden im Stadium des Vertragsschlusses zu untersuchen.

3. Literatur

a) Der Rechtsprechung folgende Literaturstimmen

In der Literatur überwiegen die Stimmen, die den Gewährleistungsrechten prinzipiell keine schadensvermeidende Wirkung zuerkennen[316]. Für die meisten Literaturstimmen folgt dies schon daraus, daß gesetzliche Gegen- oder Ausgleichsansprüche allgemein Folge des Schadens sind und seinen Eintritt nicht verhindern können[317]. Da die Gewährleistungsrechte nur einen Schadensausgleich ermöglichen sollen, haben sie ebenso auszuscheiden wie der Anspruch aus §§ 823 Abs. 2 BGB i.V.m. § 263[318]. Sie können den Eintritt des Schadens nicht verhindern, weil sie seine Folge seien und dem Betroffenen gerade aus der Täuschung erwachsen[319].

b) Die von Lackner und Eser vertretene Ansicht

Lackner hält es für unvereinbar mit der wirtschaftlichen Betrachtungsweise, gesetzliche Ausgleichsansprüche prinzipiell als bedeutungslos für die Vermögensbeschädigung anzusehen. Auch zu der Rechtsprechung, die bei § 266 die Rückgewähransprüche gegen den Täter als Äquivalent anerkenne, wenn dieser zahlungs-

315 Zivilrechtlich ausgedrückt: nach Gefahrübergang.

316 *Cramer*, in Schönke/Schröder, § 263, Rdnr. 110; *Haft*, BT, S. 214; *Krey*, BT 2, Rdnr. 458; *Kühl*, in Lackner, § 263, Rdnr. 36a; *Maurach/Schroeder/Maiwald*, BT 1, § 41, Rdnr. 110; *Müller-Christmann*, JuS 1988, 108, 114; *Samson*, in SK, § 263, Rdnr. 136; *Tenckhoff*, in FS Lackner, S. 677, 683; *Welzel*, Lehrbuch, S. 375; *Wessels*, BT 2, Rdnr. 529.

317 *Haft*, BT, S. 214; *Krey*, BT 2, Rdnr. 458; *Kühl*, in Lackner, § 263, Rdnr. 36a; *Welzel*, Lehrbuch, S. 375.

318 *Samson*, in SK, § 263, Rdnr. 136.

319 *Cramer*, in Schönke/Schröder, § 263, Rdnr. 110; *Eser*, Strafrecht IV, 13/Rdnr. 19; *Wessels*, BT 2, Rdnr. 529.

willig sei und eigene flüssige Mittel bereithalte[320], stehe dies im Widerspruch. Vielmehr komme es auf den Einzelfall an, in dem ein Schaden beispielsweise dann entfallen könne, wenn der Täter aus besonderen Gründen fähig und willens ist, den Ersatz- oder Erstattungsansprüchen jederzeit nachzukommen. Es müsse bei der Betrachtung des Einzelfalles ein wirtschaftlicher Minderwert festgestellt werden. Dieser liege allerdings in der Regel eindeutig vor, weil der Täter, der sich seinen Vermögensvorteil erhalten wolle, es von vornherein mit seiner Täuschung darauf anlege, die gesetzlichen Ausgleichsansprüche zu vereiteln[321].

Auch *Eser* hebt hervor, daß es allein auf die wirtschaftliche Betrachtungsweise ankomme und daher entscheidend sei, ob das Opfer durch etwaige Gegenrechte ausreichend abgesichert sei[322]. Die Kompensationsbereitschaft des Täters, die bei § 266 einen wirtschaftlichen Wert darstelle und zur Schadensverneinung führe, müsse auch bei § 263 Berücksichtigung finden, so daß auch hier die Feststellung erforderlich sei, ob der Ersatzanspruch wirtschaftlich gleichwertig sei[323]. Die Gewährleistungsrechte allein hält auch *Eser* nicht für geeignet, das Opfer ausreichend abzusichern. Wenn aber dazu die Kompensationsbereitschaft des Täters vorliege, dann sieht er das Opfer als dadurch ausreichend abgesichert an[324].

Weder von den prinzipiell ablehnenden Stimmen noch von *Lackner* und *Eser*, die auf den Einzelfall abstellen, wird danach differenziert, ob ein Vermögensabfluß schon stattgefunden hat oder nicht.

4. Stellungnahme und Lösungsvorschlag

a) Kritik

Die Rechtsprechung läßt eine Begründung für ihre kategorische Ablehnung der Gewährleistungsrechte vermissen. Schon bei der Erörterung der Anfechtungsrechte wurde festgestellt, daß das Argument nicht zu überzeugen vermag, bei Berücksichtigung der dem Opfer aus der Täuschung erwachsenden Rechte gäbe es den Eingehungsbetrug nicht. Der notwendige logische Zwischenschritt, daß es diese Art von Betrug geben muß, wird bei dieser Argumentation ausgelassen[325].

Auch trifft das Argument, die Gewährleistungsrechte stellten nur eine Wiedergutmachung des eingetretenen Schadens dar und könnten sich daher auf Tatbe-

---

320 Siehe oben Teil 3, B. I. 2., S. 127.

321 *Lackner*, in LK, § 263, Rdnr. 188; auch *Tröndle*, § 263, Rdnr. 36, hält es für zweifelhaft, ob der Ausschluß der Gewährleistungsrechte ausnahmslos zu gelten habe.

322 *Eser*, Strafrecht IV, 13/Rdnr. 20 ff.

323 *Eser*, Strafrecht IV, 13/Rdnr. 23.

324 *Eser*, Strafrecht IV, 13/Rdnr. 20 ff.

325 *Hefendehl*, Vermögensgefährdung, S. 294.

standsebene nicht mehr auswirken, für den Fall zu, in dem das getäuschte Opfer schon Teile seines Vermögens weggegeben hat, denn dann liegt schon ein effektiver Schaden vor, der höchstens wieder beseitigt werden kann. Im Fall des Eingehungsbetruges, bei dem das Vorliegen einer konkreten Vermögensgefährdung aufgrund des Vertragsschlusses festgestellt werden muß, hilft dieses Argument aber nicht weiter, weil das Vorliegen eines Schadens in Form einer Gefährdung ja gerade erst festgestellt wird.

Der gegen den deliktischen Anspruch aus § 823 Abs. 2 BGB i.V.m. § 263 ins Feld geführte Grund, daß er einen Schaden nicht entfallen lassen könne, weil er ihn gerade voraussetze, spricht nicht auch gegen die Berücksichtigung des Anspruchs aus § 459 BGB, weil dieser keine Inzidentprüfung des Betrugstatbestandes erfordert. Der Anspruch aus § 459 BGB setzt im Gegensatz zu den deliktischen Ansprüchen kein Verschulden des Verkäufers voraus.

b) Lösungsvorschlag

Da es vorliegend darum geht, ob der Getäuschte schon durch den Vertragsschluß in eine Situation gekommen ist, in der er es nicht mehr in der Hand hat, die Inanspruchnahme aus dem Vertrag zu verhindern, kommt von den Gewährleistungsrechten in erster Linie das Wandlungsrecht in Betracht, das es dem Getäuschten erlaubt, sich von dem objektiv unausgeglichenen Vertrag zu lösen. Es soll daher zuerst als schadensvermeidende Selbstschutzmöglichkeit untersucht werden.

aa) Das Wandlungsrecht des § 459 BGB

Bei der Untersuchung der Frage, ob ein Recht auf Wandlung eine effektive Selbstschutzmöglichkeit darstellen kann, ist es mit der wirtschaftlichen Betrachtungsweise schwer vereinbar, dieses Recht von vornherein auszuscheiden[326]. Es wird auch dem Merkmal der Konkretheit der Vermögensgefährdung nicht gerecht, das zur Begrenzung der strafbarkeitsausufernden Tendenz der Vermögensgefährdung von der Rechtsprechung entwickelt wurde, wenn man die Vermögensgefährdung unter genereller Außerachtlassung der Gegenrechte ermittelt.

Zwar ist gegenüber den gesetzlichen Widerrufs- und den vertraglichen Rücktrittsrechten die Durchsetzung des Rechtes auf Wandlung erschwert, da dieses nicht voraussetzungslos geltend gemacht werden kann. Die Beweislast spricht im Stadium des bloßen Vertragsschlusses aber nicht unbedingt gegen die Geeignetheit des Rechtes auf Wandlung zur Schadensvermeidung, denn nicht der getäuschte Käufer, sondern der Verkäufer muß die Mangelfreiheit beweisen. Anders ist es, wenn der

---

326 Siehe oben Teil 3, B. I. 2., S. 127.

Käufer vorleistungspflichtig ist. Das Vorliegen einer Täuschung muß nicht vom Käufer bewiesen werden, weil diese nicht Voraussetzung des Mangels ist.

(1) Bei Geltendmachung des Wandlungsrechts vor Gefahrübergang muß der getäuschte Vertragspartner bei einer Vorleistungspflicht des Verkäufers oder bei Erfüllung Zug um Zug nicht beweisen, daß die gekaufte Sache mangelhaft ist[327]. Er kann daher ohne Beweisschwierigkeiten mit Hilfe des Rechtes auf Wandlung den Kaufvertrag rückgängig machen. Um das Wandlungsrecht in diesem Stadium als effektive Selbstschutzmöglichkeit bezeichnen zu können, ist erforderlich, daß die Täuschung für ihn rechtzeitig erkennbar ist. Da der getäuschte Vertragspartner in der Regel die Kaufsache erst bei Vertragserfüllung zu Gesicht bekommt, kann es daran fehlen, insbesondere wenn der Vertrag Zug um Zug erfüllt wird. Um das Wandlungsrecht erfolgreich wahrnehmen zu können, muß der Getäuschte den Mangel nicht nur vor Erbringung der eigenen Leistung, sondern schon vor Gefahrübergang erkennen. Nur wenn er merkt, daß er übervorteilt wurde, bevor ihm die Kaufsache übergeben wird, kann er das Wandlungsrecht vor Gefahrübergang geltend machen und nur dann trifft ihn nicht die Beweislast für den Mangel. Hat er die Möglichkeit, dies rechtzeitig zu erkennen, dann stellt sich sein Vermögen allein durch den Vertragsschluß noch nicht als konkret gefährdet dar. Steht dagegen schon bei Vertragsschluß fest, daß der Getäuschte den Mangel nicht rechtzeitig erkennen können wird, dann liegt eine Vermögensbeschädigung in Form einer konkreten Gefährdung trotz Bestehens der Wandlungsmöglichkeit schon mit dem Abschluß des Vertrages vor.

(2) Ist der Käufer vorleistungspflichtig, muß er die Mangelhaftigkeit der Sache, deren Annahme als Erfüllung er verweigert, beweisen[328]. Dann ist für eine effektive Rechtswahrnehmung zum einen erforderlich, daß er den Mangel rechtzeitig erkennen kann. Rechtzeitig bedeutet hier: vor der eigenen Leistungserbringung. Der Gefahrübergang ist dann nicht der entscheidende Gesichtspunkt, weil sich durch ihn die Beweislast nicht ändert. Zum anderen kann das Wandlungsrecht nur als vorrangige Selbstschutzmöglichkeit in Betracht kommen, wenn der Käufer den Mangel dem Verkäufer gegenüber beweisen und dieses Recht damit problemlos durchsetzen kann. Das Wandlungsrecht scheidet als Selbstschutzmöglichkeit aus, wenn der Getäuschte gezwungen ist, zur Durchsetzung seines Rechtes den Rechtsweg zu beschreiten, zumal er dann neben dem Kostenrisiko auch das Beweisrisiko zu tragen hat. Gegenüber einem potentiellen Betrugstäter, der eine arglistige Täuschung verübt hat, um einen für ihn vorteilhaften Vertragsschluß zu erreichen, ist die faktische Möglichkeit des

327 Siehe dazu oben Teil 3, B. VI. 1., S. 174.

328 Siehe dazu oben Teil 3, B. VI. 1., S. 174.

Getäuschten, den Mangel der Kaufsache zu beweisen, äußerst gering. In der Regel hat er nicht die Gelegenheit, sich die Kaufsache anzuschauen, diese befindet sich vielmehr im Herrschaftsbereich des Verkäufers. Auch wenn dem Wandlungsrecht zwar im Sinn einer wirtschaftlichen Betrachtungsweise nicht völlig die Relevanz versagt werden sollte, so stehen der Rechtsdurchsetzung doch hier so viele Hindernisse entgegen, daß die Bedeutung dieser Lossagungsmöglichkeit gering ist. Steht daher im Zeitpunkt des Vertragsschlusses fest, daß der Getäuschte den Schaden nicht rechtzeitig erkennen und auch nicht beweisen können wird, so ist schon im Vertragsschluß eine schadensgleiche Vermögensgefährdung zu sehen und der Betrugstatbestand erfüllt.

bb) Das Minderungsrecht des § 459 BGB

Das Minderungsrecht führt zwar nicht zur Loslösung von dem Vertrag, mit seiner Hilfe kann aber die zu Lasten des Getäuschten bestehende negative Differenz zwischen Anspruch und Gegenanspruch ausgeglichen werden. Der Kaufvertrag bleibt mit allen Rechten und Pflichten bestehen, jedoch erlischt die Kaufpreisforderung teilweise. Gemäß § 472 BGB ist der Kaufpreis in dem Verhältnis herabzusetzen, in welchem zur Zeit des Verkaufs der Wert der Sache in mangelfreiem Zustand zu dem wirklichen Wert gestanden haben würde.

Bezüglich der Beweislast gilt für das Minderungsrecht das gleiche wie für das Wandlungsrecht. Das Minderungsrecht führt daher auf eine andere Weise als das Wandlungsrecht zur Beseitigung des Negativsaldos, es kann aber auch nur unter den gleichen Voraussetzungen als effektive Selbstschutzmöglichkeit eingestuft werden. Insoweit wird daher auf die Ausführungen zum Wandlungsrecht verwiesen.

cc) Der Schadensersatzanspruch nach § 463 BGB

Er setzt zusätzlich noch voraus, daß die arglistige Täuschung oder das Fehlen einer zugesicherten Eigenschaft bewiesen wird. Auch wenn der Käufer vor Gefahrübergang den Mangel der Kaufsache noch nicht beweisen muß, so trifft ihn doch die Beweislast bezüglich der arglistigen Täuschung bzw. der Zusicherung von Eigenschaften. Die Berechnung des Schadensersatzes nach dem sog. großen Schadensersatz ermöglicht es dem Käufer, die Annahme der Sache gänzlich abzulehnen und den durch die Nichterfüllung des ganzen Vertrages entstandenen Schaden zu verlangen. Der Käufer kann aber auch die Sache behalten und verlangen, so gestellt zu werden, als ob gehörig erfüllt worden wäre, sog. kleiner Schadensersatz.

Damit sich der getäuschte Käufer mit Hilfe des Schadensersatzanspruches des § 463 BGB in effektiver Weise gegen die Inanspruchnahme aus dem Kaufvertrag zur Wehr setzen kann, müssen demnach kumulativ folgende Voraussetzungen verwirklicht sein: Der Käufer muß den Mangel der Kaufsache vor Gefahrübergang erkennen können. Er muß ihn im Fall seiner Vorleistungspflicht beweisen können. Des weiteren muß er entweder die Zusicherung oder die arglistige Täuschung beweisen können.

Um das Schadensersatzrecht als ein effektives und zumutbares Mittel des Selbstschutzes bezeichnen zu können, müssen all die genannten Voraussetzungen leicht beweisbar sein. Beispielsweise darf die Beauftragung teurer Sachverständiger nicht erforderlich sein. Das Recht muß auch leicht durchsetzbar sein. Steht bei Vertragsschluß fest, daß das Opfer sein Recht auf Schadensersatz nur vor Gericht wird durchsetzen können, dann stellt das Gewährleistungsrecht kein solches Mittel dar, zumal der Getäuschte in dem Prozeß das Kosten- und Beweisrisiko zu tragen hat. An der Durchsetzbarkeit wird es einem potentiellen Betrugstäter gegenüber, der durch eine Täuschung den Vertragsschluß erzielt hat, regelmäßig fehlen.

Die praktische Bedeutung des Schadensersatzrechts nach § 463 BGB bei der Verhinderung der Inanspruchnahme aus dem Vertrag muß daher als äußerst gering bezeichnet werden.

C. Fälle der Leistungserbringung

I. Das Verhältnis zwischen Eingehungs- und Erfüllungsbetrug

Wenn jemand durch Täuschung zur Eingehung eines Vertrages bewogen wurde, so kann das Urteil über das Vorliegen einer Vermögensbeschädigung anders lauten, als wenn die Täuschung bei der Erfüllung des Vertrages vorgekommen wäre[329].

1. Der Eingehungsbetrug

Für den Eingehungsbetrug ist charakteristisch, daß der potentielle Täter vor dem Vertragsschluß eine Täuschung verübt und es dadurch täuschungsbedingt zum Vertragsschluß kommt. Die Täuschungshandlung führt zu dem schuldrechtlichen Kausalgeschäft, das unausgeglichen und somit nachteilig für den Getäuschten sein kann.

Wenn bei Vertragsschluß feststeht, daß der Getäuschte die Täuschung nicht rechtzeitig erkennen können und/oder seine Rechte nicht durchsetzen können wird, dann ist unter Annahme einer konkreten Vermögensgefährdung der Betrug als Eingehungsbetrug vollendet. Die spätere Leistungserbringung kann dann nur noch eine Vertiefung des Schadens darstellen. In diesem Fall, in dem der Betrug schon mit Abschluß des obligatorischen Geschäfts vollendet war, kann die Abwicklung des

329 RGSt 16, 1, 10.

Vertrages nur noch zur Tatbeendigung führen, der Erfüllungsschaden nicht mehr zusätzlich in Ansatz gebracht werden[330].

Wenn dagegen die Täuschung erkennbar und die Rechte durchsetzbar sind, fehlt es nach den obigen Ausführungen an einer schadensgleichen Vermögensgefährdung und damit an einem vollendeten Betrug. In diesem Fall liegt dann ein versuchter Betrug vor, falls es der Täter in seinen Vorsatz aufgenommen hat, daß der Getäuschte die Täuschung nicht erkennen und/oder seine Rechte nicht wahrnehmen werde.

2. Die Erfüllung dieses Vertrages

Handelt es sich also um den soeben unter 1. erörterten Fall, daß die Täuschung erkennbar und die Rechte durchsetzbar sind, in dem nach der hier vertretenen Meinung nur Versuch vorliegt, dann kann es weiterhin zur Erfüllung dieses Vertrages kommen. Daher stellt sich die Frage, wie sich die Erfüllung des Vertrages auf die Beurteilung des Schadensmerkmals des Betrugstatbestandes auswirkt.

Wenn das Opfer in der Zwischenzeit die Täuschung erkannt hat und den Vertrag trotzdem erfüllt, weil es beispielsweise den zur Rechtsdurchsetzung erforderlichen Aufwand scheut, dann fehlt es an der objektiven Zurechenbarkeit der Vermögensverfügung. Die Tat kann dann nicht mehr vollendet werden. Auf Tatbestandsseite hat die Leistungserbringung durch das Opfer keine Bedeutung mehr, es bleibt bei der Strafbarkeit wegen versuchten Betruges.

In den Fällen, in denen das Opfer die Täuschung dagegen nicht erkennt und den Vertrag aufgrund des fortwirkenden Irrtums erfüllt, liegt schon mit Abschluß des Vertrages ein vollendeter Betrug vor, denn in diesen Fällen fehlt es ja an der Erkennbarkeit der Täuschung für das Opfer. Eine Differenzierung dahingehend, daß in gewissen Fällen eine abstrakte Erkennbarkeit der Täuschung gegeben sein kann, das Opfer die Täuschung gleichwohl nicht erkennt, ist angesichts der Tatsache, daß eine konkrete Betrachtung des Einzelfalles unumgänglich ist, nicht sinnvoll. Hat damit das Opfer die Täuschung nicht erkannt und erfüllt es den Vertrag aufgrund des fortwirkenden Irrtums, dann wird dadurch der durch den Eingehungsbetrug verursachte Schaden weiter vertieft[331]. Hierher gehören auch die Fälle, in denen vor Vertragsschluß getäuscht wurde und Verpflichtungs- und Verfügungsgeschäft zusammenfallen, wie dies bei den Geschäften des täglichen Lebens der Fall ist. Die Bezeichnung dieser Fallkonstellationen ist nicht einheitlich. Teilweise wird der Leistungsaustausch aufgrund einer vor Vertragsschluß begangenen Täuschung als Erfüllungsbetrug bezeichnet[332]. Allerdings ist die Bezeichnung der Fallkonstellati-

---

330 *Tenckhoff*, in FS Lackner, S. 677, 680.

331 *Lackner*, in LK, § 263, Rdnr. 292.

332 *Schröder*, JR 1968, 346, 347.

on auch nicht entscheidend; von Bedeutung ist vielmehr, daß in diesen Fällen der Eingehungsbetrug nur eine Durchgangsphase auf dem Weg zur Erfüllung darstellt, da dieser Endzustand der Leistungserbringung der vom Täter von Anfang an erstrebte Erfolg ist[333]. Es erfolgt in diesen Fällen eine Verurteilung nur wegen einer Betrugstat, wobei dies dogmatisch mit der Rechtsfigur der mitbestraften Vortat erklärt werden kann oder der gesamte Vorgang von vornherein nur als Verbrechenseinheit eingeordnet werden kann[334]. Hervorzuheben ist allerdings, daß die Feststellung des Schadens in diesen Fällen aufgrund eines Vergleichs von Leistung und Gegenleistung und damit anhand der Berechnungsmethode erfolgt, die das Reichsgericht in seiner grundlegenden Entscheidung aus dem Jahr 1887[335] als Berechnungsweise für den Eingehungsbetrug aufgestellt hat.

3. Vor Vertragsschluß wurde keine Täuschung verübt

Möglich ist auch, daß vor Vertragsschluß noch keine Täuschung durch den Vertragsgegner erfolgt ist und es zu einem ausgewogenen Vertrag gekommen ist, so daß, strafrechtlich betrachtet, der Vertragsschluß neutral ist. Hier kann der Betroffene dann dadurch betrogen werden, daß er im Erfüllungsstadium täuschungsbedingt weniger erhält, als ihm vertraglich zusteht. Dann handelt es sich um den typischen Fall des Erfüllungsbetruges. Hier werden zur Schadensermittlung nicht die sich gegenüberstehenden Leistungen miteinander verglichen (aus denen sich gar kein negativer Saldo ergäbe), sondern es wird ein Vergleich angestellt zwischen der tatsächlich erhaltenen Leistung und dem vertraglichen Anspruch. Denn ein Erfüllungsbetrug liegt nach der Terminologie des Reichsgerichts vor, wenn der Täter seinen Vertragspartner durch Täuschung dazu veranlaßt, eine andere als die vertraglich vereinbarte Gegenleistung als Erfüllung anzunehmen[336].

Ein Erfüllungsschaden liegt also vor, wenn der Vertrag als solcher noch zu keiner wirtschaftlichen Belastung geführt hat, die als ausreichende Gefährdung zu beurteilen ist, aber die Erfüllung des Vertrages nachteilig für den Getäuschten ist[337].

Beim Erfüllungsbetrug wird somit eine andere Methode der Schadensberechnung zugrundegelegt als beim Eingehungsbetrug. Die Situation unterscheidet sich von der des Eingehungsbetruges dadurch, daß das potentielle Opfer durch den Vertragsschluß ein Recht auf die im Vertrag festgelegte Leistung erworben hat. Daher werden seit RGSt 16, 1 nicht die gegenseitigen Leistungen verglichen, sondern ent-

---

333 *Lackner*, in LK, § 263, Rdnr. 292.

334 *Lackner*, in LK, § 263, Rdnr. 292.

335 RGSt 16, 1.

336 RGSt 16, 1, 10 f.

337 *Cramer*, Vermögensbegriff, S. 183.

scheidend ist, ob die Leistung des Gegners in ihrem Wert hinter dem Anspruch des Betroffenen aus dem Vertrag zurückbleibt. Es kommt schon nach der Grundentscheidung des Reichsgerichts

> „bei der Erfüllung eines Vertrages auf den Wert des vom Getäuschten vor der Täuschung erworbenen Vertragsrechts gegenüber dem Wert derjenigen Leistung an, welche der Täuschende gibt und der Getäuschte infolge des in ihm erregten Irrtums annimmt"[338].

Dieser Grundsatz ist in Rechtsprechung und Lehre anerkannt, auch wenn es ansonsten beim Erfüllungsbetrug sehr umstrittene Fragen gibt[339]. Um nicht geschädigt zu sein, muß der Getäuschte nicht für seine Leistung eine adäquate Gegenleistung erhalten, sondern für seinen Anspruch[340]. Damit bleibt der Begriff des Erfüllungsbetruges der täuschenden Erbringung einer anderen als der vertragsmäßigen Leistung und damit dem Vergleich zwischen eigenem Anspruch und tatsächlich erhaltener Gegenleistung vorbehalten[341].

4. Der sog. „unechte Erfüllungsbetrug"

Umstritten ist dagegen die Lösung des Falles, daß der Täter durch Täuschung einen Vertragsschluß erreicht, aus dem sich für den Getäuschten ein besonders günstiges Geschäft ergibt. So kann z.B. durch eine besondere vertragliche Zusicherung der Betroffene bewogen werden, einen Vertrag zu schließen. Der Täter hat aber vor, Ware zu liefern, die der Zusicherung nicht entspricht, die aber durchaus den vom Opfer zu zahlenden Preis noch wert ist. Ein Eingehungsbetrug liegt hier nicht vor, wenn die zugesicherte Eigenschaft zwar nicht verschafft werden kann, sich aber Leistung und Gegenleistung objektiv immer noch entsprechen. Ob ein Erfüllungsbetrug vorliegt, hängt u.a. davon ab, ob den Gewährleistungsrechten, die dem Käufer aufgrund des Vertrages zustehen, im Erfüllungsstadium schadensbegründende

---

338 RGSt 16, 1, 10.

339 RGSt 40, 21, 27; RGHRR 1938, 352 und 997; GA 47, 283; 50, 392, 393; BGHSt 32, 211; 34, 199; OLG Stuttgart, JR 1982, 470, 471; *Arzt*, in Arzt/Weber, LH 3, Rdnr. 444; *Cramer*, Vermögensbegriff, S. 185; *Eser*, Strafrecht IV, 10/ Rdnr. 34; *Haft*, BT, S. 214; *Krey*, BT 2, Rdnr. 450, *Lenckner*, MDR 1961, 652; NJW 1962, 59; *Maurach/Schroeder/Maiwald*, BT 2, § 41, Rdnr. 117; *Otto*, JZ 1993, 652, 657; *Samson*, in SK, § 263, Rdnr. 168; *Schmidhäuser*, Strafrecht BT, § 11, Rdnr. 23; *Schönfeld*, JZ 1964, 206, 209; *Tenckhoff*, in FS Lackner, S. 677, 684; *Tröndle*, § 263, Rdnr. 33; *Wessels*, BT 2, Rdnr. 523: Dagegen möchte *Schmidt*, Vermögensschaden, S. 56, 59, auch beim Erfüllungsbetrug den Vergleich zwischen Leistung und Gegenleistung heranziehen, weil die Aufspaltung in Verpflichtungs- und Erfüllungsgeschäft im Strafrecht wirklichkeitsfremd sei.

340 *Cramer*, in Schönke/Schröder, § 263, Rdnr. 136.

341 So auch *Winkler*, Vermögensbegriff, S. 116.

Wirkung beigemessen werden kann. Die genaue Erörterung dieses „unechten Erfüllungsbetruges“[342] soll daher bei den Gewährleistungsrechten erfolgen.

All diese Fälle haben gemeinsam, daß es auf Opferseite schon zu einem Vermögensabfluß gekommen ist und sich nur noch die Frage stellt, ob dieser kompensiert wird. Es handelt sich nicht mehr um eine schadensgleiche Vermögensgefährdung, sondern um einen endgültigen Schadenseintritt, wenn der Getäuschte aufgrund der Täuschung Besitz weggegeben hat. In diesen Fällen kann es daher nicht mehr um die Verhinderung des Schadeneintritts gehen, sondern nur noch um eine mögliche Kompensation durch Gegenrechte. Da es bei der Wirkung der Lossagungsmöglichkeiten vom Vertrag in erster Linie auf den Unterschied zwischen Schadenskompensation und Schadensvermeidung ankommt, spielt der Unterschied zwischen Eingehungs- und Erfüllungsbetrug für die Frage, ob Gegenrechte schadenshemmende Wirkung haben können, keine große Rolle mehr, wenn der Vertrag, zumindest vom Getäuschten, schon erfüllt wurde. Denn da in diesem Fall schon ein Vermögensabfluß stattgefunden hat, kann es nur noch um Schadensausgleich gehen. Die Berechnungsmethode für diesen Schaden ist zwar verschieden, aber der Vermögensabfluß steht fest.

II. Die Bedeutung von Anfechtungs-, Widerrufs-, Rücktritts- und Gewährleistungsrechten für das Schadensmerkmal des Betrugstatbestandes bei erfüllten Verträgen

1. Die Bedeutung des Anfechtungsrechts für den Eingehungsbetrug, bei dem sich der Negativsaldo aus dem Vergleich von Leistung und Gegenleistung ergibt

Bei diesen Rückabwicklungssachverhalten geht es darum, ob die Möglichkeit des Getäuschten, sich vom Vertrag mittels Anfechtung zu lösen und den Vertrag rückabzuwickeln, den durch Weggabe der Sache eingetretenen Schadenseintritt ausgleichen kann.

a) Zivilrechtliche Situation

Die Rückabwicklung nach erfolgter Ausübung des Anfechtungsrechts geschieht nach § 812 Abs.1 S. 2 1. Alt. BGB. Die Rückabwicklung erfolgt hier nicht nach der sog. Saldotheorie. Vielmehr haftet der Anfechtungsgegner nach § 819 i.V.m. § 142 Abs. 2 BGB verschärft.

342 So *Winkler*, Vermögensbegriff, S. 162.

b) Rechtsprechung

In der Rechtsprechung wird nicht danach differenziert, ob sich bislang nur die beiden Vertragspflichten gegenüberstehen oder ob von einer Seite teilweise schon geleistet wurde. Da das Anfechtungsrecht hiernach schon bei Vorliegen des bloßen Vertragsschlusses die Schadensermittlung nicht zu beeinflussen vermag, kann es auch in dem späteren Stadium der teilweisen Erfüllung keine Relevanz haben. Angeführt wird hier vor allem das Argument, daß durch die Anfechtung der Schaden nicht rückwärts wieder beseitigt werden kann, daß also die ex tunc-Wirkung des § 142 BGB keine strafrechtliche Bedeutung hat[343].

c) Literatur

Die Teile der Literatur, die dem Anfechtungsrecht ausnahmslos und auch schon dann keine Bedeutung zumessen, wenn noch keinerlei Leistungsaustausch vorgenommen wurde[344], müssen dies erst recht annehmen, wenn der Getäuschte schon teilweise an den Vertragspartner geleistet hat[345].

Auch die Literaturstimmen, die beim Eingehungsbetrug i.e.S. das Anfechtungsrecht nicht von vornherein ausscheiden, halten es überwiegend dann für strafrechtlich irrelevant, wenn die Leistung durch den Getäuschten schon teilweise erbracht wurde[346]. Ein Eingehen auf das Anfechtungsrecht erfolgt hier schon größtenteils nicht.

Nur *Hefendehl* zieht das Anfechtungsrecht bei eingetretener Gefahrverwirklichung als Eliminationsmöglichkeit heran[347]. Es komme darauf an, ob es im Einzelfall einen bilanzierungsfähigen Wert habe, d.h., ob die arglistige Täuschung für den Bilanzierenden offenkundig und der Bereicherungsanspruch gesichert sei[348]. Wenn sich im Moment des formellen Vorliegens eines Schadens objektiv und subjektiv die zivilrechtlich flankierte Möglichkeit einer Kompensation biete, an deren Realisation nicht zu zweifeln sei, ergebe sich ein „strafrechtlich irrelevanter Nullsaldo". In diesem Ausnahmefall stehe die Existenz des Anfechtungsrechts einer Exspektanz des Betrugstäters entgegen[349]. Der Schadenseintritt sei dann ausreichend kompensiert und der Betrugstatbestand nicht vollendet.

---

343 RGSt 48, 186, 188.

344 Siehe oben Teil 3, B. II. 4. b), S. 142.

345 *Lackner*, in LK, § 263, Rdnr. 188, hier wird ansonsten keine Differenzierung für diesen Fall vorgenommen.

346 *Cramer*, Vermögensbegriff, S. 179; ders., in Schönke/Schröder, § 263, Rdnr. 120; *Maurach/Schroeder/Maiwald*, Strafrecht BT 1, § 41, Rdnr. 110.

347 *Hefendehl*, Vermögensgefährdung, S. 299 ff.

348 *Hefendehl*, Vermögensgefährdung, S. 300.

349 *Hefendehl*, Vermögensgefährdung, S. 302.

d) *Kritik und Lösungsvorschlag*

Hefendehl ist entgegenzuhalten, daß es sich bei dieser Fallgestaltung nicht nur um einen formellen, sondern um einen tatsächlichen Vermögensschaden handelt, da ein Vermögensabfluß schon stattgefunden hat. Diese effektive Vermögensbeschädigung kann durch die vage und für den Getäuschten riskante Möglichkeit der Anfechtung und Rückabwicklung nicht kompensiert werden. *Hefendehl* vertritt an anderer Stelle die Meinung, daß ein bereits entstandener Vermögensschaden durch Selbstschutzmöglichkeiten des Betrugsopfers nicht zu eliminieren ist und dies eine Anwendung der Viktimodogmatik an falscher Stelle darstellt[350].

Bei dieser Fallgestaltung kann es nur noch um Schadenswiedergutmachung gehen, denn nach allgemeiner wirtschaftlicher Betrachtungsweise ist der Besitz einer Sache mehr wert als nur die Forderung auf Übertragung desselben. Wenn der Täuschende bereits im Besitz der Leistung des Getäuschten ist, der Getäuschte dagegen anstatt vorher den Besitz an der Sache jetzt nur noch eine Forderung auf Erbringung der Gegenleistung hat, dann ergibt ein Vergleich seiner Position vor und nach dem Vertragsschluß, daß er hinterher schlechter gestellt ist. Fraglich ist, ob in dieser Situation das Anfechtungsrecht noch etwas bewirken kann. Mit Hilfe des Anfechtungsrechts kann der Getäuschte versuchen, von dem Vertrag loszukommen und im Rahmen der Rückabwicklung das von ihm Geleistete zurückzuerlangen. Bei der Untersuchung, ob Selbstschutzmöglichkeiten Vorrang haben können vor dem Rechtsgüterschutz durch Strafrecht und bei der Erörterung viktimodogmatischer Prinzipien wurde festgestellt, daß die Wahrnehmung der Selbstschutzmöglichkeiten nur im Stadium der Schadensverhinderung, nicht aber bei der Schadensbeseitigung vorrangig sein können[351]. Bei dieser Fallgruppe ist es daher gerechtfertigt, das Anfechtungsrecht, wie es Rechtsprechung und überwiegende Literatur tun, generell auszuscheiden und nicht auf den Einzelfall abzustellen. Gerade weil es sich nur noch um Schadenswiedergutmachung handelt, fehlt es auch an der Beherrschbarkeit durch den Getäuschten. Das Risiko, seine Leistung vom Täter zurückzuerhalten, trägt er nun ganz alleine. Denn er hat ja kein Druckmittel mehr in der Hand, nachdem der Täter von ihm erhalten hat, was er wollte. Der Täter hat es in dieser Situation ganz allein in der Hand, ob er sich bereit erklären will, den Vertrag nach der Anfechtung rückabzuwickeln. Dem Besitzverlust auf der einen Seite steht in diesem Fall ein (wertloser) Anspruch und ein Anfechtungsrecht gegenüber, die aber den Besitzverlust nicht auszugleichen vermögen. Das Recht, auf Erfüllung Zug um Zug zu bestehen oder vom Täuschenden Vorleistung zu verlangen, ist hier bedeutungslos, weil der Getäuschte auf dieses Recht ja dadurch, daß er vorgeleistet hat, verzichtet hat.

---

350 *Hefendehl*, Vermögensgefährdung, S. 329 f.

351 Siehe oben Teil 1, A. II. 2. a) bb), S. 34 und Teil 1, A. III., S. 36.

Damit läßt sich festhalten, daß bei dieser Fallgestaltung die Beherrschbarkeit der Vertragsabwicklung durch das Opfer nicht gegeben ist. Somit kann die Geltendmachung des Anfechtungsrechts, ob sie nun leicht oder schwer durchsetzbar ist, eine Vermögensbeschädigung nicht beseitigen. Dies führt dazu, daß § 263 bei dieser Fallkonstellation auch bei Vorliegen einer Anfechtungsmöglichkeit vollendet ist.

2. Das Anfechtungsrecht beim Erfüllungsbetrug

Beim Eingehungsbetrug kann die Vermögensverfügung theoretisch in der Erbringung der eigenen Leistung durch den Getäuschten, in der Annahme der ihm erbrachten Leistung als Erfüllung oder in der Nichtausübung eines vorhandenen Minderungsrechts nach §§ 462, 459, 480 BGB liegen.

Die Erbringung der eigenen Leistung stellt keine Willenserklärung, sondern einen Realakt dar und ist daher auch nicht anfechtbar. Auch die Annahme als Erfüllung stellt kein Rechtsgeschäft, sondern einen tatsächlichen Vorgang dar[352], so daß die Anfechtungsrechte schon grundsätzlich keine Wirkung auf die Beurteilung des Eingehungsbetruges haben können. Genausowenig führt die unterlassene Geltendmachung des Minderungsrechts zur Anfechtbarkeit.

3. Die Bedeutung der Gewährleistungsrechte für den Eingehungsbetrug, bei dem der Negativsaldo durch einen Vergleich der Leistung mit der Gegenleistung ermittelt wird

Wurde der Betroffene vor dem Vertragsschluß über die Eigenschaften der Kaufsache getäuscht, dann stehen ihm nach Gefahrübergang die Rechte auf Wandlung, Minderung oder Schadensersatz zu. Nun muß allerdings er die Mangelhaftigkeit der Kaufsache bei Gefahrübergang beweisen. Die beim Eingehungsbetrug vielfach diskutierte Stornierungsbereitschaft stellt sich in diesem Stadium als nichts anderes als die Bereitschaft dar, die Gewährleistungsrechte gegen sich gelten zu lassen und erlangt daher keine eigenständige Bedeutung.

Die Rechtsprechung[353] und der größte Teil der Literaturstimmen[354] halten die Gewährleistungsrechte grundsätzlich für kompensationsungeeignet. In dem Fall, in

---

352 *Heinrichs*, in Palandt, § 363, Rdnr. 2.

353 RGSt 25, 182, 185; 41, 27, 29; RG GA 1960, 1913, 427; BGH b. Dallinger, MDR 1970, 13; KG NJW 1965, 703, 705.

354 *Cramer*, in Schönke/Schröder, § 263, Rdnr. 110; *Haft*, BT, S. 214; *Krey*, BT 2, Rdnr. 458; *Kühl*, in Lackner, § 263, Rdnr. 36a; *Maurach/Schroeder/Maiwald*, Strafrecht BT 1, § 41, Rdnr. 110; *Müller-Christmann*, JuS 1988, 108, 114; *Samson*, in SK, § 263, Rdnr. 136; *Tenckhoff*, in FS Lackner, S. 677, 683; *Welzel*, Lehrbuch, S. 375; *Wessels*, BT 2, Rdnr. 529.

dem auf Seiten des Getäuschten durch die Kaufpreiszahlung schon ein Vermögensabfluß stattgefunden hat, muß dies dann erst recht gelten.

Die Vertreter der Literatur, die es für unvereinbar mit der wirtschaftlichen Betrachtungsweise halten, den Gewährleistungsrechten gar keine Wirkung beizumessen[355], differenzieren jedoch nicht danach, ob der Getäuschte den ungünstigen Vertrag schon erfüllt hat oder nicht, so daß ihre Argumentation die gleiche ist wie bei dem noch nicht erfüllten Eingehungsbetrug[356].

Entscheidend ist hier, daß in diesem Stadium nurmehr eine Schadenswiedergutmachung in Betracht kommt, bei der Selbstschutzmöglichkeiten jedoch nicht als vorrangige Mittel des Rechtsgüterschutzes angesehen werden können. Es kann insoweit auf die Argumentation zu den Anfechtungsrechten verwiesen werden[357]. Es gilt hier schon der allgemeine Grundsatz, daß der Besitz einer Sache wertvoller ist, als der Anspruch darauf[358]. Auch wenn man den Gewährleistungsrechten grundsätzlich Kompensationsfähigkeit zuerkennt, dann sind sie hier dennoch deswegen wirtschaftlich minderwertig, weil der Käufer beweisen muß, daß die Kaufsache schon bei Gefahrübergang mangelhaft war, wozu er gegenüber einem vorsätzlich täuschenden Vertragspartner in aller Regel nicht in der Lage sein wird. Der Minderwert ergibt sich zum einen aus der Beweislage und zum anderen daraus, daß der auszugleichende Verlust viel größer ist, es muß nicht nur ein ungünstiger Vertrag, sondern ein effektiver Vermögensabfluß kompensiert werden.

4. Die Bedeutung der Gewährleistungsrechte für den Erfüllungsbetrug

a) Schadenshemmende Wirkung

Beim Erfüllungsbetrug kann den Gewährleistungsrechten keine schadenshemmende oder -verhindernde Wirkung beigemessen werden. Genausowenig wie sie einen eingetretenen Vermögensschaden beim Eingehungsbetrug rückwärts wieder beseitigen können, können sie dies, wenn erst bei der Erfüllung des Vertrages über die Mangelhaftigkeit des Vertragsgegenstandes getäuscht wird. Die Vermögensbeschädigung ist mit der Annahme als Erfüllung oder der Leistungserbringung durch den Getäuschten eingetreten und kann durch die Geltendmachung der Gewährleistungsrechte nicht wieder aufgehoben werden.

---

355 *Eser*, Strafrecht IV, 13/Rdnr. 20 ff.; *Lackner*, in LK, § 263, Rdnr. 188; siehe auch *Tröndle*, § 263, Rdnr. 36.

356 Siehe daher dazu oben Teil 3, B. VI. 3. a), S. 180.

357 Siehe oben Teil 3, C. II. 1. d), S. 191.

358 *Cramer*, in Schönke/Schröder, § 263, Rdnr. 115.

b) *Schadensbegründende Wirkung*

Die Gewährleistungsrechte können beim Erfüllungsbetrug jedoch schadensbegründende Wirkung haben. Hier kann der Schaden gerade darauf beruhen, daß dem Getäuschten Gewährleistungsrechte verschleiert oder genommen werden.

aa) Die Feststellung der Vermögensverfügung

Dafür muß an dieser Stelle geklärt werden, ob die Vermögensverfügung beim Erfüllungsbetrug in der Annahme der erbrachten Leistung als Erfüllung zu sehen ist, oder ob sie darin liegt, daß das Opfer seine Leistung vollständig erbringt, ohne auf seinem Recht auf Minderung zu bestehen.

(1) Daß es beim Erfüllungsbetrug auf den Wertvergleich der erbrachten Leistung mit dem vertraglichen Anspruch ankommt, somit darauf, was der Getäuschte als Gegenleistung für seinen Anspruch erhält, deutet darauf hin, daß die Vermögensverfügung darin liegt, daß er diesen Anspruch verliert. Sie muß also in der Annahme als Erfüllung gesehen werden. Dies wird grundsätzlich auch als Vermögensverfügung des Erfüllungsbetruges angenommen[359].

Bei der Frage, ob diese Vermögensverfügung schädigende Wirkung hat, ist entsprechend der zivilrechtlichen Rechtslage zu differenzieren:

(a) Handelt es sich um einen Gattungskauf, dann stellt die Lieferung einer mit Mängeln behafteten Sache keine Erfüllung dar[360]. Die schädigende Vermögensverfügung liegt dann darin, daß das Opfer veranlaßt wird, das Geleistete als Erfüllung anzunehmen und seinen durch die Falschlieferung nicht erloschenen Anspruch nicht geltend zu machen[361]. Durch die Annahme als Erfüllung tritt zwar noch keine Konkretisierung auf den geleisteten Gegenstand ein[362]. Der Getäuschte erhält in diesem Fall aber weniger, als ihm vertraglich zusteht.

Winkler kommt zu dem Ergebnis, daß bei einer Gattungsschuld die Annahme als Erfüllung mit einer mangelhaften Sache niemals zur Erfüllung und dem Verlust des vertraglichen Anspruches nach § 362 BGB führen könne und daher die in der Annahme als Erfüllung liegende Vermögens-

---

359 RGSt 16, 1, 11; BGHSt 32, 211, 214; *Cramer*, in Schönke/Schröder, § 263, Rdnr. 135 f.; *Tenckhoff*, in FS Lackner, S. 677, 685.

360 BGH NJW 1985, 2526; *Emmerich*, in MK, § 243; Rdnr. 27; *Putzo*, in Palandt, § 480, Rdnr. 2; *Westermann*, in MK, § 480, Rdnr. 1.

361 *Lackner*, in LK, § 263, Rdnr. 228; *Samson*, in SK, § 263, Rdnr. 170; *Tenckhoff*, in FS Lackner, S. 677, 686.

362 *Emmerich*, in MK, § 243, Rdnr. 27; *Putzo*, in Palandt § 480, Rdnr. 2.

verfügung keine vermögensmindernde Wirkung habe[363]. Er übersieht jedoch, daß genau darin der Schaden liegt, daß der Getäuschte weniger erhält, als ihm zusteht. Es kann nicht darum gehen, daß beim Getäuschten durch Erfüllung der Anspruch erlischt, denn dann könnte ein Schaden niemals angenommen werden. Man kann nicht einerseits den Vergleich von Anspruch und tatsächlich Erhaltenem heranziehen, aber dann im Einzelfall diesen Vergleich unter Zuhilfenahme von §§ 480, 362 BGB für irrelevant erklären, weil dem Getäuschten rechtlich ja noch mehr zustünde.

Somit läßt sich festhalten, daß bei der Gattungsschuld die schädigende Vermögensverfügung in der Annahme des Geleisteten als Erfüllung liegt und bereits damit der Erfüllungsbetrug vollendet ist.

(b) Bei der Stückschuld kommt es darauf an, ob der Täter die vertraglich bestimmte Sache oder eine andere liefert. Das Opfer hat nur Anspruch auf die vertraglich bestimmte Sache, so daß es keinen Schaden erleidet, wenn es diese Sache, sei es auch mit Mängeln behaftet, erhält[364]. Die schädigende Vermögensverfügung kann dann nicht in der Annahme als Erfüllung gesehen werden, weil der Getäuschte als Erfüllung genau den Gegenstand erhält, der ihm vertraglich zusteht. Nimmt das Opfer dagegen täuschungsbedingt eine andere als die geschuldete Sache als Erfüllung an, die minderwertig ist, erhält es wiederum weniger, als ihm vertraglich zusteht und ist dadurch geschädigt. Zwar behält der Getäuschte seinen Anspruch auf Erbringung der tatsächlich geschuldeten Sache, entscheidend kommt es auch hier auf den Vergleich zwischen dem vertraglichen Anspruch und der tatsächlich erhaltenen Leistung an, der einen Negativsaldo zu Lasten des Getäuschten ergibt. Zudem ist dieser Anspruch wirtschaftlich minderwertig, weil das Opfer zum einen täuschungsbedingt davon nichts weiß und zum anderen dessen Voraussetzungen beweisen muß, wobei die Vermutung des § 363 BGB gegen ihn spricht.

(2) Die schädigende Vermögensverfügung kann aber auch in der Bezahlung des Kaufpreises gesehen werden, die der Getäuschte vornimmt, obwohl er dazu nicht bzw. nicht in voller Höhe verpflichtet wäre. Dies folgt daraus, daß der Käufer die Möglichkeit hat, den Kaufpreis zu mindern. Diese Betrachtungsweise ist sowohl bei der Gattungs- wie der Stückschuld möglich[365], erlangt besondere Bedeutung aber bei den Spezieskäufen. Dem liegt die Überlegung zu-

---

363 *Winkler*, Vermögensbegriff, S. 147 f.

364 *Cramer*, in Schönke/Schröder, § 263, Rdnr. 138; *Lackner*, in LK, § 263, Rdnr. 228; *Samson*, in SK, § 263, Rdnr. 171; *Tenckhoff*, in FS Lackner, S. 677, 686; *Winkler*, Vermögensbegriff, S. 152.

365 *Cramer*, in Schönke/Schröder, § 263, Rdnr. 138; *Lenckner*, MDR 1961, 652, 654; NJW 1962, 59; siehe auch BGHSt 32, 211, 213, in dem es um ein zu erstellendes Werk ging und die Vermögensverfügung in der Bezahlung des Werklohnes erblickt wurde.

grunde, daß durch die Schlechtlieferung Ausgleichsansprüche des Käufers, insbesondere ein Minderungsrecht nach §§ 462, 459, 480 BGB entstehen. Durch die Ausübung des Minderungsrechts verringert sich die Zahlungspflicht des Getäuschten. Bringt er nun die Zahlung in voller Höhe, wird dieser Vermögensabfluß nur zum Teil, aber nicht ganz durch das Erlöschen der gegen ihn gerichteten Kaufpreisforderung kompensiert[366].

Beide Betrachtungsweisen können, da sie verschiedene Vermögensverfügungen zugrunde legen, auch im gleichen Fall nebeneinander angewendet werden[367].

Kommt man zu dem Ergebnis, daß der Getäuschte, der die vertraglich bestimmte Speziessache erhält, durch ihre Annahme als Erfüllung nicht geschädigt ist, steht damit noch nicht fest, daß bei ihm keine Vermögensbeschädigung eingetreten ist. Es ist dann noch möglich, die Vermögensverfügung darin zu sehen, daß der Getäuschte auf die Geltendmachung des Minderungsrechts verzichtet und mehr bezahlt, als er zu zahlen verpflichtet ist, weil er nicht erfährt, daß er mangelhafte Ware erhalten hat[368]. Die Vermögensverfügung liegt dann mit der Zahlung vor, ihre schädigende Wirkung beruht darauf, daß der Getäuschte mehr zahlt, als er zu zahlen verpflichtet wäre[369]. Geschädigt ist er um den Betrag, um den er den Kaufpreis hätte mindern können.[370] Verglichen werden hier nicht der vertragliche Anspruch des Getäuschten mit der tatsächlichen Leistung durch den Täuschenden, sondern der vertragliche Anspruch des Täuschenden mit der tatsächlichen Leistung des Getäuschten. Es werden somit nicht die Ansprüche des Getäuschten auf der Aktivseite, sondern es wird „auf der Passivseite saldiert“, indem der von Rechts wegen geschuldete und der vom Käufer gezahlte Kaufpreis gegenübergestellt werden[371]. Diese „Saldierung auf der Passivseite“ begründet einen wirtschaftlichen Vermögensschaden daher allein durch die Einbeziehung der Gewährleistungsrechte.

Auch in der Rechtsprechung wird die Formulierung, der Getäuschte habe mehr gezahlt, als er zu zahlen verpflichtet war, zur Schadensbegründung herangezogen; auf das Minderungsrecht wird dabei allerdings nicht Bezug genommen[372].

Zur Lösung aller Fälle des Erfüllungsbetruges kann diese Saldierung auf der Passivseite nicht beitragen. Wie *Winkler*[373] zu Recht betont, ist diese Lehre wegen

---

366 *Winkler*, Vermögensbegriff, S. 159.

367 *Lenckner*, MDR 1961, 652, 654.

368 *Cramer*, in Schönke/Schröder, § 263, Rdnr. 138; ders., in Vermögensbegriff, S. 189; *Lackner*, in LK, § 263, Rdnr. 228; *Lenckner*, MDR 1961, 652, 654 und NJW 1962, 59; *Schmidhäuser*, Strafrecht BT, § 11, Rdnr. 23; *Tenckhoff*, in FS Lackner, S. 677, 685.

369 *Tenckhoff*, in FS Lackner, S. 677, 686.

370 *Lenckner*, MDR 1961, 652, 654; NJW 1962, 59.

371 *Lenckner*, MDR 1961, 652, 654.

372 OLG Stuttgart, JR 1982, 471, 472.

373 *Winkler*, Vermögensbegriff, S. 160.

ihrer Ausrichtung auf die kaufrechtlichen Gewährleistungsrechte lückenhaft. Nicht in allen Fällen des Erfüllungsbetruges ist der Käufer der Getäuschte, so daß nicht immer Minderungsrechte einschlägig sind. So führt diese Methode der Schadensermittlung beispielsweise zu keinem Ergebnis, wenn dem Getäuschten Falschgeld zur Erfüllung einer Geldschuld untergeschoben wird[374]. Daß das System der Passivsaldierung nicht in allen Fällen eine Lösung ermöglicht, spricht nicht gegen seine Brauchbarkeit bei der Lösung der von ihm erfaßten Fälle, zumal ja diese Methode neben der Schadensbegründung durch die Annahme als Erfüllung herangezogen werden kann.

Fraglich ist außerdem, ob die Gewährleistungsrechte hier generell zur Schadensbegründung herangezogen werden können, ohne daß im Einzelfall untersucht wird, ob sie wirtschaftlich werthaltig sind. Nur wenn sie tatsächlich bei ihrer Ausübung zu einer Minderung der Schuld des Getäuschten geführt hätten, kann es einen Schaden darstellen, sie nicht ausgeübt zu haben.

bb) Der „unechte Erfüllungsbetrug"

Bedeutung erlangt die Schadensbegründung aufgrund der vereitelten Gewährleistungsrechte aber insbesondere bei dem umstrittenen und problematischen Fall des unechten Erfüllungsbetruges, bei dem schon vor Vertragsschluß die Täuschung vorgenommen wird, diese aber bei der Erfüllung aufrechterhalten wird. Charakteristisch hierfür sind die Fälle, in denen der Täter durch Vorspiegelung, die gekaufte Sache habe besonders werterhöhende Eigenschaften, einen Vertragsschluß mit dem Betroffenen erreicht, den dieser sonst nicht eingegangen wäre. Entsprechen sich Leistung und Gegenleistung nach einem objektiv-individuellen Maßstab nicht, dann kann im Einzelfall wegen des ungünstig ausfallenden Vergleichs von Anspruch und Gegenanspruch bereits ein Eingehungsbetrug vorliegen. Wenn sie sich aber entsprechen, scheidet ein Eingehungsbetrug aus und es stellt sich die Frage, ob weiter nach einem Erfüllungsbetrug zu ermitteln ist.

Ein solcher scheidet bei Spezieskäufen zumindest nach dem Vergleich von tatsächlich Erhaltenem und vertraglichem Anspruch aus, denn es bestand ja nur ein Anspruch auf die konkrete Sache, die der Getäuschte auch erhalten hat. Die Lösung dieser Fälle ist umstritten:

(1) Die Rechtsprechung beschränkt sich in diesen Fällen auf die Prüfung und Verneinung eines Eingehungsschadens und kommt so zum Ergebnis der Straflosigkeit[375].

---

374 *Winkler*, Vermögensbegriff, S. 160.

375 BGHSt 16, 220; BGH bei Dallinger, MDR 1972, 517; BGH GA 1978, 332, 333; OLG Köln, NJW 1980, 1762; OLG Stuttgart, NJW 1960, 2264; BayObLG NJW 1987, 2452; a.A. OLG Köln, NJW 1959, 1980.

Verpflichtungs- und Erfüllungsgeschäft sollen im Fall der schon vor Vertragsschluß erfolgten Täuschung als Einheit angesehen werden, so daß es nur auf den Vergleich von Leistung zur Gegenleistung ankomme, der hier aber kein Negativsaldo ergibt[376]. Dagegen reiche es für die Annahme eines Vermögensschadens nicht aus, daß der Verkäufer den Vertrag ohne die Zusicherung nicht abgeschlossen hätte, denn geschütztes Rechtsgut sei allein das Vermögen und nicht die Dispositionsfreiheit[377]. Es genüge für § 263 nicht, daß sich der Käufer durch die Täuschung um den erwarteten Vorteil habe bringen lassen, vielmehr komme es darauf an, ob er aus dem Bestand seines Vermögens durch den Vertrag mehr weggibt, als er zurückerhält[378].

Zwar wurde teilweise angenommen, der Bundesgerichtshof habe sich in der Entscheidung BGHSt 32, 211 der Meinung angeschlossen, die diese Fälle unter dem Aspekt des betrügerischen Vorenthaltens der Gewinnaussicht beurteilt. Dies ist jedoch deshalb nicht richtig, weil in dieser Entscheidung die Täuschung erst bei Erfüllung begangen wurde, es sich also um den typischen unproblematischen Fall des Erfüllungsbetruges handelt[379]. Daß die Täuschung schon bei Vertragsschluß geplant war, ist demgegenüber unerheblich.

Jedoch könnte eine Neuorientierung in der Entscheidung des Bundesgerichtshofs zum Submissionsbetrug liegen[380]. Hier wurde er zum Erfüllungsbetrug ausgeführt, daß ein solcher möglicherweise darin gesehen werden könnte, daß durch die Täuschung die Wahrnehmung einer Minderungsmöglichkeit und von Schadensersatzansprüchen vereitelt worden waren[381].

(2) Ein Teil der Literatur folgt dem Grundsatz, daß ein Erfüllungsbetrug bei Täuschung im Rahmen des Verpflichtungsgeschäfts ausscheide[382]. Es handele sich um ein einheitliches Geschehen, bei dem am Anfang die Täuschungshandlung stehe, die per saldo aber zu keinem Vermögensschaden führe[383]. Es widerspreche der wirtschaftlichen Gesamtbetrachtung, wenn man den einheitlichen Lebensvorgang juristisch aufspalte[384]. Nehme man in diesen Fällen an, daß die erste Täuschung fortwirke und einen Erfüllungsbetrug hervorrufe, vermenge man auf

---

376 *Otto*, JZ 1993, 652, 657.

377 BayObLG NJW 1987, 2425.

378 BGHSt 16, 221, 223.

379 So auch *Hefendehl*, JuS 1993, 805, 810; *Tenckhoff*, in FS Lackner, S. 677, 688, Fn. 84.

380 BGH NJW 1992, 921 ff.

381 BGH NJW 1992, 921, 923.

382 *Gutmann*, MDR 1963, 91, 93; *Hefendehl*, JuS 1993, 805, 810; *Kohlrausch-Lange*, § 263, Anm. V 2.; *Kreft*, DRiZ 1970, 58, 59; *Schönfeld*, JZ 1964, 206 ff.; *Tröndle*, § 263, Rdnr. 33.

383 *Hefendehl*, JuS 1993, 805, 809.

384 *Lackner*, in LK, § 263, Rdnr. 232.

eine unzulässige Weise Eingehungs- und Erfüllungsbetrug[385]. Zudem schütze der Betrug als Vermögensverschiebungsdelikt nur davor, ärmer zu werden, wolle jedoch ein Reicherwerden nicht ermöglichen[386]. Vor der Täuschung habe kein werthaltiger Anspruch bestanden, jedoch sei § 263 nur erfüllt, wenn vor einer Täuschung und der dadurch verursachten Vermögensverfügung ein Vermögensaktivum hätte bejaht werden müssen[387]. Mit den Gewährleistungsrechten lasse sich zudem ein Vermögensschaden nicht begründen. Diese seien wertlos, weil es eine Frage des Zufalls sei, ob gegenüber einem zur Täuschung entschlossenen Täter die durch das Gewährleistungsrecht bewirkte Preisreduzierung in der Außenwelt Bedeutung erlange oder nicht[388]. Das Strafrecht diene im Gegensatz zu dem Recht gegen den unlauteren Wettbewerb allein dem Schutz bereits erlangten Vermögens und setze daher ein zeitliches Nacheinander von Vermögen und Schädigung voraus[389].

(3) Andere Stimmen in der Literatur halten dagegen die Differenzierung, ob schon vor Vertragsschluß oder erst bei der Erfüllung getäuscht werde, für willkürlich[390]. In beiden Fällen habe der Getäuschte weniger erhalten, als er zu beanspruchen habe[391]. Der Vermögensschaden müsse in diesen Fällen nach den für den Erfüllungsbetrug geltenden Kriterien festgestellt werden. An dieser Stelle wirkt sich nun die Saldierung auf der Passivseite aus. Die Vertreter dieser Ansicht begründen die Vermögensbeschädigung damit, daß der Getäuschte mehr bezahlt, als er eigentlich müßte. Dem Getäuschten sei durch den Vertragsschluß eine rechtlich gesicherte Gewinnaussicht zugeflossen, um die er durch die unredliche Abwicklung gebracht werde[392]. Die Rechtsordnung sichere dem Käufer die Vorteile eines solch vorteilhaften Geschäfts dadurch, daß sie ihm gestatte, einen entsprechend geringen Kaufpreis zu zahlen[393]. Ohne die Täuschung könnte er nämlich von seinem Minderungsrecht Gebrauch machen und den Kaufpreis auf das Maß reduzieren, das dem tatsächlichen Wert der Kaufsache entspricht. Die wirtschaftliche Einbuße liege somit in der Vereitelung der dem Käufer aus dem Vertrag i.V.m. §§ 459 ff. BGB zustehenden Rechte[394].

---

385 *Kreft*, DRiZ 1970, 58, 59.

386 *Schönfeld*, JZ 1964, 206, 208.

387 *Hefendehl*, JuS 1993, 805, 810.

388 *Hefendehl*, JuS 1993, 805, 810.

389 *Hefendehl*, JuS 1993, 805, 810.

390 *Lenckner*, MDR 1961, 652 ff. und NJW 1962, 59; *Cramer*, Vermögensbegriff, S. 190 ff.; ders., in Schönke/Schröder, § 263, Rdnr. 137; *Otto*, JZ 1993, 652, 657; *Parsch* NJW 1960, 977; *Puppe* JZ 1984, 531 ff.; *Schröder*, in Schönke/Schröder, 17. Aufl., § 263, Rdnr. 94 ff.

391 *Otto*, JZ 1993, 652, 657.

392 *Cramer*, Vermögensbegriff, S. 190.

393 *Lenckner*, MDR 1961, 652, 654.

394 *Cramer*, in Vermögensbegriff, S. 190.

Puppe hat sich insbesondere dagegen gewandt, den Anspruch, den der getäuschte Käufer erworben habe, als von vornherein wertlos zu betrachten, weil der Verkäufer ja niemals den Willen gehabt habe, ihn ordnungsgemäß zu erfüllen. Jede wirtschaftliche Betrachtungsweise müsse da ihre Grenze finden, wo sie dazu führt, daß jemand aus seinen eigenen rechtswidrigen Absichten von Rechts wegen einen Vorteil zieht. Deshalb müsse die Forderung ihren Nennwert behalten, wenn das Strafrecht sich nicht unmittelbar mit dem Schuldrecht und dem Grundsatz des „pacta sunt servanda" in Widerspruch setzen wolle[395]. Ob die in der Bezahlung liegende Vermögensverfügung durch eine neue Täuschung hervorgerufen werde oder ob der ursprüngliche Irrtum fortwirke, sei sowohl strafrechtlich wie auch zivilrechtlich unerheblich[396]. Die Lösung sei daher darin zu sehen, daß Verpflichtungs- und Erfüllungsgeschäft strikt getrennt werden, wobei das Verpflichtungsgeschäft Maßstab für die Schadensberechnung beim Erfüllungsgeschäft sei[397]. Allein anhand der Wertentscheidungen des Zivilrechts könne entschieden werden, ob ein vorteilhafter Vertragsschluß Vermögenswert besitzt und durch § 263 schützenswert sei, daher könne das Argument, durch diese Betrachtungsweise werde ein einheitlicher Vorgang künstlich zerlegt, nicht durchgreifen[398].

Gegen diese Betrachtungsweise wurde vorgebracht, daß der Getäuschte zwar Gewährleistungsrechte erwirbt, daß diese aber wirtschaftlich wertlos sind, wenn der Täter zur Fortführung der Täuschung entschlossen ist. Weil diese Rechte aufgrund der Täuschungshandlung von Anfang an nicht zu erkennen sind, könnten sie nicht geltend gemacht werden und ihr wirtschaftlicher Wert sinke auf Null[399]. Das weitere Täterverhalten könne sie daher nicht noch weiter mindern[400].

(4) Eine vermittelnde Ansicht folgt der Rechtsprechung, wenn die Vorspiegelung werterhöhender Eigenschaften bis zur Erfüllung fortwirkt, beurteilt den Schaden aber nach den Regeln des Erfüllungsbetruges, falls eine neue selbständige Täuschung den Erfüllungsanspruch vereitelt[401]. Bei den Geschäften des täglichen Lebens, bei denen Verpflichtungs- und Erfüllungsgeschäft zusammenfallen, fehle es an dieser zwischenzeitlichen Täuschung, so daß diese Fälle der Rechtsprechung folgend beurteilt werden[402]. Dann habe die Täuschung bei

395 *Puppe*, JZ 1984, 531, 532.

396 *Cramer*, Vermögensbegriff, S. 190; *Lenckner*, NJW 1962, 59.

397 *Geerds*, Jura 1994, 309, 317; *Otto*, JZ 1993, 652, 654.

398 *Geerds*, Jura 1994, 309, 317.

399 *Winkler*, Vermögensbegriff, S. 165.

400 *Samson*, in SK, § 263, Rdnr. 176.

401 *Kühl*, in Lackner, § 263, Rdnr. 53; *Lackner*, in LK, § 263, 232, 233; *Samson*, in SK, § 263, Rdnr. 176; *Tenckhoff*, in FS Lackner, S. 677, 689.

402 *Tenckhoff*, in FS Lackner, S. 677, 690.

Vertragsschluß zwei sich gegenseitig aufhebende Wirkungen. Sie mache durch den Vertragsanspruch den Käufer reicher und gleichzeitig durch die Vereitelung der ihm zustehenden Gewährleistungsrechte ärmer, so daß ihm mit der einen Hand gegeben, mit der anderen gleichzeitig wieder genommen werde[403]. Wenn aber Verpflichtungs- und Erfüllungsgeschäft zeitlich auseinanderfallen, habe der Betroffene einen Rechtsanspruch auf Lieferung der Kaufsache so, wie vertraglich vereinbart[404]. Die Vereitelung dieses Anspruchs durch eine weitere Täuschung stelle einen neuen selbständigen Angriff auf eine vom Betroffenen bereits gewonnene wirtschaftliche Position dar. Es sei nicht zu rechtfertigen, diesen neuen Angriff nicht den allgemeinen Regeln des Erfüllungsbetruges zu unterwerfen[405].

Samson begründet diese Differenzierung mit der unterschiedlichen Wirkung der Gewährleistungsrechte: Während diese im Fall der schon vor Vertragsschluß verübten Täuschung wirtschaftlich nichts wert sind, ist die Situation anders, wenn die Täuschung bei Vertragsschluß noch so unvollkommen ist, daß der Täter eine weitere Täuschungshandlung vornehmen muß, um die Durchsetzung der Gewährleistungsrechte zu verhindern. In diesem Fall haben die Gewährleistungsrechte einen wirtschaftlichen Wert, so daß eine Vermögensbeschädigung dann eintritt, wenn der Vertrag erfüllt wird[406].

Diese Ansicht hat *Cramer* als mit der Zivilrechtslage unvereinbar bezeichnet[407]. In der Tat erwirbt der getäuschte Verkäufer auch beim Handkauf zuerst einen Anspruch und verliert ihn dann durch Erfüllung. Verpflichtungs- und Erfüllungsgeschäft liegen immer auseinander, was schon zwingend aus dem zivilrechtlichen Abstraktionsprinzip folgt. Andererseits läßt sich nicht leugnen, daß bei sofort erfüllten Geschäften dieser Unterschied zwischen Verpflichtungs- und Erfüllungsgeschäft so gering ist, daß dazwischen keine neue Täuschung stattfinden kann. Dann handelt es sich jedoch auch um eine neue Tathandlung, die zu einer neuen Strafbarkeit führen kann.

(5) Stellungnahme

Beim Normalfall des Erfüllungbetruges ist anerkannt, daß ein Vermögensschaden auch dann vorliegt, wenn ein weitergehender Erfüllungsanspruch geschmälert wird, denn hier wird allgemein der Wert des Anspruchs auf vertragstreue Erfüllung mit dem der tatsächlich erhaltenen Sache verglichen[408]. Es

---

403 *Tenckhoff*, in FS Lackner, S. 677, 690 f.

404 *Tenckhoff*, in FS Lackner, S. 677, 689.

405 *Lackner*, in LK, § 263, Rdnr. 233.

406 *Samson*, in SK, § 263, Rdnr. 176.

407 *Cramer*, in Schönke/Schröder, § 263, Rdnr. 137.

408 Siehe oben Teil 3, C. I. 3., S. 187.

stellt daher einen Bruch dar, wenn beim unechten Erfüllungsbetrug nur das negative Interesse Schutz genießen soll und mit diesem Argument ein Erfüllungsbetrug abgelehnt wird[409]. Auch hier muß wie beim Eingehungsbetrug im Einzelfall untersucht werden, ob die Gewährleistungsrechte tatsächlich wertlos sind. Gegen die generelle Wertloserklärung bestehen die gleichen Bedenken wie beim Eingehungsbetrug. Insbesondere *Samson* macht nicht deutlich, warum bei einer Täuschung vor Vertragsschluß das Minderungsrecht wertlos, aber bei einer weiteren Täuschung wirtschaftlich wertvoll sein soll. Den Gewährleistungsrechten, die es dem Getäuschten ermöglichen, nur das zu bezahlen, wozu er verpflichtet ist, kann im Einzelfall wirtschaftlicher Wert zukommen. Ihr Wert ist aber davon unabhängig, ob die Täuschung schon vor oder erst nach Vertragsschluß stattgefunden hat.

Die differenzierende Meinungsgruppe setzt sich in unvereinbaren Widerspruch mit der Zivilrechtslage. Wegen des Abstraktionsprinzips wird immer zuerst eine günstige Position eingeräumt, die dann wieder genommen werden kann. Wirtschaftlich betrachtet ist es aber unerheblich, ob diese günstige Position nur den Bruchteil einer Sekunde oder viel länger bestand. Daher sprechen für die Auffassung, die strikt zwischen Verpflichtungs- und Erfüllungsgeschäft trennt, die besseren Argumente.

Es kann daher festgehalten werden, daß die Gewährleistungsrechte in Form des Minderungsrechts durch die Saldierung auf der Passivseite schadensbegründende Wirkung haben können.

5. Gesetzliche Widerrufsrechte

Der Unterschied, ob vor Vertragsschluß oder bei der Erfüllung getäuscht wird, ist für die Auswirkung der gesetzlichen Rücktrittsrechte nicht von Bedeutung. Da sie nicht an die Voraussetzung der Täuschung anknüpfen und in beiden Fällen die Rückabwicklung ermöglichen, können beide Fälle gemeinsam erörtert werden.

a) Zivilrechtliche Situation

Nach § 1d AbzG war jeder Teil verpflichtet, dem anderen die empfangenen Leistungen zurückzugewähren. Der Widerruf war durch die Verschlechterung oder den Untergang der Sache nicht ausgeschlossen, § 1d S. 2 AbzG. Der Wert der Gebrauchsüberlassung bis zur Ausübung des Widerrufs war zu ersetzen, § 1d Abs. 3 AbzG. Der Lauf der Widerrufsfrist war unabhängig von der Erbringung der Leistung, diese wurde allein durch den Vertragsschluß und die ordnungsgemäße Wi-

409 *Winkler*, Vermögensbegriff, S. 166.

derrufsbelehrung in Gang gesetzt. Dieser Regelung wurde § 3 HWiG nachgebildet. Allerdings erlischt nach § 3 S. 4 HWiG das Widerrufsrecht, wenn die Belehrung unterblieben ist, einen Monat nach beiderseitiger Leistungserbringung.

Auch das Widerrufsrecht nach dem Verbraucherkreditgesetz wurde § 3 HWiG nachgebildet, § 7 Abs. 4 VerbrKrG. Allerdings ist hier, wenn der Verbraucher das Darlehen schon erhalten hat, die Ausübung des Widerrufs von der Rückzahlung des Darlehens binnen zweier Wochen abhängig, § 7 Abs. 3 VerbrKrG.

b) Rechtsprechung

Zu den durch Täuschung erschlichenen Vertragsschlüssen, die durch den Getäuschten auch noch erfüllt werden, liegt keine Entscheidung vor, die auf das Widerrufsrecht abstellt. Es kann jedoch davon ausgegangen werden, daß wegen des Risikos des Getäuschten, von dem Betrugstäter die eigene Leistung zurückholen zu müssen, und weil es hier nur um Schadenswiedergutmachung gehen kann, von der Rechtsprechung die Widerrufsrechte bei dieser Konstellation als für die Schadensbeurteilung unerheblich eingestuft würden.

c) Literatur

In der Literatur wird, selbst wenn den Widerrufsrechten Relevanz beigemessen wird, der Schadenseintritt darin gesehen, daß der Getäuschte seine Leistung erbringt[410]. Auf diesen können sich die Widerrufsrechte nicht mehr auswirken.

Allein *Hefendehl* möchte auch in diesem Stadium der Rückabwicklungssachverhalte die Widerrufsrechte schadensmindernd berücksichtigen[411]. Er stellt beim Vorliegen eines Widerrufsrechts darauf ab, ob an der Realisation der „zivilrechtlich flankierten Möglichkeit einer Kompensation“ Zweifel bestehen[412]. Aus seiner bilanzrechtlichen Sicht hat der Unterschied zwischen Schadenswiedergutmachung und Schadensverhinderung keine Bedeutung[413]. Es komme vielmehr nur darauf an, ob das Widerrufsrecht bilanzrechtlich werthaltig sei. Im Gegensatz zum Anfechtungsrecht, bei dem dies nur im Ausnahmefall gegeben sei, sei das Widerrufsrecht grundsätzlich bilanzrechtlich zu aktivieren, es sei denn, der Verkäufer täusche in einer Weise, die eine Ausübung des Widerrufsrechts aufgrund täuschungsirrelevanter Gründe erwarten lasse[414].

---

410 Ausdrücklich nur *Cramer*, in Schönke/Schröder, § 263, Rdnr. 131; *Tröndle*, § 263, Rdnr. 32; im Ergebnis auch *Lenckner*, JZ 1971, 320, 324; *Meyer*, MDR 1971, 718, 720.

411 *Hefendehl*, Vermögensgefährdung, S. 292 ff.

412 *Hefendehl*, Vermögensgefährdung, S. 302.

413 *Hefendehl*, Vermögensgefährdung, S. 302.

414 *Hefendehl*, Vermögensgefährdung, S. 299.

d) *Stellungnahme*

Hefendehl ist auch hier entgegenzuhalten, daß es sich um einen effektiven Schadenseintritt handelt, wenn das Betrugsopfer den durch Täuschung erschlichenen Vertrag auch noch erfüllt. Bilanzrechtlich mag der Unterschied zwischen Schadensvermeidung und -wiedergutmachung ohne Bedeutung sein, strafrechtlich ist er es nicht, weil es für das Rechtsgut „Vermögen" des Opfers einen Unterschied bedeutet, ob schon eine Vermögensabfluß stattgefunden hat oder nicht. Zwar befindet sich das Betrugsopfer insoweit in einer besseren Lage als bei der Geltendmachung des Anfechtungsrechts, als das Widerrufsrecht ohne Voraussetzungen geltend gemacht werden kann und daher auch keine Beweisfrage entsteht. Aber auch hier hat schon ein endgültiger Vermögensabfluß stattgefunden, so daß das Opfer die Situation nicht mehr beherrscht. Es ist gezwungen, der von ihm erbrachten Leistung hinterherzulaufen und dafür auf die Kooperation des Betrugstäters angewiesen.

6. Vertragliche Rücktrittsrechte

Für die voraussetzungslos geltend zu machenden vertraglichen Rücktrittsrechte gilt bezüglich der Unterscheidung in Eingehungs- und Erfüllungsbetrug das gleiche wie bei den gesetzlichen Widerrufsrechten. Auch hier können daher Eingehungs- und Erfüllungsbetrug zusammen erörtert werden. Die Rücktrittsmöglichkeit wirkt in beiden Fällen gleich und führt zu einer Rückabwicklung, unerheblich, ob nun bei Vertragsschluß oder erst bei Erfüllung getäuscht wurde.

a) *Zivilrechtliche Situation*

Der Rücktritt gestaltet das Vertragsverhältnis in ein Abwicklungs- und Rückgewährschuldverhältnis um. Die Haftung für die Rückgewähr bestimmt sich nach § 347 BGB i.V.m. den Vorschriften über das Eigentümer-Besitzer-Verhältnis. Danach wird den Parteien eine strenge Haftung bereits vom Zeitpunkt des Leistungsempfanges an auferlegt, da die Partner wegen des Rücktrittsvorbehalts mit dem Rücktritt rechnen mußten und sich auf ihn einrichten konnten[415]. Ein Schadensersatz besteht gemäß § 347 S. 1 BGB i.V.m. § 989 BGB bei Unmöglichkeit der Rückgabe oder Verschlechterung, wenn den Rückgewährschuldner ein Verschulden trifft. Durch zufälligen Untergang, d.h. alle Fälle der Unmöglichkeit der Herausgabe sowie der Verschlechterung[416], wird der Rücktritt nicht ausgeschlossen, § 351 BGB. Fehlt

415 BGHZ 87, 296, 300.
416 *Heinrichs*, in Palandt, § 350, Rdnr. 4.

eine besondere Vereinbarung, muß der Vertragspartner, der den Rücktritt ausübt, d.h. der Rückgewährschuldner, die Kosten und die Gefahr der Rücksendung tragen[417].

b) *Rechtsprechung*

Das Oberlandesgericht Köln hatte 1974 einen Fall zu entscheiden, in dem es auf den Vermögensschaden eines Bestellers ankam, dem die freie Rückgabe der Ware binnen einer Frist bei Rückzahlung des vollen Kaufpreises zugesichert worden war[418].

In Zeitungsinseraten waren falsche Angaben über die Brauchbarkeit eines Massagegeräts gemacht worden. In den Anzeigen war den Käufern ein befristetes, aber im übrigen bedingungsloses Recht zur Rückgabe des Geräts gegen Rückzahlung des vollen Kaufpreises versprochen worden, das auch Vertragsbestandteil geworden ist. Die Käufer hatten aufgrund dieses Irrtums über die Brauchbarkeit des Massagegeräts den Kaufpreis bezahlt. Das Oberlandesgericht Köln hat ausgeführt, zu dem BGHSt 23, 300 zugrundeliegenden Sachverhalt liege ein wesentlicher Unterschied darin, daß die Käufer des Massagegeräts ein vertragliches Rücktrittsrecht hatten und dieses kannten. Der weitere Unterschied, daß im Fall des Oberlandesgerichts Köln schon ein Vermögensabfluß durch Bezahlung des Kaufpreises erfolgt war, während in BGHSt 23, 300 sich nur die vertraglichen Ansprüche gegenüberstanden, wird dagegen ausdrücklich nicht als entscheidend angesehen[419].

Das Oberlandesgericht Köln kam hier zu dem Ergebnis, daß zwar das Vermögen der Käufer durch Bezahlung des Kaufpreises gemindert sei, daß diese Minderung aber durch das Bestehen des vertraglichen Rücktrittsrechts wirtschaftlich voll ausgeglichen sei[420]. Daß die Rückzahlungsansprüche gefährdet gewesen seien oder es an dem Rückzahlungswillen gefehlt habe, sei nicht festgestellt, daher stelle das Rücktrittsrecht einen vollwertigen Ausgleich dar. Die Prüfung sei darauf zu richten, ob anstelle des nutzlosen Gegenstandes das Rücktrittsrecht ein ausreichendes Äquivalent geboten habe.

Anders hat der Bundesgerichtshof in der „Wunder-Haarverdicker"-Entscheidung, die auch in der Presse viel Beachtung gefunden hat, entschieden. Während die Vorinstanz wie das Oberlandesgericht Köln zu dem Schluß kam, daß das vertragliche Rücktrittsrecht einen objektiv-wirtschaftlich vollwertigen Ausgleich für die nutzlosen Produkte darstelle[421], hat der Bundesgerichtshof dies abgelehnt, weil es dem Angeklagten gar nicht möglich war, allen Rücktrittsberechtigten den Kauf-

---

417 *Janßen*, in MK, § 346, Rdnr. 12.

418 OLG Köln, MDR 1975, 244.

419 OLG Köln, MDR 1975, 244, „für die Fälle, in denen auf die Vermögenslage nach dem Austausch der Leistungen abzustellen ist, kann nichts anderes gelten".

420 OLG Köln, MDR 1975, 244.

421 BGHSt 34, 199, 201.

preis zurückzuerstatten. Er hat einen Schaden bejaht, weil die Getäuschten weniger erhielten, als ihr Anspruch wert war[422]. Durch die Unsicherheit der Betrogenen, ob das Rücktrittsrecht überhaupt ausgeübt werden könne, die durch die Geschäftsungewandtheit und Unerfahrenheit des angesprochenen Personenkreises verstärkt werde, sei die Ausübung des Rücktrittsrechts faktisch erheblich erschwert. Das Rücktrittsrecht wurde daher als tatbestandsirrelevante Schadenswiedergutmachung eingestuft[423]. In seiner Argumentation greift der Bundesgerichtshof auf die Unsicherheitsmomente zurück, mit denen auch beim Abschluß eines unausgeglichenen Vertrages eine konkrete Vermögensgefährdung und somit ein Eingehungsbetrug begründet werden.

c) Literatur

aa) Der Rechtsprechung zustimmende Ansichten

Im Schrifttum wird dem Urteil des Bundesgerichtshofs weitgehend gefolgt[424], teilweise jedoch mit einer abweichenden Begründung[425].

Bottke weist darauf hin, daß sich der Bundesgerichtshof die Begründung des Vermögensschadens dadurch unnötig erschwert, daß er die Literatur zur Bedeutung eines vertraglichen Rücktrittsrechts beim Eingehungsbetrug heranzieht, obwohl es sich hier um einen Erfüllungsbetrug handelt. Bei diesem kann das Versprechen einer befristeten Schadenswiedergutmachung der vollen Zahlungsleistung nicht äquivalent sein. Denn hier geht es nicht mehr um Schadenswiedergutmachung und auch nicht um die Frage, ob schadenshemmende Opferrechte einen Vermögensschaden ausschließen[426].

Weiter wird betont, daß allein die Wertminderung zur Tatzeit entscheidend ist, so daß der nachträgliche Verzicht des Täters auf den erlangten Vorteil nicht berücksichtigt werden kann[427]. Da zudem das Rücktrittsrecht allenfalls eine Wiederholung der dem Kunden sowieso gesetzlich zustehenden Rechte sei, könne ihnen keine weitergehende Bedeutung zukommen als den kompensationsungeeigneten gesetzlichen Ausgleichsansprüchen[428]. Der vom Oberlandesgericht Köln vertretenen Rechtsauf-

---

422 BGHSt 34, 199, 203.

423 BGHSt 34, 199, 204.

424 *Arzt*, in Arzt/Weber, LH 3, Rdnr. 453; *Cramer*, in Schönke/Schröder, § 263, Rdnr. 131; *Krey*, BT 2, Rdnr. 451; *Maurach/Schroeder/Maiwald*, Strafrecht BT 1, § 41, Rdnr. 109; *Müller-Christmann*, JuS 1988, 108, 113 f.; *Tröndle*, § 263, Rdnr. 32; *Wessels*, BT 2, Rdnr. 529.

425 So vor allem *Bottke*, JR 1987, 428, 430.

426 *Bottke*, JR 1987, 428, 430.

427 *Müller-Christmann*, JuS 1988, 108, 113.

428 *Bottke*, JR 1987, 428, 430; *Müller-Christmann*, JuS 1988, 108, 114.

fassung, beim Erfüllungsbetrug stelle das Rücktrittsrecht ein ausreichendes Äquivalent für die Vermögensminderung dar, wird entgegengehalten, daß die Möglichkeit, die bereits erbrachte eigene Leistung zurückzufordern, schon begrifflich kein Gegenwert für die Leistung selbst sein könne[429].

bb) Stimmen, die das Rücktrittsrecht als vollwertigen Ausgleich betrachten

Von einigen Literaturstimmen wird das Rücktrittsrecht auch nach Leistungserbringung durch den Getäuschten als wirtschaftlich voll ausgeglichen angesehen[430]. Da der Getäuschte durch den Vertragsschluß Kenntnis von dem Rücktrittsrecht hat und es problemlos durchsetzbar ist, muß dieser Ansicht nach der darin liegende wesentliche Unterschied zur Werthaftigkeit des Anfechtungsrechts gesehen werden. Die Bedenken des Rücktrittsberechtigten, die Ingebrauchnahme der gekauften Ware könne sein Recht zunichte machen, sei bei rationaler Überlegung leicht ausräumbar. Ein Schaden liege zwar formell vor, sei jedoch durch die zivilrechtlich flankierte Möglichkeit der Kompensation voll ausgeglichen, an deren Realisation kein Zweifel bestehe, so daß nicht der Bundesgerichtshof, sondern das Oberlandesgericht Köln den Fall des Rücktrittsrechts richtig entschieden habe[431].

d) Stellungnahme

Der Auffassung *Hefendehls* wurde bei der Erörterung der Anfechtungsrechte schon entgegengehalten, daß es sich nicht um einen formellen, sondern um einen tatsächlichen Schaden handelt, dessen Eintritt den Betrugstatbestand vollendet[432]. Der Entscheidung des Bundesgerichtshofs kann im Ergebnis, nicht jedoch in der Begründung gefolgt werden. Ein Eingehen auf die Fallgestaltung des Eingehungsbetruges war nicht erforderlich, weil es dort um die Feststellung einer schadensgleichen Vermögensgefährdung, hier jedoch um Kompensation eines effektiven Schadens durch ein Rücktrittsrecht, geht. Auf die in der Entscheidung angeführten Unsicherheitsmomente bei der Rechtswahrnehmung, die nach Ansicht der Rechtsprechung eine Vermögensgefährdung begründen können, kommt es daher nicht an. Die Selbstschutzmöglichkeit eines Rücktritts kann in diesem Stadium, in dem es nur noch um die Wiedergutmachung des durch die Zahlung eingetretenen Schadens geht, keinen Vorrang vor dem strafrechtlichen Rechtsgüterschutz mehr haben. Das Risiko dieser Schadenswiedergutmachung liegt zudem voll beim Getäuschten, weil nicht sicher

---

429 *Müller-Christmann*, JuS 1988, 108, 114.

430 *Hefendehl*, Vermögensgefährdung, S. 296 ff.; *Riemann*, Vermögensgefährdung, S. 84, Fn. 66; auch *Blei*, JA 1975, 87 stimmt der Ansicht des OLG zu.

431 *Hefendehl*, Vermögensgefährdung, S. 302.

432 Siehe daher oben Teil 3, C. II. 1. d), S. 191.

ist, ob der Täter angesichts der Tatsache, daß er nicht allen Rücktrittsberechtigten gegenüber zur Rückzahlung in der Lage ist, ihm seinen Kaufpreis zurückerstatten können wird. Es fehlt daher hier nicht an der Schutzbedürftigkeit, so daß sich ein Rücktrittsrecht auf das Schadensmerkmal des Betrugstatbestandes nicht auswirken kann.

D. Schlußbetrachtung

Bei der Feststellung des Schadensmerkmals beim Eingehungsbetrug neigt die Rechtsprechung oftmals dazu, einen Vermögensschaden vorschnell anzunehmen. Sie verzichtet auf eine Feststellung einer konkreten Vermögensgefährdung und macht sich die zivilrechtlichen Grundlagen des Falles in vielen Fällen nicht zur Restriktion des Betrugstatbestandes zunutze. Das teilweise völlige Leugnen der Bedeutung der zivilrechtlichen Gegenrechte für die Schadensfeststellung führt zu einer verallgemeinernden Betrachtungsweise des konkreten Einzelfalles und wird auch dem von der Rechtsprechung selbst vertretenen wirtschaftlichen Vermögensbegriff nicht gerecht. Dagegen wird in der Literatur vielfach versucht, dem Schadensbegriff insbesondere beim Eingehungsbetrug und der Vermögensgefährdung schärfere Konturen zu geben. Auch hier wird jedoch vielfach davor zurückgeschreckt, dem potentiellen Betrugsopfer den aktiven Schutz seiner Vermögenswerte aufzuerlegen. Vielmehr wirkt sich hier das im Strafrecht herrschende Opferbild aus, das von einem schwachen und unselbständigen Bild des Menschen ausgeht, dem die Wahrnehmung seiner Rechte nicht zugemutet werden kann.

Es wurde daher in dieser Arbeit unter Heranziehung des Subsidiaritätsprinzips untersucht, wieviel an Selbsthilfe von dem Opfer zum Schutz seiner Rechtsgüter erwartet werden kann. Hierbei wurde das Menschenbild zugrundegelegt, das sonst im Öffentlichen Recht vorherrscht und das von einem selbständigen, eigenverantwortlichen Menschen ausgeht, der seine Pflichten und Rechte, so wie beispielsweise sein Wahlrecht, in freier Selbstentschließung wahrnimmt. Aus dem Vorrang der Selbstschutzmöglichkeiten konnte das Kriterium der Beherrschbarkeit hergeleitet werden, mit dessen Hilfe die unterschiedlichen Fallgestaltungen des Eingehungsbetruges zu lösen waren.

Die vorliegende Arbeit hat gezeigt, daß in einem frühen Stadium der Vermögensgefährdung mit Hilfe der zivilrechtlichen Möglichkeiten, sich von einem belastenden Vertrag zu lösen, eine Begrenzung des oftmals zu weit gefaßten Gebiets der Vermögensgefährdung möglich ist. Dies hat sich insbesondere bei den voraussetzungslos geltend zu machenden Widerrufs- und Rücktrittsrechten gezeigt, bei denen im Regelfall auch keine Beweisprobleme auftauchen können. Diese Rechte können daher in aller Regel, wenn das Opfer die Tatsache, daß es getäuscht wurde, erkennen kann, als schadensverhindernde Selbstschutzmöglichkeiten bezeichnet werden, bei deren Vorliegen ein vollendeter Betrug in Form eines Eingehungsbetruges ausscheidet. Den Opfern wird hier im Sinne eines weit verstandenen Subsidiaritätsprinzips vergleichsweise viel an Aufwand auferlegt. Bei den Anfechtungsrechten und den Gewährleistungsrechte hat sich jedoch gezeigt, daß, auch wenn man den Opfern viel an Aktivität abverlangt, dennoch nur im Ausnahmefall mit diesen Rechten die Möglichkeit besteht, dem Verlangen des Betrugstäters nach Erfüllung des Vertrages wirksam zu begegnen. Weil sich der Getäuschte hier in einer ungünstigeren Beweissituation befindet, wirkt es sich nachteilig aus, daß er sich einem potentiellen Betrugstäter gegenüber befindet, der schon durch eine Täuschung einen Vertragsschluß erzielt hat, an dem er dann in aller Regel auch festhalten will.

In einem späteren Stadium der Vertragserfüllung, in dem der Getäuschte schon eine Einbuße an seinem Vermögen durch einen effektiven Vermögensabfluß erlitten hat, können die zivilrechtlichen Gegenrechte nicht strafrechtsbegrenzend wirken. Würde man in diesem Stadium noch verlangen, daß Selbstschutzmöglichkeiten Vorrang vor strafrechtlichem Schutz haben müssen, dann würde dies in der Tat, wie von manchen Vertretern in der Literatur befürchtet, zu einer das staatliche Gewaltmonopol mißachtenden Selbstjustiz führen. Löst man sich von der Aussage, daß Gewährleistungsrechte für die Schadensfeststellung unerheblich sind, dann können diese im Einzelfall nicht nur schadenshemmende, sondern auch schadensbegründende Wirkung haben, was sich bei der Beurteilung des sog. „unechten Erfüllungsbetruges" gezeigt hat.

Literaturverzeichnis

Albrecht, Peter-Alexis / *Hassemer*, Winfried / *Voß*, Michael, Rechtsgüterschutz durch Entkriminalisierung, Baden-Baden 1992

Alternativ-Entwurf eines Gesetzes gegen Ladendiebstahl (AE – GLD), bearbeitet von Gunter Arzt, Albin Eser, Gerald Grünwald, Armin Kaufmann, Ernst-Joachim Lampe, Theodor Lenckner, Peter Noll, Wolfgang Schöne, Walter Stree und Klaus Tiedemann, Tübingen 1974, zit.: AE-GLD

Amelung, Knut, Unternehmerpfandrecht und Schadensberechnung beim Betrug, NJW 1975, 624

– Irrtum und Zweifel des Getäuschten beim Betrug, GA 1977, 1

– Zur Kritik des kriminalpolitischen Strafrechtssystems von Roxin, JZ 1982, 617

Arzt, Gunther, Zur Bekämpfung der Vermögensdelikte mit zivilrechtlichen Mitteln – Der Ladendiebstahl als Beispiel, JuS 1974, 693 ff.

– Rezension: R. Hassemer, Schutzbedürftigkeit des Opfers und Strafrechtsdogmatik, GA 1982, 522

Arzt, Gunther / *Weber*, Ulrich, Strafrecht Besonderer Teil, LH 3, 2. Aufl., Bielefeld 1986, zit.: Bearb. in Arzt/Weber

Baumann, Jürgen, Der strafrechtliche Schutz bei den Sicherungsrechten des modernen Wirtschaftsverkehrs. Zugleich ein Beitrag zur Lehre von der Abhängigkeit des Strafrechts vom Zivilrecht, Berlin, 1956

– Strafrecht und Wirtschaftkriminalität, JZ 1983, 935

Baumann, Jürgen / *Weber*, Ulrich / *Mitsch*, Wolfgang, Strafrecht Allgemeiner Teil, 10. Aufl., Bielefeld 1995, zit.: Bearb. in Baumann/Weber/Mitsch

Baumgärtel, Gottfried, Gleicher Zugang zum Recht für alle, Köln/Berlin/Bonn/München 1976

– Handbuch der Beweislast im Privatrecht, Band 1: Allgemeiner Teil und Schuldrecht BGB, 2. Aufl., Köln/Berlin/Bonn/München 1991, zit.: Bearb. in Baumgärtel, Beweislast

Baur, Jürgen Fritz / *Stürner*, Rolf, Lehrbuch des Sachenrechts, 16. Aufl., München 1992, zit.: Baur/Stürner, Sachenrecht

Bender, Rolf / *Schumacher*, Rolf, Erfolgsbarrieren vor Gericht, Tübingen 1980

Beulke, Werner, Anmerkung zum Urteil des LG Mannheim v. 7.10.1976, NJW 1977, 1073

Binding, Karl, Lehrbuch des Gemeinen Deutschen Strafrechts, Besonderer Teil, Band 1, 2. Aufl., Leipzig 1902, zit.: Lehrbuch BT I

– Die Ungerechtigkeit des Eigentumserwerbs vom Nichteigentümer nach §§ 932 und 935 BGB und ihre Reduktion auf das kleinstmögliche Maß, Leipzig 1908

Blei, Herrmann, Besprechungsaufsatz, JA 1974, 323

– Anmerkung zum Urteils des OLK Köln v. 23.7.1974, JA 1975, 87

– Strafrecht II, Besonderer Teil, 12. Aufl., München 1983, zit.: Blei, Strafrecht II

Bockelmann, Paul, Der Unrechtsgehalt des Betruges, in: Festschrift für Eduard Kohlrausch, Berlin 1944, S. 226

– Zum Begriff des Vermögensschadens beim Betrug, JZ 1952, 461

– Betrug trotz ausreichender Gläubigersicherung, NJW 1961, 145
– Rechtsreform im Zeichen des „mündigen" Menschen, in: Festschrift für Heinz Kaufmann, Köln/Bonn 1972, S. 109 ff.
– Strafrecht Besonderer Teil, Teil 1, Vermögensdelikte, München 1976, zit.: Strafrecht BT 1
– Strafrecht Allgemeiner Teil, 3. Aufl., München, 1979, zit: Strafrecht AT

Bohnenberger, Claus, Betrug durch Vertragserschleichung, Heidelberg 1988

Bottke, Wilfried, Anmerkung zum Urteil des BGH v. 21.10.1986, JR 1987, 428

Brandt, Ewald, Die Bedeutung des Subsidiaritätsprinzips für Entpoenalisierungen im Strafrecht, Hamburg 1988

Brennenstuhl, Joachim, Die Rückwirkungsanordnungen des bürgerlichen Rechts und ihre Bedeutung für das Strafrecht, Diss. Tübingen 1994

Brox, Hans, Allgemeiner Teil des Bürgerlichen Gesetzbuches, 20. Aufl., Köln/Bonn 1996, zit.: Brox, BGB AT

Bruchner, Helmut / *Ott*, Claus / *Wagner-Wieduwilt*, Klaus, Verbraucherkreditgesetz, 2. Aufl., München 1994, zit.: Bearb. in Bruchner/Ott/Wagner-Wieduwilt

Bruns, Hans-Jürgen, Die Befreiung des Strafrechts vom zivilistischen Denken, Berlin 1938
– Gilt die Strafrechtsordnung auch für und gegen Verbrecher untereinander?, in: Festschrift für Edmund Mezger, München/Berlin 1954, S. 335

Castello, Edda, Haustürwiderrufsgesetz und Umgehungsversuche, VuR 1988, 1 ff.

Cramer, Peter, Vermögensbegriff und Vermögensschaden im Strafrecht, Berlin/Zürich 1968

Dingeldey, Thomas, Insider-Handel und Strafrecht, Köln/Berlin/Bonn/München 1983

Dreher, Eduard / *Maasen*, Hermann, Strafgesetzbuch mit Erläuterungen, 2. Aufl., München 1956

Dürig, Günther, Verfassung und Verwaltung im Wohlfahrtsstaat, JZ 1953,193 ff.
– Der Grundrechtssatz von der Menschenwürde, Entwurf eines praktikablen Wertsystems der Grundrechte aus Art. 1 i.V.m. Art. 19 Abs. 2 des GG, AöR 81, 117

Ellmer, Manfred, Betrug und Opfermitverantwortung, Berlin 1986

Emmerich, Volker / *Münstermann*, Walter / *Wagner-Wieduwilt*, Klaus, Praktische Umsetzung des Verbraucherkreditgesetzes, Frankfurt 1991, zit.: Bearb. in Emmerich/Münstermann/Wagner-Wieduwilt

Endriß, Rainer, Nochmals: Strafbare Werbung beim Vertrieb von Zeitschriften, wistra 1990, 335

Engelhardt, Werner H. / *Kleinaltenkamp*, Michael / *Rieger*, Sören, Der Direktvertrieb im Konsumgüterbereich, Stuttgart/Berlin/Köln/Mainz 1984

Erman, Walter, Handkommentar zum Bürgerlichen Gesetzbuch, 1. Band, 9. Aufl., Münster 1993, zit.: Bearb. in Erman

Escher, Heinrich, Die Lehre vom strafbaren Betrug und von der Fälschung, Zürich 1840

Eser, Albin, Die Beeinträchtigung der wirtschaftlichen Bewegungsfreiheit als Betrugsschaden, GA 1962, 289
– Strafrecht IV, 4. Aufl., München 1983

v. Falckenstein, Roland, Die Bekämpfung unlauterer Geschäftspraktiken durch Verbraucherverbände, Köln 1977

Förschler, Frank Peter, Kritische Betrachtungen zum Haustürwiderrufsgesetz, Ein Beitrag zur Gesetzgebungslehre, Darmstadt 1991

Frank, Reinhard, Die Überspannung der staatlichen Strafgewalt, ZStW 18,1898, 733

Frank, Reinhard, Strafgesetzbuch für das Deutsche Reich, Kommentar, 18. Aufl., Tübingen 1931, zit.: Frank, Strafgesetzbuch

Franzheim, Horst, Die Strafbarkeit des Komplicen- und Dirnenlohnbetruges, GA 1960, 269

Franzheim, Horst /*Krug*, Helga, Betrug durch Erschleichen von Unterschriften, GA 1975, 97

Freisler, Roland, Der Heimweg des Rechts in die völkische Sittenordnung in: Festgabe für Franz Schlegelberger, Berlin 1936, S. 28

Gallas, Wilhelm, Zur Kritik der Lehre vom Verbrechen als Rechtsgutsverletzung in: Festschrift für Wenzel Graf von Gleispach, Berlin/Leipzig 1936, S. 50

Gerland, Heinrich, Deutsches Reichsstrafrecht, 2. Aufl., Berlin/Leipzig 1922, zit.: Reichsstrafrecht

Giehring, Heinz, Prozeßbetrug im Versäumnis- und Mahnverfahren – zugleich ein Beitrag zur Auslegung des Irrtumsbegriffs in § 263 StGB, GA 1973, 1

Gierke, Otto, Der Entwurf eines bürgerlichen Gesetzbuches und das deutsche Recht, Leipzig 1889

Gilles, Peter, Das Recht des Direktmarketing. Kundenwerbung und Verträge außerhalb von geschlossenen Geschäftsräumen, Heidelberg 1982

Graba, Hans Ulrich, Anmerkung zum Urteil des BGH v. 16.7.1970, NJW 1970, 2221

Graul, Eva, Können auch Erfahrungssätze und Rechtssätze Tatsachen i.S.d. § 263 StGB sein?, JZ 1995, 595

Günther, Hans Ludwig, Die Genese eines Straftatbestandes, JuS 1978, 8

– Strafrechtswidrigkeit und Strafunrechtsausschluß, Köln/Berlin/Bonn/München 1983

Gutmann, Alexander, Der Vermögensschaden beim Betrug im Licht der neueren höchstrichterlichen Rechtsprechung, MDR 1963, 3, 91

Hadding, Walter, Welche Maßnahmen empfehlen sich zum Schutz des Verbrauchers auf dem Gebiet des Konsumentenkredits, Gutachten zum 53. DJT, München 1980

Hadding, Walter / *Hopt*, Klaus J. (Hrsg.), Das neue Verbraucherkreditgesetz, Erste Erfahrungen und Probleme, Frankfurt a.M. 1991, zit.: Bearb. in Hadding /Hopt, Verbraucherkreditgesetz

Haft, Fritjof, Strafrecht Besonderer Teil, 5. Aufl., München 1995, zit.: Haft, BT

Hardwig, Werner, Beiträge zur Lehre vom Betrug, GA 1956, 6

Hassemer, Raimund, Schutzbedürftigkeit des Opfers und Strafrechtsdogmatik, Berlin 1981

Hassemer, Winfried, Rücksichten auf das Verbrechensopfer, in: Festschrift für Ulrich Klug, Köln 1983, S. 217

Hefendehl, Roland, Die Submissionsabsprache als Betrug; ein Irrweg!, JuS 1993, 805

– Vermögensgefährdung und Exspektanzen, Berlin 1994

Heinitz, Ernst, Anmerkung zum Urteil des BGH v. 20.2.1968, JR 1968, 386

Herzberg, Rolf Dietrich, Funktion und Bedeutung des Merkmals „Irrtum" in § 263 StGB, GA 1977, 289

Herzog, Felix, Gesellschaftliche Unsicherheit und strafrechtliche Daseinsvorsorge, Heidelberg 1991

Hillenkamp, Thomas, Vorsatztat und Opferverhalten, Göttingen 1981

– Der Einfluß des Opferverhaltens auf die dogmatische Beurteilung der Tat, Bielefeld 1983

Hippel, Eike v., Der Schutz des Schwächeren, Tübingen 1982

– Verbraucherschutz, 3. Aufl., Tübingen 1986

Hippel, Robert v., Deutsches Strafrecht, 1. Band, Allgemeine Grundlagen, Berlin 1925, zit.: R. v. Hippel, Deutsches Strafrecht

Hirsch, Hans Joachim, Literaturbericht Strafrecht – Besonderer Teil, (I. Teil), ZStW 81, 1969, 917

Isensee, Josef, Subsidiaritätsprinzip und Verfassungsrecht, Berlin 1968

Jarass, Hans / *Pieroth*, Bodo, Grundgesetz für die Bundesrepublik Deutschland, Kommentar, 3. Aufl., München 1995

Jauernig, Othmar / *Schlechtriem*, Peter / *Stürner*, Rolf / *Teichmann*, Arndt / *Vollkommer*, Max, Bürgerliches Gesetzbuch, Kommentar, 7. Aufl., München 1994, zit.: Bearb. in Jauernig

Jescheck, Hans-Heinrich / *Weigend*, Thomas, Lehrbuch des Strafrechts Allgemeiner Teil, 5. Aufl., Berlin 1996

Jostock, Paul, Die sozialen Rundbriefe, Freiburg/Basel/Wien 1948

Kaiser, Günther, Tendenzen in der Entwicklung des heutigen Strafrechts aus der Sicht der Strafrechtswissenschaft und Kriminologie, in: Horstkotte, Hartmuth/Kaiser, Günther/Sarstedt, Werner (Hrsg.), Tendenzen in der Entwicklung des heutigen Strafrechts, Frankfurt a.M. 1973, S. 29

Kaißer, Marion, Über das Kriminalisierungspotential strafrechtsbegrenzender Prinzipien. Strafrechtliche Zuständigkeiten in der Abtreibungsfrage, in: Institut für Kriminalwissenschaften Frankfurt a.M:. Vom unmöglichen Zustand des Strafrechts, Frankfurt a.M./Berlin/Bern/New York 1995, S. 143

Kaufmann, Arthur, Subsidiaritätsprinzip und Strafrecht, in: Festschrift für Heinrich Henkel zum 70. Geburtstag, Berlin/New York 1974, S. 89

Kemper, Rainer, Verbraucherschutzinstrumente, Baden-Baden 1994

Knappmann, Ulrich, Anmerkung zum Urteil des OLG Hamm v. 18.12.1964, NJW 1965, 1931

Kohlrausch, Eduard / *Lange*, Richard, Strafgesetzbuch mit Erläuterungen, 43. Aufl., Berlin 1961

Kreft, Gerhart, Zur Problematik des Äquivalenzbetruges, DRiZ 1970, 58

Krey, Volker, Strafrecht Besonderer Teil, Band 2, 10. Aufl., Stuttgart/Berlin/Köln 1995, zit.: Krey, BT 2

Kurth, Frowin Jörg, Das Mitverschulden des Opfers beim Betrug, Frankfurt a.M./Bern/New York 1984

Labsch, Karl Heinz, Der Kreditkartenmißbrauch und das Untreuestrafrecht, NJW 1086, 104

Lackner, Karl, Strafgesetzbuch mit Erläuterungen, hrsg. von Karl Lackner und Kristian Kühl, 22. Aufl., München 1997, zit.: Bearb. in Lackner

Lampe, Ernst Joachim, Soll ein Straftatbestand gegen das Erschleichen von Unterschriften im geschäftlichen Verkehr geschaffen werden?, Gutachten, in: Anlage 4 zu Tagungsbericht der Sachverständigenkommission zur Bekämpfung der Wirtschaftskriminalität, 13. Tagung, Bonn 1977

– Strafrechtliche Aspekte der „Unterschriftserschleichung" durch Provisionsvertreter, NJW 1978, 679

– Der Kreditbetrug, Berlin 1980

Larenz, Karl, Allgemeiner Teil des deutschen bürgerlichen Rechts, 7. Aufl., München, 1989, zit.: Larenz, BGB AT

Leipziger Kommentar, Strafgesetzbuch, 10. Aufl., hrsg. von Hans-Heinrich Jescheck, Wolfgang Ruß u. Günther Willms, Berlin/New York 1978 ff. (§ 263 Stand Sept. 1979; § 266 Stand Sept. 1979), 11. Aufl., hrsg. von Burkhard Jähnke, Heinrich Wilhelm Laufhütte u. Walter Odersky, Berlin/New York 1994 ff. (§ 246 Stand 1994) zit.: Bearb. in LK

Lenckner, Theodor, Vertragswert und Vermögensschaden beim Betrug des Verkäufers, MDR 1961, 652 ff.

– Anmerkung zum Beschluß des BGH v. 18.7.1961, NJW 1962, 59

– Zum Problem des Vermögensschadens (§§ 253, 263 StGB) beim Verlust nichtiger Forderungen, JZ 1967, 105

– Vermögensschaden und Vermögensgefährdung beim sog. Eingehungsbetrug, JZ 1971, 320

– Anmerkung zum Urteil des BayObLG v. 17.12.1973, JR 1974, 336

– Der Strafprozeß im Dienst der (Re-)Sozialisierung?, JuS 1983, 340

v. Liszt, Franz, Lehrbuch des deutschen Strafrechts, 21. u. 22. Aufl., Berlin/Leipzig 1896, zit.: v. Liszt, Strafrecht

– Der Zweckgedanke im Strafrecht, 2. Aufl., Frankfurt a.M. 1948

Lobe, Adolf, Der Einfluß des bürgerlichen Rechts auf das Strafrecht, in: Festgabe für Reinhard v. Frank, Tübingen 1930, S. 33

Lüderssen, Klaus, Die Krise des öffentlichen Strafanspruchs, Frankfurt a.M. 1989

Maiwald, Manfred, Rezension: R. Hassemer, Schutzbedürftigkeit des Opfers und Strafrechtsdogmatik 1981, ZStW 96 (1984), 70

Maiwald, Manfred, Zum fragmentarischen Charakter des Strafrechts, in: Festschrift für Reinhard Maurach, Karlsruhe 1972, S. 9

Marcic, Réné, Vom Gesetzesstaat zum Richterstaat, Wien 1957

Maunz, Theodor / Zippelius, Reinhold, Deutsches Staatsrecht, 29. Aufl., München 1994

Maurach, Reinhard, Anmerkung zum Urteil des BayObLG v. 17.9.1971, JR 1972, 345

Maurach, Reinhard / *Schroeder*, Friedrich-Christian / *Maiwald*, Manfred, Strafrecht Besonderer Teil, Teilband 1, 8. Aufl., Heidelberg 1995, zit.: Maurach/Schroeder/Maiwald, Strafrecht BT 1

Maurach, Reinhard / *Zipf*, Heinz, Strafrecht Allgemeiner Teil, Teilband 1, 8. Aufl., Heidelberg 1992, zit.: Maurach/Zipf, Strafrecht AT 1

Mayer, Hellmuth, Strafrecht Allgemeiner Teil, 1967, zit.: Mayer, Strafrecht AT

Mayerhofer, Christoph, Zur Effizienz des Strafrechts, in: Festschrift für Hans Göppinger, Berlin/Heidelberg/New York 1990, S. 329

Merkel, Adolf, Kriminalistische Abhandlungen, Band I: Zur Lehre von den Grundeintheilungen des Unrechts und seiner Rechtsfolgen, Leipzig 1867, zit.: Merkel, Krim. Abhandlungen I; Band II: Die Lehre vom strafbaren Betruge, Leipzig 1867, zit.: Merkel, Krim. Abhandlungen II

Meyer, Dieter, Zum Problem des Vermögensschadens beim sog. „Eingehungsbetrug", MDR 1971, 718

– Schließt das Werkunternehmerpfandrecht einen Vermögensschaden aus?, MDR 1975, 357

Mohrbotter, Kurt, Der Bettel-, Spenden- und Subventionserschleichungsbetrug, Ein Beitrag zum modernen Vermögensbegriff, GA 1969, 225

– Grenzen des Vermögensschutzes beim Betrug, GA 1975, 41

Müller-Christmann, Bernd, Problematik des Vermögensschadens beim Betrug im Falle eines vereinbarten Rücktrittsrechts, JuS 1988, 108

v. Münch, Ingo, Staatliche Wirtschaftshilfe und Subsidiaritätsprinzip, JZ 1960, 303

Münchener Kommentar zum Bürgerlichen Gesetzbuch, Bd. 1 Allgemeiner Teil (§§ 1-240 u. AGB-Gesetz), 3. Aufl., München 1993; Bd. 2 Schuldrecht Allgemeiner Teil (§§ 241-432), 3. Aufl., München 1994; Bd. 3 Schuldrecht Besonderer Teil (§§ 433-606, VerbrKrG, HausTWG, MHG) 3. Aufl. München 1995; zit.: Bearb. in MK

Naucke, Wolfgang, Zur Lehre vom strafbaren Betrug, Berlin 1964
- Der Kausalzusammenhang zwischen Täuschung und Irrtum beim Betrug, in: Festschrift für Karl Peters, Tübingen 1974, S. 109
- Anmerkung zum Urteil des BGH v. 9.8.1984, StV 1985, 187
- Strafrecht, Eine Einführung, 6. Auflage, Neuwied 1991, zit.: Naucke, Strafrecht

Nell-Breuning, Oswald von, Subsidiaritätsprinzip, in: Görres-Gesellschaft, Staatslexikon, Bd. 7, 6. Aufl., Freiburg 1962

Otto, Harro, Die Struktur des strafrechtlichen Vermögensschutzes, Berlin 1970, zit.: Otto, Vermögensschutz
- Bargeldloser Zahlungsverkehr und Strafrecht, Köln/Berlin/Bonn/München 1978
- Konzeption und Grundsätze des Wirtschaftsstrafrechts (einschließlich Verbraucherschutz), ZStW 96 (1984), 339
- Die neuere Rechtsprechung zu den Vermögensdelikten, JZ 1985, 69
- Rezension: Thomas Riemann, Vermögensgefährdung und Vermögensschaden, GA 1990, 430
- Vermögensgefährdung, Vermögensschaden und Vermögenswertminderung, Jura 1991, 494
- Grundkurs Strafrecht, Allgemeine Strafrechtslehre, 4. Aufl., Berlin/New York 1992, zit.: Otto, Grundkurs AT
- Die neuere Rechtsprechung zu den Vermögensdelikten, Teil 2, JZ 1993, 652
- Grundkurs Strafrecht, Die einzelnen Delikte, 4. Aufl., Berlin/New York 1995, zit.: Otto, Grundkurs BT

Palandt, Otto, Bürgerliches Gesetzbuch, 50. Aufl., München 1991; 56. Aufl., München 1997, zit.: Bearb. in Palandt

Parsch, Leo, Anmerkung zum Urteil des OLG Hamm v. 15.1.1960, NJW 1960, 977

Pauli, Gerhard, Die Rechtsprechung des Reichsgerichts in Strafsachen zwischen 1933 und 1945 und ihre Fortwirkung in der Rechtsprechung des Bundesgerichtshofs, Berlin 1992

Peters, Karl, Die Begrenzung des Strafrechts bei zivilrechtlichen Verhältnissen als materiellrechtliches und prozessuales Problem, in: Festschrift für Eberhard Schmidt, Göttingen 1961, S. 488
- Beschränkung der Tatbestände im Besonderen Teil, ZStW 77 (1965), 470

Peters, Karl / *Lang-Hinrichsen*, Dietrich, Grundlagen der Strafrechtsreform, Paderborn 1959

Pfeiffer, Gerd / *Maul*, Heinrich / *Schulte*, Benno, Strafgesetzbuch Kommentar, Essen 1969

Preisendanz, Holger, Strafgesetzbuch, Lehrkommentar; 30. Aufl., Berlin 1978

Prittwitz, Cornelius; Das deutsche Strafrecht: Fragmentarisch? Subsidiär? Ultima ratio?, in: Institut für Kriminalwissenschaften Frankfurt a.M., Der unmögliche Zustand des Strafrechts, Frankfurt a.M./Berlin/Bern/New York 1995, S. 387

Pröll, Rudolf, Gewinnvereitelung, Vermögensgefährdung und Vollstreckungsabwendung, GA 66, 1919, 124, 339

Puppe, Ingeborg, Vermögensverfügung und Vermögensschaden bei Eingehung unwirksamer Verbindlichkeiten, MDR 1973, 12

Puppe, Ingeborg, Anmerkung zum Urteil des BGH v. 21.12.1983, JZ 1984, 531

Raiser, Ludwig, Die Aufgabe des Privatrechts, Kronberg/Ts. 1977, auch abgedruckt in JZ 1958, 1

Ranft, Otfried, Grundprobleme des Betrugstatbestandes, Jura 1992, 66
- Anmerkung zum Beschluß des OLG Düsseldorf v. 17.3.1993, JR 1994, 23

Rasehorn, Theo, Recht und Klassen, Darmstadt/Neuwied 1974

Reich, Norbert / *Micklitz*, Hans W., Verbraucherschutzrecht in der Bundesrepublik Deutschland, New York 1980, zit.: Bearb. in Reich/Micklitz

Reich, Norbert / *Tonner*, Klaus / *Wegener*, Hartmut, Verbraucher und Recht, Göttingen 1976, zit.: Bearb. in Reich/Tonner/Wegener

Reifner, Udo / *Volkmer*, Michael, Neue Formen der Verbraucherrechtsberatung, Frankfurt a.M. 1988

Riemann, Thomas, Vermögensgefährdung und Vermögensschaden, Heidelberg 1989

Roxin, Claus, Sinn und Grenzen staatlicher Strafe, JuS 1966, 377

– Die kriminalpolitische Konzeption des Alternativentwurfes, ZStW 81 (1969), 613

– Strafrecht Allgemeiner Teil Band 1, 2. Aufl., München 1994, zit.: Roxin, Strafrecht AT

Roxin, Claus / *Schünemann*, Bernd / *Haffke*, Bernhard, Strafrechtliche Klausurenlehre mit Fallrepetitorium, 4. Aufl., Köln/Berlin/Bonn/München 1982

Schade, Jürgen, Geschäfte an der Haustür durch unbestellte Vertreter, Köln/Berlin/Bonn/München 1978

Schauer, Hildburga, Ist eine Vermögensgefährdung als Vermögensbeschädigung i.S.d. § 263 StGB anzusehen?, Diss. Münster 1973

Schauer, Renate, Grenzen der Preisgestaltungsfreiheit, München 1989

Schlüchter, Ellen, Der Vermögensbegriff i.S.d. § 263 StGB aus wirtschaftlicher Sicht, MDR 1974, 617

Schmidhäuser, Eberhard, Strafrecht Allgemeiner Teil, Lehrbuch, 2. Aufl., Tübingen 1984, zit.: Schmidhäuser, Strafrecht AT

– Strafrecht Besonderer Teil, 2. Aufl., Tübingen 1983, zit.: Schmidhäuser, Strafrecht BT

Schmidt, Frank-Richard, Zum Begriff des Vermögensschadens beim Betrugstatbestand, Diss. Göttingen, 1970, zit.: Schmidt, Vermögensschaden

Schmude, Jürgen, Verbraucherschutz und Vertragsfreiheit, in: Festschrift für Kurt Ballerstedt zum 70. Geburtstag, Berlin 1975, S. 481

Schöch, Entkriminalisierung, Entpönalisierung, Reduktionismus, in: Festschrift für Horst Schüler-Springorum, Köln 1993, S. 245

Schönfeld, Friedrich, Interesseverletzung und Betrugsschaden, JZ 1964, 206

Schönke, Adolf / *Schröder*, Horst, Strafgesetzbuch, Kommentar, 17. Aufl., München 1974; 25. Aufl., München 1997, zit.: Bearb., in Schönke/Schröder

Schröder, Horst, Anmerkung zum Urteil des BGH v. 16.12.1960, JR 1961, 268

– Zum Vermögensbegriff bei Betrug und Erpressung, JZ 1965, 513

– Anmerkung zum Urteil des KG v. 20.4.1966, JR 1966, 393

– Anmerkung zum Urteil des OLG Köln v. 14.3.1967, JZ 1967, 576

– Anmerkung zum Urteil des BGH v. 9.1.1968, JR 1968, 345

– Anmerkungen zum Urteil des BGH v. 16.7.1970, JR 1971, 74

– Anmerkung zum Urteil des BayObLG v. 17.9.1971, JZ 1972, 26

Schubert, Werner, Die Ex tunc-Wirkung des bürgerlichen Rechts und ihre Bedeutung für die strafrechtliche Beurteilung. Rückwirkung und Fiktion im Strafrecht, Diss. Berlin 1928

Schubert, Werner / *Regge,* Jürgen (Hrsg.), Quellen zur preussischen Gesetzgebung des 19. Jahrhunderts, Abteilung 1, Straf- und Strafprozeßrecht, Vaduz Liechtenstein 1984, zit.: Schubert/Regge, Preussische Gesetzesrevision

Schünemann, Bernd, Der strafrechtliche Schutz von Privatgeheimnissen, ZStW 90 (1978), 11

– Methodologische Prolegomena zur Rechtsfindung im Besonderen Teil des Strafrechts, in: Festschrift für Paul Bockelmann, München 1979, S. 130

– Die Bedeutung des viktimologischen Ansatzes in der Strafrechtsdogmatik. Einige vorläufige Bemerkungen, in: Hans Joachim Schneider (Hrsg.), Das Verbrechensopfer in der Strafrechtspflege, Berlin/New York 1982, S. 407

– Die Zukunft der Viktimo-Dogmatik: die viktimologische Maxime als umfassendes regulatives Prinzip zur Tatbestandseingrenzung im Strafrecht, in: Festschrift für Hans Joachim Faller, München 1984, S. 357

Schütz, Sigrid Susanne, Die Entwicklung des Betrugsbegriffes in der Strafgesetzgebung vom Codex Juris Bavarici Criminalis (1751) bis zum Preußischen Strafgesetzbuch (1851), München 1988

Schwarz, Otto, Strafgesetzbuch mit Nebengesetzen und Verordnungen, 17. Aufl., München 1954

Seelmann, Kurt, Betrug beim Handel mit Rohstoffoptionen, NJW 1980, 254

– Grundfälle zu den Straftaten gegen das Vermögen als Ganzes, JuS 1982, 268, 509, 914

– Anmerkung zum Urteil des BGH v. 23.1.1985, JR 1986, 346

Soergel, Hs.-Th., Kommentar zum Bürgerlichen Gesetzbuch, 12. Aufl., Stuttgart/Berlin/Köln, Band 2, Schuldrecht I, Stand Juli 1990; Band 3, Schuldrecht II, Stand Frühjahr 1991, zit.: Bearb. in Soergel

Sonnen, Bernd-Rüdiger, Kriminalität und Strafgewalt. Eine integrierte Einführung in Strafrecht und Kriminologie, Stuttgart/Berlin 1978

Sonnen, Bernd-Rüdiger / *Hansen-Siedler,* Thomas, Die Abgrenzung des Versuchs von Vorbereitung und Vollendung, JA 1986, 17

Stenglein, M., Sammlung der deutschen Strafgesetzbücher, München 1857

Staudinger, Julius v., Kommentar zum Bürgerlichen Gesetzbuch, Erstes Buch, Allgemeiner Teil, §§ 90-240, 12. Aufl., Berlin 1980, zit. Bearb. in Staudinger

Systematischer Kommentar zum Strafgesetzbuch, hrsg. von Hans Joachim Rudolphi/Eckhard Horn/Erich Samson und Hans Ludwig Günther, Band 1, Allgemeiner Teil, Neuwied, Stand März 1995; Band 2, Besonderer Teil, Stand Januar 1995, zit.: Bearb. in SK

Temme, Jodocus D.H., Die Lehre vom strafbaren Betrug nach preußischem Recht, Berlin 1841

Tenckhoff, Jörg, Eingehungs- und Erfüllungsbetrug, in: Festschrift für Karl Lackner, Berlin/New York 1978, S. 677

Teske, Wolfgang, Neue Widerrufsrechte beim Abschluß von Versicherungen und Verbraucherkreditverträgen, NJW 1991, 2793

Tiedemann, Klaus, Wirtschaftsstrafrecht und Wirtschaftskriminalität, Band 1, Allgemeiner Teil, Hamburg 1976

Trifterer, Otto, Vermögensdelikte im Bundesligaskandal, NJW 1975, 612

Tröndle, Herbert, Strafgesetzbuch und Nebengesetze, 48. Aufl., München 1997

Ulmer, Peter, Direktvertrieb und Haustürwiderrufsgesetz, WRP 1986, 445

Ulmer, Peter / *Habersack*, Matthias, Verbraucherkreditgesetz, Kommentar, 2. Aufl., München 1992, zit.: Bearb. in Ulmer/Habersack, Verbraucherkreditgesetz

Ungern-Sternberg, Joachim v., Wirtschaftskriminalität beim Handel mit ausländischen Aktien, ZStW 88 (1976), 653

Vogler, Theo, Möglichkeiten und Wege einer Entkriminalisierung, ZStW 90 (1978),132

Volk, Klaus, Strafrecht und Wirtschaftskriminalität, JZ 1982, 85

Watzka, Viktor, Über die Vermögensgefährdung beim Betrug, Hamburg 1965

Weber, Ulrich, Zur strafrechtsgestaltenden Kraft des Zivilrechts, in: Festschrift für Fritz Baur, Tübingen 1981, S. 133

– Konzeption und Grundsätze des Wirtschaftsstrafrechts II (einschließlich Verbraucherschutz), ZStW 96 (1984), 376

Weidemann, Jürgen, Das Kompensationsproblem beim Betrug, Diss. Bonn 1972

– Zur Frage des Betrugsschadens bei Gleichwertigkeit von Leistung und Gegenleistung, MDR 1973, 992

Welzel, Hans, Zum Schadensbegriff bei Erpressung und Betrug, NJW 1953, 652

– Das Deutsche Strafrecht, 11. Aufl., Berlin 1969, zit.: Welzel, Lehrbuch

Wessels, Johannes, Strafrecht Allgemeiner Teil, 26. Aufl., Heidelberg 1996, zit.: Wessels, AT

– Strafrecht Besonderer Teil, 2. Straftaten gegen Vermögenswerte, 19. Aufl., Heidelberg 1996, zit. Wessels, BT 2

Winkler, Harald, Der Vermögensbegriff beim Betrug und das verfassungsrechtliche Bestimmtheitsgebot. Zur Auslegung des Merkmals „Vermögen" in § 263 StGB unter dem Aspekt der Rechtssicherheit, Frankfurt a.M./Berlin/New York/Paris/Wien 1995

Zipf, Heinz, Kriminalpolitik, 2. Aufl., Heidelberg/Karlsruhe 1980

Zuck, Rüdiger, Subsidiaritätprinzip und Grundgesetz, Nördlingen 1968

Wegen der verwendeten **Abkürzungen** wird verwiesen auf:

Kirchner, Hildebert: Abkürzungsverzeichnis der Rechtssprache, 4. Aufl., Berlin 1993

FSC
www.fsc.org
MIX
Papier | Fördert gute Waldnutzung
FSC® C083411

Kolibri 360 GmbH
Ferdinand-Jühlke-Straße 7
99095 Erfurt, Deutschland
produktsicherheit@kolibri360.de